古代朝鮮　三国統一戦争史

古代朝鮮　三国統一戦争史

盧泰敦
橋本繁……訳

岩波書店

THE UNIFICATION WAR OF THE THREE KINGDOMS by NOH, TAE-DON

Korean edition published in Korea by SEOUL NATIONAL UNIVERSITY PRESS

Japanese language edition published by IWANAMI SHOTEN, PUBLISHERS, Tokyo
Japanese translation rights arranged with SEOUL NATIONAL UNIVERSITY PRESS, Seoul
through THE NORTHEAST ASIAN HISTORY FOUNDATION

本書は韓国・東北亜歴史財団の支援を受け刊行された.

刊行の辞

　人類史の進展に深く作用した要素が戦争であったということに、大きな異論はないだろう。極限の状況で行なわれる戦争は、それに関係した社会と人々の生に甚大な作用を及ぼすだけでなく、戦争が招いた各種の結果は、生き残った者たちとその子孫に持続的な影響を与えた。韓国史でもっとも大きな影響を与えた戦争は、二〇世紀の朝鮮戦争と三国統一戦争であった。今日、南北朝鮮に住む人々の生は、朝鮮戦争を離れて考えることができないように、七世紀後半以降、我々の祖先が生きてきた軌跡は、三国統一戦争が残した遺産の上に進められた。

　三国統一戦争については、戦争直後から今日に至るまでの長い間、両極端の相異なる評価がなされている。これまで韓国人にとって三国統一戦争は、痛烈な後悔と挫折として認識されることもあり、不屈の勇気と献身の輝かしい過去として記憶されもした。一度流れた時間は、永遠に取り戻すことはできない。しかし、過ぎ去った歳月が残した歴史の断片に何を見出すかは、後に続く者たちの役目である。途方もない結果を残したこの戦争の進行過程と、それによって流された多くの血と苦悩を理解することは、八世紀以降の韓国史を考える前提条件となる。この戦争で三国は、唐・日本およびモンゴル高原の遊牧民国家など隣接諸国と関係を展開しており、これは周辺の強大国に囲まれた朝鮮半島の国家が直面しなければならない厳しい現実を理解する鏡となりうる。同時に、この戦争がみせる国家間の関係様態と生の様々な側面は、歴史と人間を顧みさせてもくれる。それは、時空を超えて我々にとって大きな経験の宝庫となる。特に、それが我々の祖先のことを間接体験させるものであるため、さらに切実に迫ってきて、無限の歴史的想像力を刺激する。こうした要素が、私に古びた本をめくって昔の戦場をさまよいながら、この戦争を顧みさせる動機となった。

三国統一戦争は、三国間で繰り広げられた争いの波と、隋唐帝国の膨張による国際秩序再編の波濤がひとつになった国際戦であった。東アジアの大多数の国家や種族が直接・間接に介入したこの戦争を検討するなかで、本書はまず、各国の戦争の主役たちが政策を決定する過程と背景の把握に力を注いだ。唐や日本など周辺国の介入が、戦争の進行に大きな影響を及ぼした。しかし、それらの国々が、一方的に介入して作用したのではなかった。影響は、三国支配層の介入への対応と選択過程を経てなされたものであった。すなわち、外部の影響力が内部の選択過程をへて歴史の動力として作用したのは、この場合でも例外ではなかった。また、ある国が対外政策を決定することは、その国の内部的要因のみならず、直接的・間接的な関係国の動向に対するそれなりの理解と判断に依拠している。そうした面を考慮して、私は、三国ならびにこの戦争に介入した各国の支配層が、様々な可能性のなかである一つの選択肢を選んだ背景と過程を理解するため、可能な限り考察の範囲を広げて、各国の対内外の状況を把握することに努めた。どの程度、実際的な意味をもつ考察をなしえたかは、読者の評価を待ちたい。

戦争は、人間の理性と狂気が剝き出しのまま現れる現場である。戦争史の考察は、人間の生の諸条件に対する深い理解を必要とする。客観的な面だけでなく、本源的な人間存在の意味に対する省察を要する。そうすることで初めて、戦争史は、ある国、ある民族の興亡史を超えて、人文学としての一面を帯びることが可能となる。本書は、その面では全く不足しており、資料的限界という条件だけでは決して弁明とならないことは承知している。ただ、後日、より素晴らしい研究書が刊行されることを期待して、そのためのささやかな踏み石になればという希望を巻頭に書き記したい。

本書を刊行してくださったソウル大学校韓国学研究事業運営委員会とソウル大学校出版部の皆さんに感謝し、必要な図面作成に尽力してくれたパクソンヒョン(박성현)氏に謝意を表したい。

二〇〇八年一〇月三〇日

冠岳の麓で

盧 泰 敦

目次

II　三国統一戦争の展開

序　言

三国統一戦争史は、韓国史において非常に多く議論されてきた研究テーマである。しかしながら、これをさらに詳しくみてみると、基本的な概念設定から、国内外の学者の視角が異なることをすぐに確認できる。そして、具体的な事実の言及についても、不正確であったり不足したりした面が少なくない。「三国統一」という概念をめぐる議論が、前者の代表的な例である。後者の例としては、三国統一戦争の推移に甚大な影響を与えたモンゴル高原の遊牧民国家や倭(日本)および吐蕃(チベット)の動向に対する不正確な理解や無視が、戦争に至る過程と、各国の戦争遂行に対する合理的な理解を妨げ、同時にこの戦争の結果に対するバランスの取れた評価を難しくした。そして、この戦争に直接派兵して深く介入した倭国の動向に対しては、韓国人学者による研究がいまだに非常に少なく、これに関する研究は、事実上、日本人学者の仕事のようになってきた。

具体的に三国統一戦争に関するこれまでの言及をみてみると、多くの場合、論旨の展開の基調には「民族」という問題が敷かれていて、それを巡る多様な視角が交差している。それは、「三国統一」という概念が成立しうるか否かを巡る論争として集約され表出している。韓国の学界に留まらず、南北の学界の間や、韓国の学者と外国の学者の間での相異なる歴史認識の枠組みがそこに関係している。国内外の学界で三国統一という言葉が広く使われているが、一方で、それは成立しえない概念であるという認識が根深く広がっている。後者は、さらにその中でいくつかの視角に分かれる。その一つが、民族主義史学の一部の立場として、新羅の統合を三国統一とみることはできないという主張であるとすれば、別の主張は、民族主義的視角を批判する立場から、三国統一という概念はその前提と事実の把握が誤っていると強調する。そうかと思うと、近年の中国学界では、「中国高句麗史」という視角から、新羅の三国統一は成立しえない、誤った仮定に立脚したものであると強弁している。「三国統一」をめぐるこうした相異なる主張は、実際に、専門学者の間での議論の対象であるだけでなく、韓国人の間で広がっている歴史認識の違いを反映するという点から、今更ながら留意される。さらに、南北の歴史学界の間に存在する歴史認識の相異を表す代表例であるという事実にも、注目せざるをえない。

「新羅の三国統一」に対する見解の相異は、それに続く八—一〇世紀初めに至る時期の韓国史の性格を、どのように規定するかについての認識の相異に繋がっている。新羅統一に対する肯定と否定、およびそれの強度の違いによって、この時期を「統一新羅」「統一新羅と渤海」「後期新羅と渤海」「渤海と後期新羅」「後期新羅」などと規定する各種の説が提起されている。これは、歴史認識の違いの反映であると同時に、統一戦争期を中心とした前後の時期の歴史現象に対する実証的研究の不足による結果でもある。

本研究では、「第Ⅰ部 三国統一戦争史研究序説」で、「新羅の三国統一」という概念が客観的に成立しうるかどうかを検討したい。これは、「三国統一戦争史」を叙述するための前提的要素といわねばならない。そのために、七世紀終わりから二〇〇〇年代に至る、これに関して提起された各種の主張を順に検討して、「新羅の三国統一」が成立しうることを論証したい。

次に、四世紀半ば以降、長期間にわたり三国間で戦争が繰り広げられたが、どの時期から統一戦争期と設定しうるかを論じたい。ここでも、これまでの様々な視角を検討した後で、私の主張を展開したい。さらに、長期間にわたった統一戦争期を、その特徴的な様相によっていくつかの時期に分けたい。

こうした作業を土台に、「第Ⅱ部　三国統一戦争の展開」では、六四〇年代初めから六七六年までの統一戦争の展開過程を考察して、その後の七〇〇年までの「戦争の余震」をエピローグとして検討したい。

三国統一戦争は、長期間にわたる三国の社会的変化と国家的発展の帰結であると同時に、東アジア国際戦争という様相を帯びた戦争であった。三国のほかに唐と倭が直接参戦し、突厥、鉄勒、奚など北アジア遊牧種族が、唐軍の一員として動員され参戦した。契丹族と靺鞨族は、一部が高句麗に、一部は唐に荷担して戦った。そして、モンゴル高原の遊牧民国家である薛延陀は、直接介入して朝鮮半島や満州地域で戦闘を繰り広げることこそなかったものの、高句麗と連携して唐に対抗する政策をとり、オルドス方面で唐と戦いを繰り広げた。吐蕃は直接軍隊を派遣して介入することはなかったが、その勃興は、この戦争の推移に直接影響を及ぼしてもいる。

このように三国統一戦争は、実にパミール高原以東の大多数の国と種族が、直接・間接に関係した国際戦争であったといえよう。東アジア各国の情勢変動は、直接・間接的に程度の差はあれ三国統一戦争の進展に影響を及ぼした。この戦争を自国に有利に進めるために、当事国はおのずと東アジア規模で和戦両面にわたり努力した。中央アジアのウズベキスタン共和国サマルカンド市郊外のアフラシャブ宮殿壁画にある高句麗の使者の姿は、そうした一面を象徴的に物語っている。これは、まさに、韓国史における三国統一戦争史を、東アジア史的次元から理解して接近しなければならないことを意味する。

ところで、国際関係の側面を重視することは、戦争の動因と推移について、ややもすれば外部的要因に偏った理解になりうる。確かに、統一戦争の展開においては、唐や倭など外国の影響力が大きく作用している。しかし、一方的に作用した訳ではなかった。それが統一戦争の舞台で具体的に作用したのは、三国の支配層の対応と選択という政策過程を通じてであった。この過程に注目して検討することで、歴史的具体性を確保しようと思う。

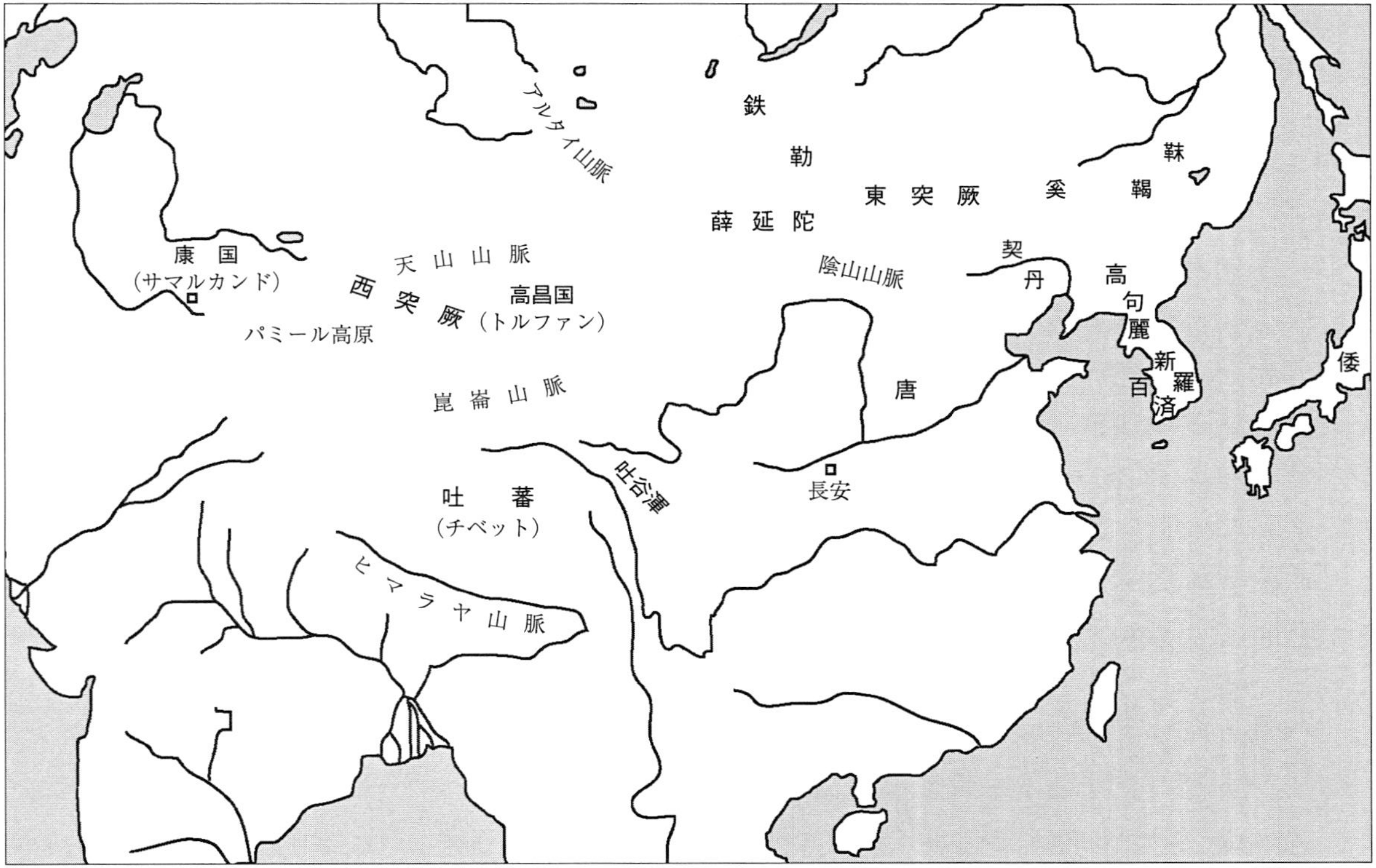

図1　七世紀半ば，三国統一戦争に直接・間接に関係した種族・国家

戦争の終盤である六六八年以降における新羅と唐の戦争に対する考察では、新羅と日本の関係の推移を詳細に検討していきたい。新羅と唐の戦争は、新羅と日本の関係と有機的に関連していた。六七六年に新羅・唐戦争は表面上は終結したものの、七〇〇年まで両国は水面下で対立するなど戦争の余震が続いていた。そして、このことは、当時の新羅と日本の関係に重大な影響を及ぼし、この時期を朝鮮と日本の関係史の中で独特な時期としている。このことを把握することによって、この時期の新羅・日本関係の様相を理解していきたい。さらに、八世紀初めに新羅と日本がそれぞれ唐と関係改善してから、新羅と日本の関係が変化することになった歴史的背景について理解を得たいと思う。

「終わりに」では、新羅の三国統一がもつ歴史的意義を、民族形成史における意味、国家発達史における意味、韓中関係史と韓日関係史における意味などに分けて考察していきたい。

戦争史の叙述で欠かせないのが、武器と武具の変化による戦争の様相と戦術的変貌に関する部分である。重装騎兵や軽装騎兵の駆使による戦闘様相の推移、これを防ぐための歩兵戦術の変化、城を攻略する技術と防禦策、軍需品補給の問題、海軍の艦船の具体的姿と戦術などがそれである。戦争医学もやはり無視できない。こうした様々な点の考察は、十分になしえなかった。資料不足や学界の研究成果不足によるとのみはいえない、本研究の限界である。今後、補充していくことを期したい。

本書の叙述において、次の点をあらかじめ明らかにしておきたい。すなわち、三国とそれ以外の国の国号を続ける場合、「高・唐」、「新・日」などの形をとりたい。もちろん、『三国史記』では三国の国号の最後の文字を使用して、例えば高句麗兵を「麗兵」と述べる方式をとっており、また、これまで韓国では、一般的に「羅済」「羅唐」などの表現を広く使用してきたことは事実である。しかし、朝鮮王朝は「朝・明」「朝・日」、渤海も「渤・日」「渤・唐」、近代以降は「韓・日」「韓・中」「韓・米」などと記すのが一般的な慣行である。すなわち、叙述の対象国家と時代によって略称の記述方法が異なるという混乱がみられる。そのため、すべての時期で国号の最初の文字を使うことが正しいと思われるので、そのようにしたい。そして、「倭(日本)」について述べる場合、『三国史記』の記録によって、六七一年以降は「日本」として、国王の称号も「天皇」と表記し、それ以前は「倭」と「王」と述べたい[1]。

I

三国統一戦争史研究序説

「新羅三国統一論」に関する理論的検討

第一章　「三国統一」という概念は成立するか

第一節　「新羅統一論」の展開

新羅が三国を統一したという主張は、新羅人が最初に提起した。三国を統合して一つの家としたという(三韓為一家)三韓一統意識がそれである。ここでいう三韓とは、すなわち三国を意味し、こうした認識は七世紀終わりに登場した。新羅朝廷は、六六八年に平壌城を攻略した後、続いて高句麗遺民の反唐復興運動を支援し、高句麗遺民集団を金馬渚(現在の全羅北道益山)に安置して安勝を高句麗王に冊封した。この「高句麗」は、六八四年に解体されて、新羅に完全に吸収された。そして、百済の住民と地域は、六六九年から始まった唐との戦争をへて、完全に併合された。これは、新羅朝廷が三国を統合したと自負する客観的な要素となった。新羅中代の王室は、三韓一統をその正統性の根拠として強調した。神文王の代に、唐の使者が、新羅の武烈王の諡号である太宗が唐の太宗・李世民の廟号と同じであるので変更するよう強要すると、武烈王が一統三韓の偉業を成し遂げたことを挙げて拒否した事件や、恵恭王の代に行なわれた五廟制において、太宗武烈王と文武王は、百済と高句麗を統合した大功を立てた王であるため「不遷之主」として継続して宗廟に祀ったことは、そうしたことを物語る。

三韓一統意識は、重要政策にも反映された。新羅朝廷は、全国を九州に分けたが、小白山脈以南の地域を新羅領域として設定して三州を置き、旧百済地域に三州、漢江流域などを高句麗南界として三州を置いた[1]。そして、王直属の中央軍団である九誓幢を作る際にも、高句麗人で三つ、百済人で二つ、新羅人で三つ、靺鞨人で一つの誓幢を編成したが、これも同じ意識が背景となって行なわれた処置であった。

新羅人の一統三韓意識は、渤海の登場によって重大な挑戦に直面した。渤海は、建国直後に新羅に使いを送って通交した。これに対して新羅朝廷は、大祚栄に大阿飡の官位を授けた[2]。大阿飡は、新羅一七等官位の第五等に当たる真骨の官位である。すなわち、新羅朝廷は、大祚栄を真骨に準じて待遇したことになるが、当時、新羅は渤海の実体に対する理解が不足していたであろう。ともかく、新羅朝廷のこうした対応に、渤海建国勢力がどのように反応したのかはまったく記録が伝わっていないが、満足したはずはない。両国間の交渉は、大きく進展しなかったようである。その後、新羅と渤海は、七三四年に一度は戦うなど、対峙することもあった。そうした中で、両国は始終対立したわけではなく、少なからず交流があったようであり、新羅朝廷は渤海の様々な情報を、日本を通しても入手したであろう。それによって、高句麗遺民が渤海を動かす中心的な役割を果していることや、渤海人が高句麗継承意識を標榜していることなどが、新羅に知られたであろう。たとえば、七六二年に唐は、渤海の文王を渤海郡王から渤海国王へと昇格させ、冊封使として韓朝彩を派遣した。この時、唐に留学僧として滞在していた日本人僧侶の戒融が一緒に渤海へ行き、そこから日本へ帰国した。韓朝彩は、七六四年に、おそらく渤海と新羅の間の交通路である「新羅道」を通って[3]渤海から新羅にきて、新羅朝廷に日本人僧侶・戒融が前年渤海を経て日本に無事に帰国したかを調べるように要請した。この時、ちょうど新羅は大奈麻・金才伯などの使節団九一名を日本に派遣したが、その際に日本側にこの問題を尋ねた。すなわち、新羅使節団が日本の大宰府に到着した後、戒融について尋ねると、大宰府は日本朝廷に問い合わせた。そして、乾政官の通告を受けて新羅の執事部に牒を通じて知らせてきた。それによって戒融が「昨年一〇月、高麗国を通って帰国した」と確認された。[4] 当時、渤海が日本との交渉で自らを高麗と称した事実を、新羅朝廷は遅くともこの事件を通じて知ることとなったであろう。

渤海が高句麗の継承を標榜しているということは、つまり、新羅朝廷が自負していた三国統一論を否定することになる。そうなると、これに対する新羅支配層の意識が注目されるが、それに関する直接的な言及は伝わらない。しかしながら、三韓一統意識が新羅支配層で継続して堅持されたことは、新羅下代の金石文を通じて確認できる。そのうちの一つである八九〇年に建てられた月光寺円郎禅師大宝禅光塔碑に「昔、我が太宗大王は塗炭の苦しみに落ちた百姓を救うために……武力と礼によって三韓を一統した時に……」云々とある。[5] そして、九二四年に建てられた崔致遠の智證大師碑にも「昔の小さき三国が、今は壮んな一家となっている」とある。[6] ある面では、渤海が高句麗継承を標榜して新羅の一統三韓論に挑戦し、唐における争長事件などで新羅を圧迫することによって、新羅支配層では新羅統一論をさらに強調するようになり、同時に渤海を靺鞨の国とみなす傾向[7]が現れたようである。

ところで、新羅末期に、後三国が鼎立し、続いて後三国を統一した高麗時代に入ると、「新羅(による)三国統一論」とは異なる一統論が提起された。

高麗人は、高句麗と新羅のうちどちらが正統であるか、言い換えれば高麗王朝がどちらの国を継承するのかについて、二つの認識があったことはよく論じられる。高句麗正統論と新羅正統論が、それである。高麗王朝を開くのに中心的な役割を果した人々は、高麗という国号が物語るように、高句麗正統論の立場に立った。ところが、実際には、新羅の領域と住民および文化が高麗の主たる部分を構成していたため、おのずと新羅正統論が提起されることとなる。二つの正統論は、高麗中央政界における政治的状況の展開によって、優劣が変化したようである。ここで注目されるのは、高麗時代に編纂された歴史書の構成である。

東アジアにおいて、新たな王朝は、自らの正統性を確立するための一つの方法として、前王朝の歴史書を編纂した。高麗初期にも、それまでの歴史を整理した、しばしば旧三国史記と呼ばれる三国史が編纂された。そして、一二世紀に金富軾の『三国史記』が編纂された。この二つの史書は、どちらも三国の歴史を整理したものである。旧三国史記は、その内容の輪郭が伝わっておらず、詳細には分からないが、新羅末までの歴史を整理したものとみてよいだろう。『三国史記』も同様であった。新羅の三国統一を認める歴史認識であれば、三国時代の歴史を一つの史書として編纂して、統一後の新羅の歴史を別に新羅史という名で編纂しなければならないのが理である。ところが、そうではなくて、『三国史(記)』という書名で、三国初期から新羅末までの歴史を編纂している。これはすなわち、本当の三国統一は高麗によって成されたという認識の反映と思われる。もちろん、金富軾の『三国史記』は、新羅の三国統合の事実を伝え、甄萱と弓裔を叛逆列伝に記しており、新羅正統論の立場をとっている。しかし、書名と構成から、建国初め以来、高麗の一角で伝わってきた「高麗統一論」の枠組みを全面的に拒否しがたいことをみせてくれる。これは、高麗前期においても、三韓一統意識のもつ両面性が清算されていなかったことと関連する。すなわち、高麗人の意識の基底には、その時代においても、三国の住民を統合したという次元での統一体意識とともに、三国別の分立的な歴史継承意識である三国遺民意識の残滓が残っていたことを反映する(8)。

そうした面は、新たな歴史意識が台頭した高麗後期をへて清算された。朝鮮初期に編纂された『東国通鑑』は、変化した面をみせている。『東国通鑑』では、古朝鮮(檀君、箕子、衛満朝鮮)から始まる一元的な歴史体系を定立して、三国遺民意識の清算がなされた。そして、具体的な史書の構成においても、三国紀に続いて新羅紀を設定し、三国鼎立期と文武王代以降の統一期を明確に区分した。すなわち、新羅の三国統一を肯定して、その意義を明らかに認識したことを表している。[9]

新羅統一論を肯定する『東国通鑑』の構成は、その後、朝鮮時代の各種の史書に基本的に受け継がれた。もちろん、朝鮮中期以降、新羅統一論を批判する見解も提起されたが（後述）、朝鮮後期の代表的な史書である『東史綱目』においても「新羅統一図」を掲げて新羅統一論を継承しており、渤海史は附録として扱われた。[10] 統一以降の新羅を正統とすることは、朝鮮後期の綱目体史書に共通してみられる。[11] 新羅統一論は、二〇世紀を通じて数多くの批判が提起されながらも、ねばり強く堅持されて今日に至っている。韓国の中学・高校国史教科書や多数の概説書においても、新羅の三国統一論をとっている。そのなかには、南北国時代論をとりながらも、新羅の「三国統一」を肯定する叙述をおこなう場合も含まれている。[12]

そうしたなかでも、新羅統一論批判は一角で提起されており、特に二〇世紀に入って民族主義史学が新羅統一論を強く批判した。そうした視角は、大衆的にも広く影響を及ぼした。この点を引き続き検討していきたい。

第二節　「新羅統一論」を否定する諸説

（1）南北国時代論

これまで提起された新羅の三国統一を否定する説は、内容によって大きく三つに分けることができる。第一に、新羅の三国統一がもたらした領土的不完全性と、統一戦争過程に内包された非自主性を問題とする視角である。これは、さらに南北国時代論として展開され、新羅三国統一論を批判した。第二は、第一とは逆の方向から提起されている。すなわち、新羅の二国併合に、果たして統一概念を適用できるのかに焦点を置いたもので、それまでの一部の民族主義的視角を否定しながら提起された見解である。第三は、近来、中国学界が提起する視角であり、韓国史の範疇に高句麗史を含ませられないため、三国統一という概念は原則的に成立しないというものである。このうち、まず、第一の新羅三国統一否定論をみていく。

具体的に三国統一の結果をみる場合、新羅三国統一論の問題点として、統一の領土的不完全性がまず認識された。かつて、朝鮮中期の韓百謙は『東国地理志』にこうした面を首都の位置と関連づけて次のように述べている。

国を建てて首都を定める時は、その規模が大きくなくてはならず、その形勢をよく検討しなければならない。新羅が三国を統合した初期に唐軍が撤収した後、首都を国土の中央地域に移して四方を制圧したなら、高句麗の故地を占めることができ、扶余と遼陽、瀋陽地域を我々の版図とすることができただろう。そうであったならば、どうしてあの契丹や女真が、彼の地を思い通りに占めることができただろうか。新羅の君臣が、事がなるや簡単に満足して、一隅に安住して眼前の安全を追求して日々を送り、西北地域の大半を履き古した靴のように捨てて隣接する敵に与えて、遂にその後、高麗朝にいたるまで七〇〇年あまり続く困難な状況にあうことになり、一日も平安な日がなかったので、どうして嘆息しないことがあろう。（立国定都之時、規模不可以不大、形勢不可以不審、当新羅統合之初、唐兵撤還之後、旋即移都土中、控制四裔、即高句麗故疆可以収拾、而遼瀋扶余之地為我版籍矣、彼契丹女真、豈独擅雄疆於境外哉、羅之君臣、因人成事、志意易満、偸安一隅、姑息度日、挙西北一半之地、輸与隣敵有同弊屣、亡一泰又生一泰、遂使終羅之世迄于王氏七百余年間、封疆之内、荊棘未除、無一日少、安可勝歎哉）(13)

彼は、統合以降の新羅支配層が、姑息な安定策をとって高句麗の故地を放棄したことを批判しつつ、高句麗領土の大半を放棄したことが、結局、国を苦境に追いやったのであると、三国統合の不十分な点を指摘した。韓百謙は、馬韓・辰韓・弁韓など歴史的実体としての三韓と、通念的に三国を指す三韓を明確に区分して認識し、前者の位置と変遷などを客観的に理解した。こうして古代の歴史地理に関する合理的な知識を積み重ねたため、彼は、三国の領域に関して客観的な把握が可能となり、それに基づいて、新羅統一後に高句麗領域の大部分を統合できなかったことに不満を吐露したのである。さらに、三国統一の不完全性が、まさにその後、我が国が侵略によって苦しめられる弱小国になった主たる原因であると認識した。そうでありながら、新羅の三国統一自体を否定はしなかった。その後、一八世紀、安鼎福の『東史綱目』においても、新羅の九州五小京について記して、上に提示した韓百謙の文章を引用した(14)。高句麗領域統合の不完全性について、意見を同じくしていたことを意味するといえよう。

新羅三国統一論に対する不満は、朝鮮後期に渤海史への関心が高まるとともに、さらに積極的に表出された。柳得恭は、一七八四年に書いた『渤海考』の序文で次のように書いている。

高麗が渤海史を編纂しなかったので、高麗の国力が奮わなかったことが分かる。昔、高氏が北方に居住して高句麗といい、扶余氏が西南方に居住して百済といい、朴・昔・金氏が東南方に居住して新羅といった。これが三国であり、当然、三国史がなくてはならず、高麗がこれを編纂したのは、正しいことである。扶余氏が滅んで高氏が滅ぶと、金氏がその南方を領有し、大氏がその北方を領有して渤海と称した。これが南北国であり、当然、南北国史がなくてはならないが、高麗がこれを編纂しなかったのは誤りである。そもそも大氏とは誰か。まさに高句麗人である。彼らが所有した土地は、誰の土地か。高句麗の地であり、東方と西方、北方を開拓して(高句麗の領域より)さらに拡げた。金氏が滅んで大氏が滅んだ後に、王氏がこれを統合して高麗といった。南方で金氏の地を完全に所有することとなるが、北方では大氏の地をすべて所有することはできず、その残りは女真や契丹のものとなった。(高麗不修渤海史、知高麗之不振也、昔者高氏居于北、曰高句麗、扶余氏居于西南、曰百済、

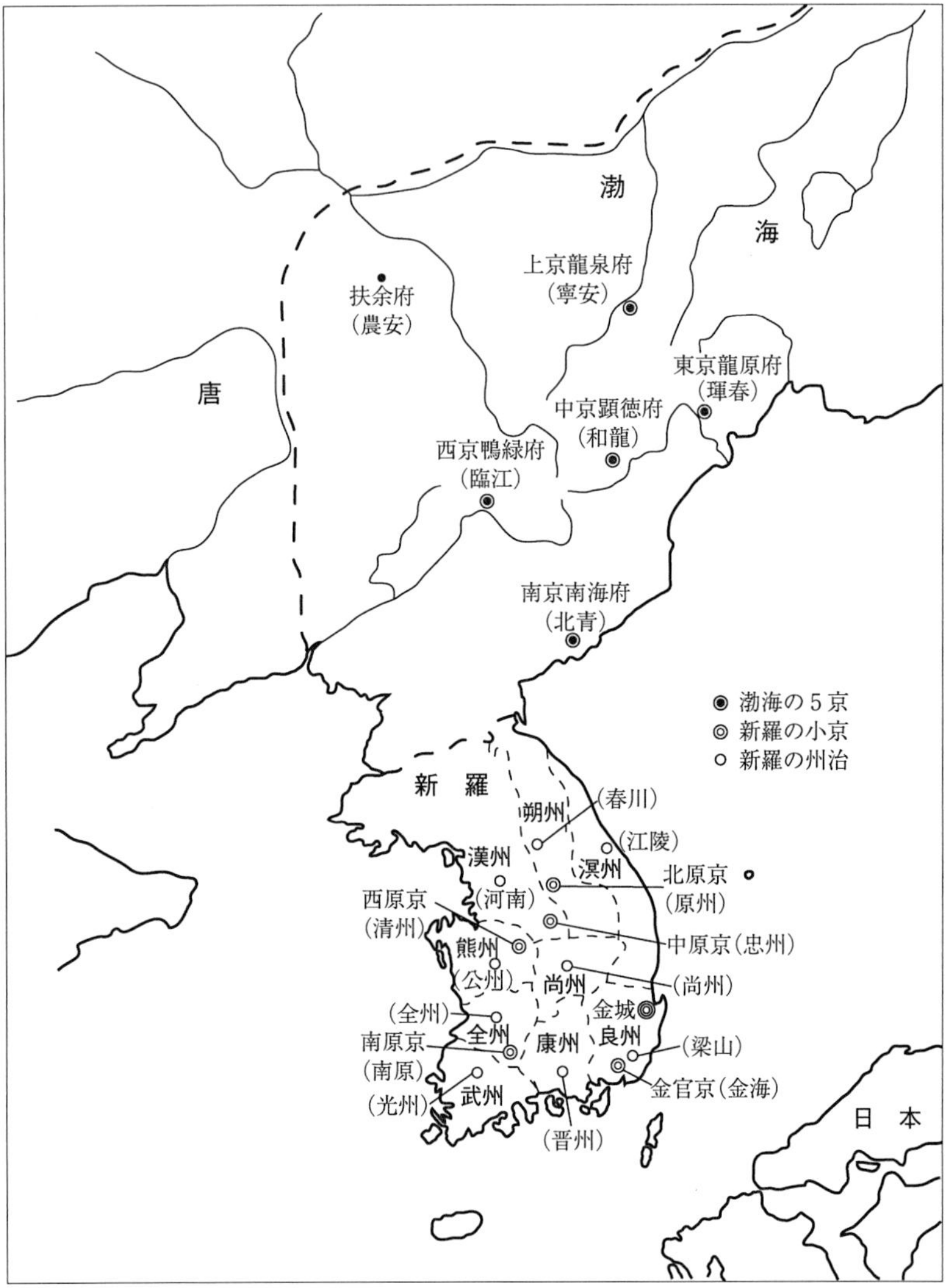

図２　新羅と渤海の行政区域

朴昔金氏居于東南、曰新羅、是為三国、宜其有三国史、而高麗修之是矣、及扶余氏亡高氏亡、金氏有其南、大氏有其北、曰渤海、是謂南北国、宜其有南北国史、而高麗不修之非矣、夫大氏者何人也、乃高句麗之人也、其所有之地何地也、乃高句麗之地也、而斥其東斥其西斥其北而大之耳、及夫金氏亡大氏亡、王氏統而有之、曰高麗、其南有金氏之地則全、而其北有大氏之地則不全、或入於女真、或入於契丹）

彼は、渤海が高句麗の故地であるだけでなく、王室が高句麗人であったので、我々の歴史の一部分であるとみて、南北国時代論を主張した。新羅による統一に不満を述べているのではなく、高麗統一の問題点を指摘した。これは、結局、新羅三国統一論を根本的に否定するものである。こうした柳得恭の歴史認識のような考え方が、当時どの程度広がっていたのか容易に推測できないが、次の事例は参考となる。正祖がある日、茶山・丁若鏞に与えた試題で、朝鮮史上のいくつかの事実と、その変遷に関することとともに「高麗の統一に遺恨はないか」と尋ねた[15]。渤海領域の喪失を念頭に置いた質問である。これは、正祖が寵愛する臣下であり奎章閣に勤めた柳得恭の影響である可能性もあろう。ともかく、その後、南北国論は、『大東輿地図』の著者、金正浩もこれを採用するなど[16]、彼に同調する人々が増えたが、いまだ通史の体系に登場することはできなかった[17]。

新羅統一の不完全性を論じることは、高句麗の領土を新羅が十分に統合できず、そのことこそ我が国がその後、弱小国になった主たる原因であるという認識につながる。韓百謙の認識が、そうであった。柳得恭も、それを渤海に延長して、高麗統一の不完全性に不満を吐露して、渤海史編纂の必要性を強調したが、その基礎には故地に関する深い関心があり、その点では韓百謙と基本的認識方向は共通するといえる。こうした認識は、近代に入って民族主義と結合し、新羅統一論を新たに批判して南北国時代論を進展させた。すなわち、新羅の統一がもつ領土的統合の不完全性のみならず、その過程で新羅が外国勢力と結託して同族の国を攻撃した「非自主性」「反民族性」が批判された。

具体的には、一九〇八年に発表された『読史新論』で申采浩は、新羅の「統一」を否定し、続く時期を新羅と渤海の「両国時代」とみて、「異種を呼び込んで同種を滅ぼすことは、盗賊を引き入れて兄弟を殺すことと同じ」行為であるといって、新羅の統合戦争を批判した。彼の主張は、「神聖種族、檀君子孫」である扶余族を主軸とする我が民族が、すでに早い時期から形成されていたことを前提とした認識であった[18]。彼は、新羅の三国統一は、三つの王朝の統合とはいえても、民族全体をみると、民族的力量と領土の縮小をもたらし、唐と同盟して戦争を遂行したことは、外国勢力と結託した反民族的なものであり、事大主義の毒素を植え付けたと猛烈に批判した。いまや、三国統一論と南北国時代論をめぐる議論において、「民族」が核心テーマとなった。すなわち、領域の縮小をもたらした結果に対して、その利害を論じることから抜け出し、さらに進んで民族的道徳に立脚した善悪の次元で論じるようになった。歴史の道徳化・理念化は、民族主義史学の主要な特性であった。新羅統一論批判と南北国時代論を強調する史論は、二〇世紀にずっとそのまま受け継がれていった[19]。

そうかと思えば、一方で、三国時代はまだ民族という観念が形成されていない時期であるので、民族観念で三国間の関係を説明するのは問題があるという批判も提起された[20]。さらに、当時、三国の支配層の間には、階級道徳と国家道徳はあったが、民族道徳は存在せず、三国間の抗争の動因は、結局、王室と貴族の権力欲と物質的欲望とみて、金春秋の外交を高く評価するという主張もなされた[21]。

新羅統一論と南北国論に対する近年の韓国学界の動向は、大きくみると、「新羅の統一を否定することで、渤海を民族史として位置づける論理的余地を設ける立場」と、「新羅統一の意義を制限的に認定しながらも、渤海を民族史として積極的に認識しようという立場」に整理できる[22]。前者においては、つぎのような説も提起された。六七一年、唐の将軍・薛仁貴に送った文武王の書簡において、大同江以南の地域を新羅の領土とするという金春秋と李世民の合意に言及されているが、それを主たる根拠として、新羅朝廷の戦争目的は、三国統一ではなく百済の併合であったとする主張がそれである。この説では、新羅が高句麗の領域を完全に統合できなかったのは、本来そうする意図がなかったからであって、それを批判することは、新羅三国統一論に執着することからくる不必要な批判であり、続く時期を南北国時代と把握するかぎり、新羅による領域縮小を残念がったり批判したりすることはそもそも不適切だと主張する。(23) これは、南北国論の鼻祖である柳得恭が、新羅による統一の問題は、韓国史の舞台として旧高句麗地域を喪失したことにあるとみるのではなく、渤海の領域を完全に統合できなかった高麗統一の問題であり、さらに高麗での渤海史認識が不足して渤海史を叙述しなかった誤りにあったと論じたことに通じる見方といえよう。「高麗の統一に遺恨はないか」という問いに凝縮して表現されている正祖の意識も、そうしたものといえよう。

このように新羅統一論を否定する視角から南北国論を深く追求してみると、七世紀末以降の新羅国家の名称をどのようにするのかという問題が提起される。これに答えとして提示されたのが、「後期新羅」である。

「後期新羅」という名称を本格的に使用したのは、北朝鮮学界である。北朝鮮学界は、一九五六年版『朝鮮通史』で三国統一を認め、特に、戦争の終盤で新羅が唐と決戦を繰り広げてこれを撃退した事実を積極的に評価した。しかし、一九六〇年代以降、渤海史を強調して新羅統一論を否定した。その論理は、申采浩など初期の民族主義史家の論理と相通じるものであった。(24) こうした傾向は、時が経つとともに色濃くなった。主要な概説書の目次をみると、こうした傾向が明確にみられる。

一九五六年版『朝鮮通史』第三章　新羅による三国統一

第一節　新羅と唐の連合国による百済、高句麗の征服

第二節　唐の侵略勢力に反対する朝鮮人民の闘争

第三節　朝鮮準民族(ナロードノスチ)の形成
第四節　高句麗故地での渤海建国と新羅との関係
一九六二年版『朝鮮通史』
第六章　新羅による国土南部の統合と高句麗故地での渤海国成立
第七章　新羅と渤海の発展
第八章　高麗による国土の統一、中央集権体制の発展
一九八七年版『朝鮮通史』
第四章　七世紀半ばの反侵略闘争と渤海の成立、渤海と後期新羅での封建関係の発展
一九七九年版『朝鮮全史』巻五中世篇　渤海および後期新羅史
一九九一年版『朝鮮全史』巻五中世篇　渤海および後期新羅史

すなわち、章または巻の題目で、両国に対する表現が、「新羅による三国統一―新羅と渤海―渤海と後期新羅」と変遷していった。これは、すなわち、次第に三国統一論に否定的な視角があらわれ、正統論的視角をもって、むしろ渤海に比重をおく認識を表している。これは、民族形成の時期と民族概念に対する北朝鮮学界の認識変化とも深い関連がある。(25)

韓国学界においても、南北国論に立って、「後期新羅」という名称を使用してこの時期の歴史を叙述した概説書が刊行された。(26)

南北国論に立脚して新羅統一論を否定する見解では、共通して前提とされるのが、すでに七世紀以前の早い時期に韓国民族が形成されていて、三国が一つの世界を形成していたという認識である。そうした認識に依拠して、外国勢

力を引き入れて同族の国を滅亡させたことは罪悪であり、さらにまた完全に統合することもできずに残った一部が別に国を建てたので、続く時期の歴史を南北国時代と規定しなければならないという主張が提起された。ところで、この主張は、南北国論だけでなく、新羅統一論でも事実上前提とされているものである。まさに、その点に疑問を提起しながら、新羅統一論を否定する見解が発表されている。続いてそれについて検討する。

(2)「後期新羅論」と「中国高句麗史論」

「統一」とは、一つの「世界」を形成していた空間と集団を統合したり、本来一つであったが分裂していた様々な地域と集団を再び一つに併せたりすることを意味する。万一、事実がそうでなければ、「三国統一」はあくまでも後世の人々の観念によって作られた概念に過ぎず、当時の実際的な事実とは無関係となる。その場合、上で検討した諸見解は、後世の人々が作り出した虚像について甲論乙駁したことになる。当時、三国の人々が、主観的に互いを外国人とみなしていて、客観的にも互いに異なる存在様態をもち、一つの同質的な種族が形成される以前であったならば、この時期の歴史像と人物を対象として、「民族」を基準に賞賛したり批難したり、「統一」の虚実を論じたりすることは、民族主義歴史学の作為に過ぎないという主張が提起されうる。さらに、「三国統一」という概念を使用すること自体が無理であるという見解も表れうる。

これまでこうした認識は、時折、提起されており、特に民族は近代に形成されたとの立場にたつ論者が、婉曲に披瀝してもいる。そうした中で、三国時代に三国は一つの「世界」を形成してはおらず、渤海と新羅は互いに異質な実体であったと主張して、七世紀終盤以降の新羅を統一新羅という言葉の代わりに「後期新羅」と命名する見解が発表された。[27] ここで使用する「後期新羅」は、南北国時代論での「後期新羅」と表現は同じであるが、意味は全く異なる。

同時に、八世紀以降の新羅人は、渤海地域を異域とみなしていて、両者は終始対立的であったとして、靺鞨を異族とみて、靺鞨族の渤海と新羅は始終対立的関係であったとした(28)。こうした理解からは、おのずと新羅三国統一論は否定され、さらに、渤海史を韓国史に含むこと自体を否定するものであるので、南北国時代論も成立しない。

一方、「後期新羅」という表現を使わず、「大新羅」として正統論的視角を強化した新羅中心論を主張して、基本的には「後期新羅論」と通じる見解も提起された。すなわち、「高句麗や百済の遺産は、大新羅の中で受け継がれたものはほとんどない。大新羅は、三国時代の新羅の歴史的遺産をそのまま受け継いでいるに過ぎない。したがって、高麗と朝鮮を経て、高句麗・百済の歴史的遺産ではなく、新羅が残した歴史的遺産を受け継いだという事実」を重視しなければならないとして、韓国人と韓国史の根本は、高句麗と百済を「征服」した新羅にあると強調した(29)。

新羅統一論を否定するもう一つの説は、「中国高句麗史論」である。高句麗史は中国史に帰属するため、「三国」という範疇を設定することは誤りであるという見方である。この論理では、漢江以南に居住した馬韓・辰韓・弁韓の韓族と、これら韓族に基盤を置いた新羅と百済の歴史だけが、韓国史に属するというのである。漢江以北地域に居住した濊貊民族は、韓国とは無関係の古代中国の古民族であり、これら民族が建てた扶余や高句麗の歴史は、中国史に属すると主張する。こうした「中国高句麗史論」の立場は、おのずと三国統一論を否定して、高句麗など濊貊民族と関連する古代国家はすべて中国史の範疇に帰属させて、漢江以北地域を中国の「歴史領域」として設定する方式の歴史観を掲げる。これもやはり、新羅統一論を根本的に否定する立論である。

以上、新羅統一論を否定する様々な議論を概観した。こうした否定論の根拠として提起された問題を、いくつかの側面から順に検討していく。

第三節　新羅三国統一論を否定する諸説の検討

(1) 新羅に統合された高句麗地域と住民の範囲

新羅統一論に早くから批判的見方が提起されるようになった根拠は、韓百謙の文章にもみられるように、新羅統合の領土的不完全性であった。事実、七世紀半ばの領域境界を基準としてみてみると、新羅が統合したのは、高句麗領域のうちで、現在の臨津江以北、大同江以南地域と、江原道北部地域に限られた。しかも、新羅が礼成江西岸地域に郡県を設置して本格的な経営を行なったのは、七三四年に唐とともに渤海と戦争を行なった後、唐が大同江以南地域を新羅の領域として承認した後のことであった。こうした事実を重視すると、新羅の統一は事実上、百済統合に過ぎないというのである。さらに、新羅の戦争目的も、実際には百済統合にあったとも言われる。[30]事実、こうした主張によって、八世紀以降の新羅領域で、それまで高句麗に属した地域は一部分に過ぎず、住民についても同様であったと想定することは十分可能である。言い換えれば、「統一新羅」を構成する様々な要素のうち、高句麗の遺産が占める比重は非常に少ないので、これを三国統一とは言い難いという論理に帰結させることもできるだろう。

しかし、ここで留意しなければならないのは、何を基準に「高句麗地域」「高句麗住民」とするかである。三国末期を基準とすると、新羅が占めた高句麗領域は、臨津江以北の北部京畿と黄海道地域、および江原道北部と咸鏡南道南部地域である。後者についていうと、六六六年に淵浄土が新羅に一二城とともに投降したが、その地域は安辺・徳源・淮陽一帯であった。[31]新羅に合流した住民は、この地域の住民と、金馬渚(益山)に定着した安勝集団など唐軍に逐われた高句麗復興運動軍のように、六六八年以降、新羅に渡ってきた高句麗遺民がこれに当たる。これら地域と住民は、高句麗全体からみると小さい部分である。

ところで、高句麗の範囲や新羅の範囲は、可変的である。『三国史記』地理志の記述内容によると、漢州など漢江流域の三州は、高句麗領域であった。これは、高句麗全盛期における領域の南限に依拠したもので、統一期新羅人の一統三韓意識による区分である。しかし、この地域が、一時期、高句麗領であったことは事実である。高句麗は、四七五年に百済の漢城を陥落させてこの地域を一時占領したが、すぐに撤収して事実上放棄したとみる、すなわちこの地域に及ぼした高句麗の実質的影響は特になかったという主張が、一時提起された。漢江流域に高句麗遺跡がほとんどないという点に、その根拠が置かれた。しかし、近年、この地域で、高句麗の城跡と古墳、土器などが多数確認されている(32)。高句麗は、この地域を占領した後、行政単位に編成して、六世紀半ばに新羅が進出する時まで支配した。この地域に及ぼした高句麗の支配は、長期間にわたる実質的なものであった(33)。

漢江流域を含む朝鮮半島中部地域は、百済領土であったが、やがて高句麗のものとなり、五五三年以降は、新羅の領域となった。この地域の城跡や保塁遺跡、土器などをみると、それぞれ百済、高句麗、新羅の特色が表れており、三つに区分することが可能である。そのため、まるで支配権の変動によって住民と文化の交替があったかのように考えられることもある。実際に、この地域の政治・軍事的支配に服した人々は、情勢変動によって、この地を離れたり新たに入ってきたりしただろう。しかし、彼らがこの地域の居住者の多数ではない。住民の多数は、土着農業民として、政治的支配権の変動に拘わらず、引き続きこの地に留まったであろう。そうであれば、この地域の住民は、高句麗人なのか、百済人なのか、新羅人なのか。

漢江流域を占領していた高句麗が撤退したことによって、すべてのものが消滅した訳ではない。この地域の住民に高句麗的な文化要素が深い影響を与え、彼らの意識の基底に作用した。高句麗の時に使用した行政単位の地名が、その後の時代まで継続して使用された。現在のソウル市衿川区始興洞と安養市の境界にある虎巌山城の新羅時代の「ハンウムル遺跡」の第二井戸から、「仍伐内力只乃末」という銘文が刻まれた青銅製匙が出土し、建物址から、「仍大内」という銘文の書かれた瓦が出土した[34]。ここは、朝鮮時代に衿川県の治所となっており、その沿革からみると、新羅の穀壌県につながる。『三国史記』地理志では、穀壌県は高句麗の仍伐奴県であると伝える。「内」と「奴」は、ネ(川)を意味する語であり、高句麗の地名語尾として多く使われ、「壌」は「川辺に形成された土地」という意味である。匙は、ここに勤務した新羅官吏のものと思われる。「仍伐奴」を景徳王代に改めて「穀壌」とした。すなわち、新羅がこの地域を占領した六世紀半ば以降も、長い間継続して高句麗時代の地名と行政単位をそのまま受け継いだことを物語る具体的な資料である。つまり高句麗時代に「県」という行政単位名が使用されたかはともかく、「仍伐奴」の例は、この地域が高句麗時代に行政単位として存在し、それを新羅が引き続き使用したことを伝えている。抱川郡郡内面にある半月山城からは、「馬忽」と刻まれた銘文瓦が出土し、新羅土器も多く出土している[35]。この地域は、新羅の堅城郡であり、高句麗の時には馬忽郡であったという[36]。これも同様の想定が可能である。『三国史記』地理志において漢州、朔州、溟州に属する郡県が、本来、高句麗の行政単位であったと伝えることからも、こうした面が適用できるものが少なくないだろう。さらに、高句麗以来の地名は、景徳王代に漢字地名に改名されたといっても、その後も継続してそのまま使用された可能性もある。例えば、現在の江原道寧越郡で

図3 「ハンウムル遺跡」の第2井戸から出土した青銅製匙とその銘文

ある新羅の奈城郡は、本来、高句麗の奈生郡であったが、景徳王代に改名されたという[37]。しかし、高麗初期に立てられた寧越興寧寺澄暁大師塔碑の陰記では、この地を引き続き奈生郡としている。高句麗の行政地名が、新羅をへて高麗初期まで継続して使用されたことを意味する。上記の仍伐奴や馬忽も、同様であった可能性がある。言い換えれば、高句麗の残した遺産が、新羅に統合されてからもこの地域に長い間作用したことを物語る。

統一新羅末期、漢江流域を中心として弓裔が建国する際に「後高句麗」と称し、続く王建が「高麗」と称したことは、偶然ではない。この地域の住民の間に、高句麗継承意識、あるいは高句麗遺民意識が続いていたために、そうした国号を選んだのだろう。

高麗中期、この地域にある驪州を故郷とする李奎報が「東明王篇」をつくり、「愚かな男女百姓であってもみな東明王の神異な故事を知っている」と述べている。もちろん、彼が誇張したとみる余地もある。しかし、一二世紀当時においても、そうしたことが漢江流域で相当広く伝えられていたとみることができる。そうした面から、巫歌である「帝釈本プリ」の内容と、その地域ごとの特性に言及した研究が注目される。すなわち、帝釈本プリは、東明王朱蒙神話とその構造が通じる。朝鮮半島の東・北部地域に分布する帝釈本プリの類型と、西・南部地域のそれとの間には差異がある。前者には、朱蒙の子である瑠璃王子説話に伝わる要素が多くみられるという点である。『三国史記』によると、百済でも東明王を祖先神として崇め祀ったが、瑠璃王子は百済王室の系譜には登場せず、彼に対する祭祀の記録も伝わらない。この点が、二つの類型の差を生み出す背景になったというのである。特に注目される点は、二類型の分布範囲である。東北型の分布範囲が、五世紀から六世紀前半にいたる時期の朝鮮半島の高句麗領域とおおよそ一致するという事実である[38]。この説を通して、我々は、高句麗の遺産が決してその滅亡とともに消滅した訳ではないという事実を確認できる。

もちろん、高句麗の領域と住民のうち、多くの部分を新羅が吸収できなかったことは事実であるが、同時に、統一期新羅の領域と住民を構成する相当部分が、高句麗のものであったことも厳然たる客観的事実である。すなわち、三国末期の高句麗領域を基準にすると、新羅が統合した部分は非常に小さいが、例えば五世紀と六世紀前半を基準としてみた場合、統一新羅の領域を構成するかなりの部分が高句麗の遺産であるといえよう。その遺産は、統一期新羅と高麗時代につながる実質的なものであった。新羅の統合がもつ歴史的意義は、今日に至る韓国と韓国人の枠組みを形成したということにあり、統一期新羅という枠組みの形成において、三分の一を構成するのが高句麗的なものであったといえる。こうした面から、高句麗の領域と住民のうち新羅に統合された部分が小さいため統一とはみなしがたいという主張は、説得力をもちにくい。一方、今日につながる三国の歴史遺産は、主として新羅のものであるという主張も、こうした面から説得力をもつとはいいがたい。次に、新羅の戦争目的が百済併合であったという主張を、どのようにみればよいか、検討してみよう。

(2)「百済統合戦争論」は成立するか

この主張の直接的な論拠は、六七一年に文武王が唐の将軍・薛仁貴に送った書簡の次のような内容である。唐の太宗・李世民が、六四八年に唐にやってきた金春秋と深く議論した後、「私が高句麗と百済両国を平定したら、平壌以南、百済の土地はすべて新羅に与え、永く安らかにしよう(我平定両国、平壌以南、百済土地、並乞你新羅、永為安逸)」と約束したが、唐がその後、その約束を守らなかったことを責めているのである[39]。この書簡は、薛仁貴が六七一年七月、文武王に、新羅が信義に背いて唐を攻撃したことを非難する文章を送ったことに対する一種の返答であった。まず、この記録でいう「平壌以南、百済の土地」は、百済領域だけを意味するものではない。これは、「(高句麗領域のうち)平壌以南の地域と、「百済の土地」という意味とみなければならないだろう。その次に、この記録が事実かどうかを検討する必要がある。当時、李世民と金春秋の両者の間にそうした合意があったかは、『三国史記』の該当記事以外に、他の史書では確認されない。そのため、これは、あくまでも唐との開戦を合理化するための意図から作られた、新羅側の一方的な主張に過ぎないとして、それが事実であることを否定する見解が提起されている(40)。しかし、『三国史記』以外の記録でこれに対する言及を見いだせないという点が、そのままこの記事が事実でないとする根拠とはなりえない。この合意が、政治家李世民と金春秋の間の対話でなされたものであれば、別途に公式記録として残さない可能性もあり、当時、再度の高句麗遠征を前にした李世民の立場からは、そうした方法で金春秋を懐柔したのかもしれない。そして、新羅と唐が渤海を合同攻撃した直後である七三五年、唐は大同江以南の地域を新羅の領土と認める処置を取った。この事実は、文武王の書簡が唐朝廷に伝えられて保管されており、それに込められた新羅の主張を生かしてこのような処置がとられたと解釈することもできる。また一方で、金春秋と李世民の間の約束に言及した先の記事と関連して考察する時、実際にそうした事実があって、それに関する記録が七三五年当時の唐朝廷には残っていたことを物語る根拠にもなりうる。それだけに、この約束の存在を簡単に否定することはできない。

次に、この記事が事実であることを否定したら、それがすなわち新羅朝廷の戦争目的が百済併合にあったと断定する根拠になるだろうか。新羅は、百済だけでなく高句麗と長い間戦争を繰り広げており、新羅支配層は、自国の安寧を護るためには高句麗・百済両国を滅亡させなければならないと認識していた(41)。特に、百済と高句麗が連合して新羅を圧迫し、三国の国境が犬の牙のように互いに入り組んでいる状況で、新羅が百済だけを併合しようとしてもできない状況であった。もちろん、戦略上の理由や軍事力の限界で、新羅軍は平壌以南で作戦行動することにしたのは事実であるようだ。実際に、六六八年までの対高句麗戦で、新羅軍が活動した空間もそうであった。しかし、新羅軍が高句麗の他の地域に関心を持っていなかったわけではない。六六七年の対高句麗戦の際に、波珍飡・智鏡と大阿飡・愷元ら新羅軍の高い地位にある将軍が、遼東の唐軍陣営に派遣され[42]、唐軍の作戦成果と遼東地域の高句麗の軍事的状況を視察し、平壌城で唐軍と合流する軍期を定めるなど、それなりの情勢把握に力を尽くした[43]。いずれにせよ、唐と同盟を結んで高句麗を攻撃しようとする場合、最終目的が平壌城であったために、南から進撃する新羅軍の作戦範囲はおのずと平壌以南地域となり、唐軍の作戦範囲は平壌以北地域になるであろう。したがって、そうしたことを議論するなかで、金春秋と李世民の間で、平壌以南地域を新羅のものとするという約束が出たものと思われる。ところで、この約束も、唐が守らないなど情勢変動が生じて、第Ⅱ部で検討するように、六六八年九月末に平壌城が陥落する直前、新羅朝廷は唐との決戦を準備する対外的措置をとった。つまり、唐と六四八年に合意した際に、平壌以南の高句麗領域だけを取ることに戦争目的を定めたとしても、その後の情勢展開によって、百済と高句麗地域をめぐって唐と戦争を遂行するほかなくなり、新羅朝廷はそれに合わせて政治・軍事的準備を進めたのである。結果的に、新羅の国力の限界により、遼東方面まで軍事作戦を本格的に行なうことはできなかったが、戦争目的自体を六四八年以前から、そして、その後に至るまでも、終始、百済併合に限定していた訳ではなかったと思われる。

続いて、もうひとつの「後期新羅論」の論拠である、三国は同質的な集団として一つの世界を形成していなかったという主張を検討する。

(3) 三国の住民は同質的な集団だったか

三国の住民が、長い間接触したことによって、お互いに慣れ親しんでいたことは、十分に推測できる。しかし、三国末期においても、三国人がお互いに同族と考える意識が形成されたという積極的な証拠を確認するのは難しい。そうであれば、まず三国人はお互いに異質的な存在であって、「三国統一論」は無意味なものなのであろうか。三国人の客観的な存在様態をみていかなければならない。

互いに同質的であるか異質的であるかは、相対的な面がある。客観的にみるとき、早い時期から三国人が同一の文化をもっていたという想定は、先験的な理念に過ぎない。三国初期、三国の住民達の間には、類似性とともに差異も相当あった。そして、三国時代が進むにつれて、お互いの戦争と領域変動、住民移動、文化交流などによって、さまざまな面で同質性が厚く形成されていった。例えば、文化要素のうち、保守性がもっとも強いとされる墳墓の様式をみると、三国の支配層の墓制は、初期には異なっていたが、次第に共通性を帯びていく。具体的には、高句麗は、紀元前四—三世紀以来、積石塚を造営したが、五世紀初めに石室封土墳に替わった。百済は、土壙墓につづいて積石塚を造り、五世紀初めに石室封土墳に替わった。新羅は、土壙墓を造っていたが四世紀後半に積石木槨墳を築造し、六世紀初めには石室封土墳が墓制の主流となった。物質的な面だけでなく、制度・衣服・宗教・芸術・文字生活などにおいても、三国間の交流によってお互いに似通ったものを共有するようになった。新羅で広く行なわれた、新羅語の言葉を漢字にして書く借字表記法と、しばしば吏読とよばれる郷札は、高句麗で最初に使用され、新羅に伝わってさらに発達した。そして、「道使」のような地方官の名称も、高句麗から新羅・百済へと伝わったようであり、仏教も、高句麗を通じて新羅が受容した。新羅の初代僧統である恵亮は、高句麗からわたってきた僧侶であり、彼は、新羅にきて百座講会と八関法会をはじめて行なった。これら法会は、彼が高句麗で行なっていた方式通りに新羅で行なったものである。こうした過程で、高句麗の仏教は新羅に深い影響を与え、三国時代新羅の仏教彫刻にみられる高句麗の濃い影響は、両者間の交流の一面を伝える(44)。

もちろん、質的に互いに異なる集団の間でも、伝播と借用を通じていくつかの文化要素を共有することもある。それだけに、いくつかの文化要素を同じくするからといって、すぐに同質性を語ることができる訳ではない。しかし、共有する要素が多く、それら集団が全体的に互いに類似性をもっていると判断できれば、その意味は軽くない。こうした面から、隋唐代の史書のなかでの三国に対する言及が留意される。

図4　慶州の金冠塚で出土した四耳の付いた高句麗の青銅器

『旧唐書』新羅伝では「その風俗と刑罰・衣服が、高麗・百済とおおよそ同じ」という。さらに、隋唐代の人々は、三国を三韓という一つの範疇として把握している。例えば、六五一年に唐高宗が百済王に送った詔書で、新羅との抗争を中止するよう働きかけて、次のように述べている。

海東三国は国を開いてから長く、領土が並列しているが、その地が連なっていてかみ合っている。近代以来、戦争が頻繁に起きており平安な年がほとんどない。ついには三韓の百姓の命をまな板の上において互いに争うことが朝夕続いた。（海東三国、開基自久、並列疆界、地実犬牙、近代已来、遂構嫌隙、戦争交起、略無寧歳、遂令三韓之氓、命懸刀俎、尋戈肆憤、朝夕相仍）(45)

ここでいう「三韓」は、三国を意味することが明らかである。これより先、六一二年に隋煬帝による高句麗侵攻を実行した禹綽の文章に、「皇帝の六軍が征伐して三韓が粛正され、謹んで天罰をおこなって明るく輝く」といっている。[46]ここでの三韓は、三国を意味すると同時に、直接的には三韓の一部である高句麗を指している。この他にも、隋唐代の人々が、三国を三韓と表現した例は多い。[47]これはすなわち、三国を同質的な一つの範疇として把握したことを物語るものである。上掲の唐高宗の詔書で「海東三国」と言っているのも、そうした面を伝えている。さらに、唐代の人である顔師古は、「貊は東北方にいる。三韓の者たちは、みな貊族である」といい、[48]三国人を同じ種族と把握している。こうした言及は、三国人がすべて貊族であるかどうかは別にしても、注目せざるをえない。三国を三韓と表現したのは、三国を社会・文化・種族が同質的な国家と把握したことを意味する。少なくとも、中国とは異なり、遊牧種族とも異なり、倭とも区別される同質的種族として、三国人を認識したことを物語る。

隋の人々は、『隋東蕃風俗記』の存在を通して見ると、[49]三国についてそれなりの知識があった。唐代に入ると、和戦両面におけるさらに頻繁な交流により、三国に関するより詳細な情報をもっただろう。それだけに、隋唐人のこうした認識は、三国と三国人の客観的存在様態に沿うものである。このころ倭国でも三国を三韓と呼んでもいる。[50]

それでも、現在残された記録からは、三国の支配層間の同族意識が認められるようなどんな言及も見いだせない。これは、記録が失われたことが要因であると想定することもできるが、実際的には、彼らが自らの存在様態の同質性を自覚してこれを歴史の動力とするまでには至っていなかったことによる結果と見ることができよう。これが、当時、韓国史が到達した客観的状態であったと見るのが正しいようである。しかし、三国末期には、三国が第三国人によって客観的に一つの範疇(世界)として把握されたことは、確認できる。

このように客観的に同質的であった三国とその住民を合わせたことは、「統一」とみなければならないだろう。そして七世紀後半、戦争の終盤で唐と対決しながら、三国の住民は自らの存在様態の同質性を自覚し始めた。その具体化された形態が、「三韓一統意識」であった。これは三国人の結集という現実的な必要性によって、新羅朝廷でまず表に掲げられ強調されたようであるが、その後拡散した。[51] ここに「統一」の主観的・客観的な要素が準備された。

こうしてみると、三国人を相互に異質的な存在とみて「新羅統一論」を否定する論議は、首肯しがたい。それでは、「三国統一論」を拒否するもう一つの議論である「中国高句麗史論」を検討しよう。

(4)「中国高句麗史論」の検討

「中国高句麗史論」は、近年、何度も韓国社会を熱くした主張である。この主張を支援する中国当局の東北工程事業として中国の学者の著述が数十冊刊行され、これを批判する韓国の学者の文章も数多く発表された。中国学界が提起した「中国高句麗史論」の主張は、おおよそ次のような歴史像として輪郭を整理することができる。

檀君朝鮮は存在しない神話に過ぎず、箕子朝鮮は実在し、それを継いだのが衛満朝鮮である。そのため、箕子朝鮮と衛満朝鮮で構成された古朝鮮は、中国人が開拓して建てた国であり、その歴史は中国史である。漢帝国が衛満朝鮮を滅ぼして四郡を設置したが、そのうちの一つである玄菟郡から高句麗が興り、高句麗の領域と住民の大部分は、中国郡県のものであった。高句麗族の起源は、古代中国の種族であった高夷族であり、その住民であった濊貊族は、東北(満州)地域にいた中国の古民族であった。おのずと高句麗は、中国の「歴史領域」に起源する国であって、その文化も中国文化に属する。高句麗は、歴代中国王朝と朝貢・冊封関係を結んで統制をうけた中国の地方政権であったので、高句麗と隋唐の戦争の性格は、あくまでも中央政府による地方政権を統合するための内戦であり、唐太宗の遠征は、暴政に苦しむ高句麗人民を救うための正義の征討であった。高句麗滅亡以降、住民と領土は、直接あるいは渤海を経て、中国の漢族と漢族の国に合流した。そのため高句麗史は中国史に属する。韓国史は漢江以南にあった三韓と、それを受け継いだ百済と新羅につながる地域と住民の歴史に限定される。この韓族の国が、七世紀半ば以降、次第に北方へと中国の歴史領域を侵していったのが、この千数百年間の韓中関係史の実像である。高句麗史の歴史的意義は、韓族の国の侵略から中国の歴史領域を護ったことにある。

これは、これまで韓国人のアイデンティティと歴史意識を形成してきた主要要素である「古朝鮮」「高句麗―高麗―コリア」「檀君」「三国統一」などを一度に否定して、韓国史の体系を根本的に揺るがすものといわざるをえない。ここでは、この本のテーマと関わる部分だけ簡単に言及する。(52)

まず、高句麗人の種族的起源とされる「高夷族」を検討する。「高夷」は、『逸周書』王会篇の「成周之会」に関する記事に登場する種族名である。「成周之会」は、紀元前一一世紀頃、西周王室の三監の乱を平定したあと、西周の立国を知らせて四方に勢力を誇示するために開催した大会であったという。この集まりに、周辺の諸侯だけでなく、辺境の様々な種族が特産物をもって参加したといい、「高夷」もこれに参席したと伝わる。この「高夷」を高句麗と解釈する注をつけたのは、四世紀初めの晋の孔晁であり、(53)それが唯一の言及である。これは、王会篇で記された「成周之会」があったという時期から、なんと一五〇〇年も後に書かれたものである。「成周之会」に参席したとされる「高夷」という種族が、高句麗を指すものであるという客観的な証拠は、どこにもない。「山東東夷→遼東貊族＝高夷→高句麗族」という仮説(54)が提起されているが、その具体的な論拠は確認しがたい。

次に、中国学界では、しばしば濊貊族を中国の古民族の一つとする。これは結局、現在の中国の領域にかつて存在したすべての種族は中国人であるという、いわゆる「統一的多民族国家論」「中華民族多元一体格局論」など、現在の中国当局が掲げる中華民族論という理念に立脚して説明した一方的な主張にすぎず、濊貊族が中国の古民族であるかに関して、合理的な論拠と客観的実証を通じて提示された結論ではない。強いて地理的分布範囲を挙げていうならば、迎日郡神光面馬助里で出土した「晋率善濊伯長印」の存在からみられるように、濊族は、中部満州地域から朝鮮半島の東海岸地域をへて慶尚北道迎日湾地域にいたる広い地域に分布していた。濊族が今日の中国の領域に住んでいたので中国の古民族であるとする論理でも、これを説明できない。

箕子朝鮮と衛満朝鮮などの古朝鮮は中国人が建てた国であり、続いて漢四郡が設置されたので、高句麗住民の多数は漢族など中国系住民であったという主張については、古朝鮮地域の状況に対する、より具体的な考察が必要である。近年、平壌の楽浪古墳(木槨墓)から、初元四年(紀元前四五)の楽浪郡各県の戸口に関する内容を含む木簡が出土して、それを利用した研究とこれを紹介した文章で、この地域の住民の一四%が漢人であり、絶対多数の八六%が土着民であったという。[55] これによると、古朝鮮や高句麗住民の構成において、中国系住民が多数であったという主張は成立しない。もちろん、これは今後、楽浪古墳で出土した木簡資料が公開されて、さらに具体的に検討される必要のある問題である。ただ、楽浪など中国郡県の東方社会に及ぼした影響が、非常に大きかったことは認められるものの、それを根拠にして、この地域の住民の多数が漢人であったとか、古朝鮮地域がすべて中国の歴史領域であるなどという理解に直結させることはできない。そして、遼東地域と半島地域の青銅器文化の性格が、華北の殷・周の青銅器文化と系統が異なるという事実を無視したまま、具体的な考古学的検討もなしに、箕子朝鮮の存在を事実と受け止めて議論を進めるのも、一方的な主張であるといわざるをえない。

朝貢・冊封関係を結んだ被冊封国は、冊封国の隷属国・地方政権であり、さらに、高句麗と隋唐の戦争は、中国内の統合戦争であり、その性格は内戦と規定できるなどという主張は、中国学界でも反論が提起される、非常に皮相な主張である。前近代の東アジア国際関係の実像と性格をきちんと把握しない、未熟な歴史理解に過ぎない。被冊封

「属国」であった[56]朝鮮半島の諸王朝の性格は、時期と状況によって具体的な様相に違いがあるとはいえ、モンゴル干渉期のような特定の時期を除けば、一九世紀後半、清の大臣李鴻章が言ったように「内政と外交を自治、自主する」国であり、高句麗の場合、実際的な独立不羈の自主国であった[57]。

高句麗史が中国史に属するという中国学界の主張の主要な論拠の一つは、高句麗滅亡後にその遺民が直接唐に連れて行かれたり、渤海滅亡後の遼金代に中国方面に移住させられたりして多数が中国に流入し、漢族に吸収同化されたという主張である。高句麗人の多数が、結果的に漢族に吸収されたという主張は、一面で事実でもある。しかし唐に連れて行かれた高句麗人は、大部分が戦争捕虜や強制的に連れて行かれた人々であり、圧倒的多数の漢族の海に沈黙のうちに吸収同化され、彼らによって高句麗の歴史と文化は受け継がれなかった。前近代の中国史書で高句麗を自国の歴史と記述した例はなく、一九八〇年代まで漢人が高句麗人を先祖と考える継承意識はみられなかった。ある国の性格を語る場合、それが存在した当時の状況を基準に論じなければならないことは、歴史研究の基本的原則である。ずっと後のある結果を遡及させてその国の性格を論じることは、理に適わない。「三韓」「海東三国」などの表現からすると、隋唐代の人々は、高句麗を百済や新羅と同じ一つの範疇として把握した。例えば、小アジアのエーゲ海沿岸にあったトロイのような古代ギリシャ都市国家の歴史と文化が、今その地域がトルコ共和国の領土であるのでトルコ史に属すると主張するなら、それはすでに歴史学ではなく、領土主権を掲げようとする政治論に過ぎない。

中国高句麗史論は、今後も中国で続いていくものと予想されるだけに、さらに詳細な分析と検討が必要であるが、他の機会に譲りたい。ここでは、「三国統一」という概念が成立しうるかを考察するために、高句麗史を韓国史の「三国」から分離しようという主張に批判の焦点をあてて、簡略に述べてきた。続いて、三国統一戦争期をいつからいつまでと設定するのか、特に、長期間にわたり進行したこの戦争の始点をどこに設定すべきかをみていく。

第二章　三国統一戦争期の設定問題

第一節　三国統一戦争期の始点に関する議論

三国統一戦争は、三国の成長によって三国間に繰り広げられた長期間の戦争であると同時に、東アジアの多くの国と種族が直接・間接に関わった国際戦であった。長期間にわたり展開された三国間の関係や東アジア国際関係は、因果関係が連続しているだけに、どの時期をもって三国統一戦争期と設定するのかは、思ったほど明確ではない。それでも、三国統一戦争を叙述しようとするならば、自然的時間の流れからなんらかの時期を定めて戦争期と特定化せざるをえない。これまで、これに関する多様な見解が発表されてきた。これら諸説の立論の差は、まず、戦争の原因と性格をどのように把握するかによるものであり、研究者の叙述目的による結果でもある。

三国統一を生んだ根本的な原因と統一戦争の歴史的意義を、三国関係の進展と社会の内在的変化・発展に見出す見解では、三国統一戦争史の始まりを遡らせ、それに対する考察の時間的範囲もまた相対的に長くとる。一方、中国の統一帝国の膨張を戦争の根本的な原因とみる視角からは、隋唐帝国の登場に始まりを見出すこととなる。もちろん、どちらであっても、他の側面の原因を無視するものではない。相対的に一つの側面に比重を置いて、論が展開されている。これまでの諸説を順にみていく。

(1) 四世紀後半説

四世紀前半、楽浪・帯方郡が消滅した後、国境を接することとなった高句麗と百済が旧中国郡県地域の支配権をめぐって熾烈な戦争を繰り広げた時点に、統一戦争のはじまりを設定できるという主張である。当時、両国は、中央集権的な領域国家体制の構築を志向しており、戦争で獲得した領土と住民を中央政府が直接掌握して統治しようとした。こうした領域国家体制としての発展によって、必然的に高句麗と百済の間でさらに多くの領土と住民を獲得するための争いが繰り広げられ、新羅も続いて領域国家体制に発展してこの隊列に参加することとなり、三国間の争いはより熾烈になった。多い時には数万人が動員される大規模な戦争は、莫大な人力と物資の徴発を要した。これに応えるために三国は、組織力と動員力の拡充に必死の努力を傾け、新たな製鉄技術の普及、水利施設の拡充などで生産力を拡大することに尽力した。また、重装騎兵をふくむ大規模な兵力を動員した戦争がもつ破壊力は、それまでの秩序の変貌を促進した。こうしたなかで、官位制の整備、中央官僚組織と地方制度の拡充がなされるなど、中央集権的領域国家体制の進展があり、これが再び戦争遂行を支えて、三国間の争いはより熾烈となった。その結果、地域間の発展の不均等が解消された。三国統一は、四世紀半ば以降、三〇〇年余りにわたって進められたこうした動きの産物としてみなければならず、その結果、韓国古代社会が中世社会に転換したとみる。すなわち、三国統一戦争の歴史的意義は、古代から中世に転換する陣痛であったというのである。[1] ここで提示された統一新羅中世説の妥当性についてはともかく、[2] この説は、三国統一戦争の根本的原因を、三国社会内部の変化と発展に求める見解として、巨視的観点から統一戦争の歴史的性格を眺望したという点で意味がある。しかし、第一次世界大戦の原因と戦争期の始点を、ヨーロッパの産業革命と産業化にもとめて説明しようとするなら、一面で遠因としては妥当であっても、あまりにも迂遠な主張であると言わざるをえない。この場合も、そうした面があると言えよう。外部的原因を考慮すると、さらにそう言わざるをえない。

四世紀後半とする他の見解は、高句麗の南進がこの時から本格化したという点に根拠を置いている。すなわち、高句麗は三七〇年代から「三国統一政策の実現のための闘争を本格化」し、「この頃に至り高句麗が同族国家たる古朝鮮の故地を取り戻す歴史的課題を成し遂げることになった条件の下で、三国統一のための南進政策は高句麗の基本政策であり」、四二七年の平壌遷都は、まさに統一政策の積極的表現であったというのである。(3) 実際、四世紀半ば、百済の攻撃により一時的に敗退した高句麗は、三六九年に反撃に転じて、四世紀末から五世紀初めの広開土王代に南方へ領土を拡げ、百済を圧倒して朝鮮半島南部地域に歩騎五万を派遣し、百済・加耶・倭の勢力を撃破して新羅を救援するなど勢力を大きく拡大した。これは三国間の関係と朝鮮半島南部地域の情勢に大きな影響を与え、その後、三国および加耶間の相互統合を企図する戦争が、さらに熾烈に展開された。

この見解によると、三国統一戦争史の叙述は、四世紀半ばから始めなければならない。ところで、この時期の高句麗支配層は、三国統一の意思をもって南進政策を推進したのだろうか。もちろん、広開土王の南征の結果、高句麗支配層は、朝鮮半島中・南部地域と住民に対する理解が深くなった。その結果、新羅・百済・東扶余・加羅などが、周辺の倭や契丹および粛慎などとは異なる性格をもっていると認識して、彼らが当然高句麗に服属しなければならない存在であり、高句麗の天下の一部を構成するとみなすようになった。こうした面は、高句麗支配層が、百済・新羅・加羅・東扶余などに同類意識をもったことを表すといえよう。(4) しかし、これを同族意識といえるかは疑問であり、さらにこれに基づいて積極的な三国統一の意思をもったとは言い難いと思われる。同族意識とは、いくつかの関連集団について、類似した存在様態をもつ一つの同質的な歴史文化体と認識して、さらに、相互統合されねばならないと考える意識をいう。三国住民の場合、こうした同族意識は、三国統一戦争の動因ではなく、その結果として形成されたことは、先に言及した(5)。そして、高句麗が三国統一の意思を持っていたかどうかとは別に、結果的に高句麗の南進政策が統一につながる直接的な契機になったとも言い難い。その点では、なによりも三国統一戦争が、三国間の戦争として終始したのではないということ、戦争の主たる推進力を三国のそれに限定することはできないという事実に注目せざるをえない。

(2) 六世紀半ば説

この説では、具体的に三国統一戦争の始点について直接述べているわけではないが、三国間の戦争が六世紀半ばにそれ以前と異なる様相を帯びて、統一戦争に繋がったと主張する。すなわち、新羅が漢江流域と加耶地域を領域化することによって、三国の力関係に重大な変化をもたらし、「六世紀半ば以降、戦争は必然的に成熟した集権国家間の激烈な争覇戦となり、一方の軍事的勝利は、ただちに相手国内部の秩序を脅かす主要原因となった」といい、領域支配の強化による三国間の新たな戦争様相が、隋・唐王朝の出現以降の変化と結びついて、国際的な大戦へとつながったとみる(6)。すなわち、韓国古代国家の発展による相互の戦争様相の差異に注目して、六世紀半ばを画期と想定したのである。

この説は、主要な歴史的進展の動因を三国内部の発展、具体的には領域国家体制としての発展に求める見解である。一種の内在的発展論の視角に基づいていることは、(1)の説と同様であるといえよう。実際に、六世紀半ば、新羅の発展は、三国の力関係に一つの画期をもたらした重要な事項であった。そして、新羅が遅れてこのころに領域国家体制を構築したことによって、三国間の戦争の様相も、より多くの領土と人民を奪うために大規模化して頻発し、戦争の結果がある国家や執権勢力の安危と直結したことも事実である。しかし、高句麗は、それ以前から領域国家体制として進展して、膨張を追求していた。それでも六世紀半ばを画期と想定するならば、これは、統一戦争の勝者である新羅の立場からみたことになる。なによりも、三国統一戦争は、三国間の戦争であると同時に、国際戦であった。両者を合わせる画期が要求される。

六世紀半ばとするもう一つの説も、新羅史の観点から、「新羅の国家的基盤を確立したのは、真興王代(五四〇―五七六)であって、統一の基盤もこの時期に準備されたといえる」という見解である。[7] この説も、統一戦争の始まりと明記してはいないが、もし、この視角によって統一戦争史を想定すると、漢江流域と洛東江西岸を占領した真興王代の膨張を始点として提示しうるということになる。

新羅が漢江流域と洛東江西岸地域を掌握したことが、新羅国家の飛躍的発展の土台になったことは明らかである。しかし、だからといって、それがただちに新羅による三国統一に直結するといえるかは、疑問である。国際戦の側面が考慮されねばならないのは、同様である。

以上で、三国統一戦争の原因を、三国間の発展と三国社会の変化発展に求める諸説を簡単に検討した。これらの説で提起された、三国が中央集権的な領域国家として発展したことによる変化が三国統一戦争を生んだという理解は、それが唯一の原因とはいえないものの、意味をもつ。そして、この観点は、統一戦争の歴史的意義と、統一戦争後における新羅史の進展方向を把握するのに役立つ。

(3) 隋唐帝国の登場に求める説

この説は、三〇〇年以上の分裂状態を終結させて中国大陸を統一した隋唐帝国が出現したことによって、それまでの東アジア国際情勢が根本的に再編される一連の動きにおいて三国統一戦争が展開されたという理解である。特に、短命に終わった隋帝国の登場と高句麗侵攻を、三国統一戦争のはじまりと認識する[8]。これは、激動の七世紀東アジアを把握して八世紀のそれを展望するのに有効な接近方法であり、東アジア史のなかで韓国古代史を理解するのに必要な認識であることは明らかである。実際に、七世紀東北アジア史を変化させたもっとも強力な推進力は、唐帝国の力であった。

しかし、唐帝国の力が、媒介なしに直接、三国統一戦争の展開に作用した訳ではなく、統一中国帝国の力は、三国と倭国朝廷の政策決定を媒介として三国統一戦争に作用した。それがなかった隋帝国の膨張は、高句麗と隋の間の戦争で終わった。これは、新羅・唐同盟が、具体的結果を生みだしたことと対比される。新羅朝廷は、高句麗や倭と交渉を試みるなどの一連の過程をへた後、唐との軍事同盟という最終的政策を決定している。百済も、高句麗・倭・唐との関係をめぐる様々な可能性をそれなりに秤にかけた末に、唐との関係に関する立場を整理するようになった。倭国も同様である。当時の国際情勢において、東北アジア諸国が、自国のとらねばならない方向についてそれなりの主体的判断と選択過程をへた後、東北アジア諸国間の同盟と対決の戦列が形成された。

こうした点を考慮すると、隋唐帝国の登場と膨張は、三国統一戦争の時代的背景として大きな意味をもつが、戦争の具体的な始点を設定するためには、それに対応する各国の動向にさらに焦点を当てる必要がある。

(4) 六四二年説

この説は、六四二年以降の一連の状況展開が、三国統一に帰結したという事実に基盤を置いている。すなわち、六四二年七月、百済義慈王が自ら、新羅の洛東江西方の四〇城余りを攻略し、八月には、百済将軍・允忠が大耶城を攻略した。翌六四三年、高句麗とともに新羅の西海岸の主要な港である党項城を攻撃して、唐との交通路を遮断しようとすると、新羅が急いで唐に救援を要請するという事件が発生した。これが新羅と唐の同盟となり、百済滅亡と高句麗滅亡につながったことを述べている(9)。

一方、六四二年以降の一連の状況展開は、五六二年に大加耶を滅亡させた後に維持された新羅の加耶地域支配権と、それまでの三国関係を揺るがすものであり、倭国でも外交路線をめぐる葛藤が表面化する契機になったとみて、この年に特に注目する論考が発表された(10)。すなわち、唐帝国の出現により東アジア国際関係が再編される過程のなかで、それが具体的に三国関係の葛藤とつながり、また、倭国の動向とつながる契機として、六四二年に注目する見方といえよう。この説は、任那加耶地域に対する倭国の関心を重視する観点から、この地域をめぐる変動に留意している。なによりも、「日本で律令国家が成立した国際的条件」「東アジア史の激動と白村江の戦いに向かう道」という視点から、倭国の白村江の戦いへの参戦と、それに続く律令体制の成立を生むこととなった歴史的過程を、日本史の展開に土台を置いて把握したという特色をもつ。それだけに、自ずと三国の対応、例えば、高句麗と新羅の関係や、唐と対決するために高句麗が繰り広げた北方遊牧民集団との関係、唐と日本の間で新羅がとった政策などにあまり留意しないという特色をもつ。

以上、さまざまな視角を簡略に検討してきた。これらの見解は、それぞれに特徴があり、三国統一戦争を理解する手助けとなる。こうした諸説を参照しながら、次のように統一戦争期の始点を設定してみたい。

第二節　三国統一戦争期の時期区分

四世紀半ば以来の三国間における争いの波と、六世紀末以降の隋唐帝国の登場と膨張による波動は、はじめは別途に展開した。ところが、七世紀半ば、両者が合して一つになり、三国統一戦争という大きな激流となった。具体的にいえば、三国が中央集権的な領域国家体制に発展して、より多くの領土と人民を確保するために長期間にわたり熾烈に争っていたところに、六世紀末、統一中国王朝が登場して東方に向けて膨張すると、はじめは高句麗と激烈な戦争を繰り広げたが、しだいに二つの方面の争いと対立が連携する方向に展開した。すなわち三国統一戦争は、三国の内部的要因だけでも、隋唐による外部的要因だけでも説明できず、二つの側面がともに作用して進行したということである。この二つの側面で展開してきた対決が、ついに結びついたことを象徴する具体的な結果が、新羅と唐の軍事同盟であった。六四八年、金春秋と李世民の間に結ばれた協約がそれである。この協約は、六四八年に突然結ばれたものではなかった。これは、一連の過程をへて、両者の協約に到達した。その具体的な過程が進んだ時期から、三国統一戦争期が始まったとみるのが正しいと思われる。そうした面から、六四〇年代が注目される。六四一年から進んだ情勢をみると、次のようである。

六四一年、唐の使者の平壌訪問と高昌国滅亡の消息が、高句麗の上下に危機意識を高め、対唐政策をめぐる意見の相違は、貴族間の葛藤を激化させた。使臣の帰国報告をうけた唐太宗は、高句麗遠征の野望を露骨に示した。一方、朝鮮半島南部では、六四一年に即位した百済の義慈王が、六四二年七・八月、大規模な新羅攻撃により洛東江西岸地域を占領して新羅を圧迫し、同年秋、平壌では淵蓋蘇文がクーデターにより権力を掌握した。危機に陥っていた新羅朝廷は、金春秋を平壌に派遣して両国関係の改善のために談判をおこなうものの、失敗した。六四五年、唐が高句麗に侵攻して、新羅も唐側に立って参戦したが、百済の介入によって後退した。こうして高まった国際的な危機状況で、倭国においても大化改新が起きた。新たに執権した勢力は、翌六四六年九月、新羅に使者を送り、倭と新羅の関係に新たな模索をするようであった。そうした中で六四七年初め、新羅の都で上大等・毗曇らが中心となった政変が起きた。乱の渦中で善徳女王が病死すると、真徳女王が擁立され、金春秋・金庾信勢力が実権を握ることとなる。権力の中枢に登場した金春秋は、新羅にやって来ていた倭国の使者とともに倭国にわたり、新羅と倭国間の関係の改善、言い換えれば倭国と百済のそれまでの連帯関係を変えようとした。しかし、金春秋の訪問外交は、これといった目に見える成果を生まなかった。すると、六四八年に金春秋は、唐に渡って両国の軍事同盟を結び、局面の打開を図った。

このように六四〇年代に入ると、国際情勢の進展とともに唐の高句麗侵攻計画が具体性を帯びていき、三国すべてで義慈王、淵蓋蘇文、金春秋など三国統一戦争の主役たちが権力を握り、権力集中と兵力動員が強化された。高句麗と新羅が互いに対決を選択して、それにより新羅は確実に唐の側に立った。倭国も、大化改新以後、中大兄王子が執権勢力として登場した。続いて六五〇年代後半まで、東北アジア諸国は、それぞれの利害と選択によって縦横に連携して、両陣営に戦列が整備されていった。その結果、六六〇年の泗沘城陥落、六六三年の白村江の戦い、六六八年の平壌城陥落へとつながった。こうした一連の過程で生じた矛盾は、高句麗滅亡直前に起った新羅と倭の関係改善、六六九年の新羅と唐の開戦などにつながった。

因果が連続して展開する歴史の流れの中で、どれかある一つの時点をもって画期とするのは、考察の対象を効率的に把握するための作業仮説である。三国統一戦争史の場合、これが三国間の戦争であると同時に国際戦であったという点と、先に述べた実際の歴史の展開過程に依拠すると、六四一年を三国統一戦争の始点とするのが妥当と思われる。

本書では、三国統一戦争期を次のように時期区分して、戦争の展開過程を叙述したい。

第一期（六四一―六五九）　戦争の序幕

第二期（六六〇―六六三）　泗沘城陥落、百済復興戦争――周留城攻略戦と白村江の戦い

第三期（六六四―六六八）　新羅と唐の対高句麗戦、平壌城陥落

第四期（六六八―六七六）　新羅と倭の関係改善、高句麗復興運動、新羅・唐戦争

第五期（六七六―七〇〇）　戦争の余震――六七六年以降、新羅の対外関係と国内情勢

このうち第五期は、戦争が表面上は終結した状態であるが、新羅と唐は関係を正常化できないまま、水面下で対立を続けた時期である。こうした状況は、新羅の中央集権化と王権強化に重大な影響を与え、新羅・日本の関係に大きく作用した。そうした状態は、渤海の建国による新たな情勢変化によって終結した。それらは戦争が残した影響であるので、三国統一戦争史のエピローグとして叙述したい。

II

三国統一戦争の展開

第一章　戦争の序幕

第一節　迫り来る戦雲

六四一年五月、唐の太宗・李世民は、職方郎中・陳大徳を使臣として高句麗に派遣した。前年の六四〇年、高句麗の栄留王が太子桓権を唐に派遣したことに対する答礼という形式で彼を派遣したのである。[1] 職方郎中は、兵部の所属で、国内外の主要軍事施設を含む地図の作成を管掌する官職であり、軍事情報収集の実務を総括した。彼は、高句麗入国の後、景勝地の観光を好むといって、自らを応接して随行する高句麗官吏に賄賂を贈り、平壌にいく途中に遠近の主要な山川や城郭および交通の要地などをあまねく探った。また、高句麗・隋の戦争の際に落伍した隋の兵士たちにも会った。彼らは戦後、高句麗の女性と結婚して定住していたのであるが、陳大徳に会って故郷の消息を尋ね、自分たちのそれまでの生活について語った。陳大徳は、故国の消息を知らせて彼らを慰撫した。こうした噂が広がると、彼が行く場所ごとに、数多くの中国人が訪ねてきて道を埋め、あれこれの消息を伝えた。こうした過程で彼は、高句麗の事情に関する情報を多く収集した。

彼が平壌にくると、栄留王は、武装した兵士を並ばせ、威厳を整えたまま彼を迎えた。このころ、六四〇年九月に高昌国が滅亡したという消息が、高句麗に伝わった。おそらく、陳大徳がこれを知らせて、高句麗の反応を探ろうとしたのであろう(2)。時間的にみてもそう考えられる。たとえ、異なる経路を通じて伝わったとしても、その消息の真偽を確認し難い状況で、陳大徳がいう言葉は、高句麗支配層にとって焦眉の関心とならざるをえなかった。高昌国は、現在の中国新疆ウイグル自治区トルファンに位置したシルクロード上の代表的国家であった。唐の太宗は、高昌国を滅ぼした後、周囲の建議を斥けてこの地域を州県に編成し、唐朝廷が直接支配する領域とした。高昌国滅亡は、唐帝国の北部と西部にあった勢力が、すべて唐に服属したことを意味する。いまや、東は海に至り、西は焉耆、北は砂漠、南は林邑に至る地域がすべて唐の州県として編成され、唐は、東西九五一〇里、南北一万九一八里に達する大帝国を構築することになった(3)。西南のチベット方面も、唐は六四一年に公主を降嫁させるなど懐柔策をとって、吐蕃を唐の影響力のもとに引き入れた。

その間、唐の膨張に脅威を感じた高句麗は、すでに六三一年以降、西部国境に千里長城を築くなど、防禦に腐心していた。千里長城を築くことになった具体的な契機は、次の通りである。すなわち、六二八年、唐は突厥の頡利可汗を撃破して、モンゴル高原を制圧した。そして、唐の威勢に圧倒された遊牧民集団が、六三〇年に太宗を遊牧民世界の覇者という意味をもつ天可汗に推戴した(4)。続く突厥敗亡とともに、それまで突厥勢力に隷属していた契丹・奚・霫など東部内モンゴルの興安嶺山麓一帯に住む遊牧民が、唐に投降した(5)。それによって、高句麗の西北部国境一帯が、唐の勢力に向かって正面から開かれたことになった。高句麗の栄留王は、頡利可汗が撃破された直後である六二九年、唐に使者を送って封域図を献上するなど、融和的な姿勢をみせた。その一方で、六三一年二月、北は扶余城から発して、東南は海にいたる千里長城を築き始めた。すると、同年七月、唐朝廷は、官人を派遣して高句麗・隋戦争の際に死んだ隋軍の遺骨を収集し、遼西地域に高句麗がつくった京観を破壊した(6)。この京観は、高句麗侵攻の際に死んだ隋軍の屍体を集めて積み上げ、その上に土をかぶせたものであり、高句麗にとっては一種の戦勝記念塔の性格をもつものであった。もちろん、唐の朝廷は、その後も隋末の戦乱で死んだ彼らの白骨を収集し、唐の領域の各地にある京観を壊す作業をおこなっている。[7] 遼西地域の京観破壊も、そのような意味をもつ行為の一環といえようが、この時点で遼西地域にある高句麗の京観を破壊する処置は、明らかに高句麗に対する脅しであり、挑発の性格をもつものであった。これに対して高句麗朝廷は、大陸情勢の推移と唐の政策を鋭意注視した。

そうした情勢において、高昌国滅亡は、戦争の脅威を切実に感じさせる報せであった。唐は、隋が滅んで分裂と混乱に陥った中国大陸を再統一した後、北方ではモンゴル高原の突厥を攻撃して服属させ、チベット高原の北側傾斜面にあった吐谷渾を撃破した。さらに、今度は西北方の高昌国を併呑して、シルクロードを完全に掌握した。いまや唐と国境を接する国のうち、唐に対抗しうる国としては、高句麗だけが残っている。隋帝国がそうであったように、唐帝国の攻撃目標が高句麗であろうという予測は、十分なしうる状況であった。

唐の侵攻が近づいているという危機意識のため、高句麗支配層は大きく動揺した。当時、高句麗の最高位職として実権をもつ大対盧が、陳大徳の宿所に三度も訪ねるなど、礼遇を尽くした。これは、彼から状況情報を得るためであり、なんとかして戦争を避けようという努力でもあった。

六四一年の八月、陳大徳は唐に帰還して、彼が得た情報を太宗に報告した。『翰苑』に引用された『高麗記』は、高句麗末期の状況に関する比較的詳細な情報をのせているが、陳大徳が高句麗への使行で得た情報を記述したものと考えられる。[8] ともかく、彼の報告に接した太宗は、大いに喜んで「高句麗は本来四郡の地である。私が数万の軍を動員して遼東を攻撃すれば、彼らは全力を傾けてこれを防ごうとするはずだ。その時、別に水軍を送って平壌に行かしめて、水陸軍が合流すれば、これを取ることは難くないだろう。ただ、山東地域の州県が疲弊した状態でまだ回復していない」のでこれを延期している、といった(9)。機会が来さえすれば攻略するという意志を露骨に表わしたのである。彼が、軍事情報の専門家である陳大徳を派遣したのも、高句麗遠征を念頭に置いた処置であった。いまや、両国間の戦争は、遅かれ早かれ避けられないものとなった。

一方、陳大徳の平壌城訪問は、高昌国滅亡の消息を伝えるとともに、高句麗支配層の内紛を触発した。戦争勃発の危機意識が高まるなか、唐に対する政策をめぐって、貴族層で強硬派と穏健派の意見差が生じ、これは当時の貴族連合政権体制を構成した貴族勢力の間における対立を激化させる要素となった。六四一年当時、大対盧が誰であったのかは分からないが、彼が陳大徳の宿所を三度も訪ねたことからみて、対唐強硬論者ではなかったようだ。そして、栄留王は、太子を六四〇年唐に入朝させたことから、少なくとも対唐強硬策を追求はしなかったと思われる。反面、淵蓋蘇文は、執権後の政策方向をみると、対唐強硬論者とみられる。いまや、高句麗は内外ともに重大な試練に見舞われていた。

このように大陸から戦争を予告する黒雲が近づいているころ、半島南部では新羅と百済の間の争いが熾烈になっていた。

第二節　大耶城の惨劇

六四一年三月、百済の武王が亡くなった。彼を嗣いで太子が即位した。すなわち、義慈王である。義慈王は、海東曽子と呼ばれるほど、孝心と兄弟間の友愛に厚く、王位を継承する前後にこれといった政治的波動がなかったかのように『三国史記』は伝える。ところが、『日本書紀』では、義慈王が即位した直後の状況を述べて、これとは異なる様子を伝えている。それによると、義慈王二年(六四二)正月、百済は倭に使者を送り、前年一〇月の倭王舒明の死に対する弔問を行なった。その時、武王の死に対する倭国の弔問使として百済に行き、百済国の弔問使とともに倭に戻ってきた阿曇連比羅夫が復命して、百済が「今非常に乱れている(今大乱)」といった。[10]そして、この時、倭の朝廷は、百済の弔問使に随行してきた侍従を通じて、百済の内政に関する情報を入手したが、侍従は次のようにいったという。

昨年一一月、大佐平智積が死んだ。また、百済の使者が崑崙(東南アジア地域の集団——著者注)の使いを海に投げた。今年正月に国王の母が亡くなられ、また、弟王子の子である翹岐と、その母の妹の子四名と内佐平岐味、そして名高い人士四〇名余りが島に追放された。(去年十一月、大佐平智積卒、又百済使人擲崐崘使於海裏、今年正月、国主母薨、又弟王子児翹岐、及其母妹女子四人、内佐平岐味、有高名之人四十余、被放於嶋)[11]

この記事の伝える内容は、若干の錯誤と不正確さがある。まず、昨年すなわち六四一年に死んだという智積は、六四二年七月に百済の使いとして倭国で倭の朝廷の饗宴を受けたと伝えられる。[12]彼は、一九四八年に扶余邑官北里で碑が発見された砂宅智積と同一人物である。六五四年に書かれた碑文によると、彼はその時まで生きており、百済で晩年を過ごした。[13]そして翹岐は、六四一年に弟と共に島に追放されたというが、彼は百済の「大使」として六四二年四月、倭の朝廷で拝礼しており、[14]倭にそのまま留まっていた。翹岐(後に百済復興軍の要請により帰国して王となった——訳者注)が扶余豊と同一人物であるかを巡っては議論があるものの、[15]いずれにせよこの記事で翹岐など四〇名余りの有力者が島に追放されたというのは、実際には彼らが百済を代表する使節とその随行者として倭に送られて、長期間留まることを誤って伝えたものであった。そのうち砂宅智積は、その後、六五四年以前に帰国した。こうしてみると、上の侍従の言葉は、正確でないことが分かる。しかし、百済朝廷で大きな政変のあったことは事実とみられる。ただ、その内容と意味を下級侍従が正確に理解しないまま伝えたものである。この時の政変は、義慈王が即位した後、王室と朝廷で自らに負担となる勢力を大挙して粛清した事件であり、粛清された者には王族も含まれていた。事件が義慈王母后の死の直後におこった点からみて、武王代に成長した外戚を中心とした貴族勢力を義慈王が除去したものと推測される。一種の親衛クーデターということができ、[16] これを契機に王権と中央集権力が一層強化されたとみられる。

義慈王は太子の頃に、孝と友愛で有名であったが、それは、あるいは自らを護るための方策であったのかもしれない。父王の陰で兄弟親族と競争しながら忍苦の歳月を送り、即位した後、すぐに自らの立場を強化するために政治的処置をとったのである。その後も、義慈王は、王族の勢力を抑えながら王権強化を進めていったようである。百済滅亡後、義慈王の施策として「近隣国とよい関係を結ぶことができず、親戚姻戚と和睦できなかった」点が指摘されている。[17] いずれにせよ、彼は宮廷内部の問題を整理した後、対外的に新羅に対する攻勢を強めた。義慈王二年(六四二)七月、自ら軍隊を率いて新羅の獼猴城など四十余りの城を攻略した。短期間のうちに新王の威厳と指導力を誇示するためには、戦勝以上のものはなく、ひとまず大きな成果を挙げたことになる。彼はこれに満足せず、引き続き新羅に対する攻勢を緩めなかった。翌八月には、新羅の唐への交通路である党項城を高句麗とともに陥落させようとし、将軍允忠に一万の兵を与えて新羅の大耶城を攻撃させた。

大耶城は、新羅の洛東江西側地域を鎮守する要衝であった。百済は、武王代に茂山城(現在の雲峰)と速含城(現在の咸陽)などを攻略して小白山脈以東に進出したが、さらに進んで黄江流域の大耶城(現在の陜川)を攻略しようとした。当時、大耶城を守っていた新羅の都督・金品釈は、金春秋の娘婿であった。允忠の率いる百済兵が、大耶城を包囲した。守城戦では、食糧と水があり、そして、内部団結がなされている場合には、攻撃兵よりもずっと少ない兵力でもよく城を防禦することができ、実際にそうした例は容易に確認できる。ところが、この大耶城の場合は、内部で問題が起きた。大耶城の城主・金品釈は、女色を非常に好む人物だった。彼は、自らに従って麾下で服務していた幕客である黔日の妻が美しいことを知り、奪ってしまった。彼は色に溺れて、妻を奪われた人間の痛みがどれほど大きいものかを見逃していた。妻を奪われた無念から復讐の機会をねらっていた黔日は、百済軍が城を包囲すると、夜に倉庫に火を放って呼応した。火炎が立ち上り、民心が乱れると、状況は困難になった。すると金品釈は、最後まで抗戦を主張する麾下の将軍・竹竹などの建議を斥けて、補佐官の助言にしたがって降伏して命を保とうとした。しかし、それもうまくいかなくなると、まず妻子を殺して自らも自決した。竹竹・龍石などの将帥たちは、最後まで戦って壮烈な戦死を遂げた。

こうして大耶城が陥落すると、新羅朝廷は大いに狼狽した。大耶城陥落により百済軍が洛東江の本流地域にまで進出できるようになり、新羅の本拠地を脅かす形勢となった。同時に、大耶城をはじめとする四〇城余りが陥落したことで、洛東江西岸の旧加耶地域に対する新羅の支配力が、根底から動揺する状況となった。朝廷の重臣である金春秋も、この事態を大いに悲しんだ。彼は、この消息を聞いて衝撃を受け、終日目を開けていても通り過ぎる人物が分からないほどであったという。娘婿と娘を失った痛みだけでなく、政治的な痛手も彼を苦しめたようである。大耶城の城主・金品釈の立身には、舅である金春秋の影響力が相当に作用したであろうが、大耶城喪失の主要因は、金品釈の不道徳行為であり、さらに最後まで抗戦しなかったことは、金春秋にとって大きな政治的敗北とならざるをえなかった。[18]ここで金春秋は、娘と娘婿の死に復讐して、新羅と自らの危機を克服すべく非常手段を講じなければならない状況になった。

今回の事態は、直接的には百済の攻勢によってもたらされただけに、これを克服しようとすれば、その方法も百済を圧迫することに求めねばならないだろう。ところが、百済攻略に新羅の国力を結集しようにも、現実的な問題が少なくない。当時、新羅は、高句麗と国境を接して争っていた。大耶城を攻略される数年前の六三八年にも、高句麗軍が新羅北方境界の重要な城である七重城（現在の京畿道連川郡積城面）に侵攻して、激戦となったことがあった。このように西と北の両面で隣接国と争う限り、効果的に対百済戦を進めることはできない。さらに、東の海の向こうにある倭も、新羅にとってはやっかいな存在であった。六世紀後半、新羅が、慶尚南道の西部地域一帯にあった加耶の諸小国を併呑すると、それまでこの地域の加耶諸国と交渉をもち利害関係があった倭は、鉄の交易など既得権の保証を受けようと外交的に新羅を圧迫した。特に、倭と百済の連携は、新羅を刺激した。旧加耶地域をめぐる新羅と百済の角逐は、倭の立場を有利にし、新羅や百済がそれぞれ倭の要求に能動的に対応することを難しくした。一方、唐は、いまだ遠く離れた勢力であり、朝鮮半島情勢に直接介入して作用しうるようにはみえなかった。

新羅をめぐるこうした対外的環境のなかで、金春秋が打開策の模索に没頭している頃、ちょうどその年の一〇月に高句麗で政変が勃発し、淵蓋蘇文が実権を握った。新たな情勢変化は、新羅朝廷と金春秋の関心を大いに引いた。

第三節　淵蓋蘇文の政変と平壌城会談

(1) 政変の顚末

六四二年一〇月、平壌で大規模な流血政変が発生した[19]。この事件を『日本書紀』は、翌年初めに倭を訪問した高句麗使臣の言葉を引用して次のように伝える。

(A)大臣伊梨柯須弥が大王を殺害して、伊梨渠世斯など一八〇名余りを殺した。続いて王の若い甥を王に擁立して、自分と同じ姓の都須流金流を大臣とした。（大臣伊梨柯須弥殺大王、并殺伊梨渠世斯等百八十余人、仍以弟王子児為王、以己同姓都須流金流為大臣[20]）

ここに伝える「伊梨柯須弥(イリカスミ)」の「イリ」は、高句麗語で淵や泉を意味し、「カスミ」の音を表すのが蓋蘇文である。すなわち、淵蓋蘇文が、王を始めとする高位貴族と官人一八〇名余りを殺す大規模な流血政変を起こして、権力を握った。この政変の具体的な顚末について、『新唐書』の高麗伝はより具体的に伝えている。

(B)蓋蘇文は、或いは蓋金ともいう。姓は泉氏であり、自ら水中で生まれた(そのため泉氏というのだ)といって人々を惑わせた。性質は残忍凶暴であった。父の東部大人大対盧が死んで、蓋蘇文が後を嗣ごうとしたところ、国人が彼を嫌って嗣ぐことができなかった。蓋蘇文は頭を下げて人々に謝り、摂職することを願った。もし摂職した後になにか問題があれば、たとえ廃されても後悔しないといった。人々はこれを哀れに思って、遂に父の地位を嗣ぐことができた。蓋蘇文が残忍無道で、大臣達と国王の建武が彼を誅殺する謀議をしていた。蓋蘇文がこれを覚り、諸部を召集して、表向きは盛大に閲兵式を行なうといって宴席を列ねて諸大臣に参観させた。彼らが至ると尽く殺し、百人余りにもなった。宮殿に入って建武を殺し、その屍体を溝に捨てた。建武の弟の子である蔵を王とした。自らは莫離支となり、国政を掌握した。莫離支は、唐の兵部尚書と中書令を合わせた職位に該当するという。(有蓋蘇文者、或号蓋金、姓泉氏、自云生水中以惑衆、性忍暴、父為東部大人、大対盧、死、蓋蘇文当嗣、国人悪之、不得立、頓首謝衆、請摂職、有不可、雖廃無悔、衆哀之、遂嗣位、残凶不道、諸大臣与建武議誅之、蓋蘇文覚、悉召諸部、紿云大閲兵、列饌具請大臣臨視、賓至尽殺之、凡百余人、馳入宮殺建武、残其尸投諸溝、更立建武弟之子蔵為王、自為莫離支、専国、猶唐兵部尚書、中書令職云)

ここで蓋蘇文の姓を泉としているのは、唐高祖の諱・李淵の「淵」を避けるためであり、『旧唐書』高麗伝が「蘇文の姓は銭氏」としているのも、同じ意図によることは既に論じられている。(21) 彼の父を東部大人としているが、『旧唐書』高麗伝は西部大人としており、異なっている。ところで、当時、高句麗の動向を敏感に把握しうる位置にあった唐の営州都督・張倹が、政変勃発の一カ月後である一一月に唐朝廷に差し出した報告文では、「高麗東部大人泉蓋蘇文云々」となっており、東部大人が正しいと思われる。そうすると、彼の父が死ぬと淵蓋蘇文が「後を嗣ごうと」したという職は、何であろうか。上の記録では、彼の父の職を「東部大人大対盧」としており、それを指す可能性がある。ところが、淵蓋蘇文の息子である男生と、孫の献誠の墓誌銘によると、淵蓋蘇文の父の職位は、大対盧ではなく莫離支であった。直系子孫の墓誌銘に従うのが理にかなっているであろうから、上の『新唐書』高麗伝の記録は錯誤である。莫離支は、二等級の官位である太大兄の別称であり、あくまで官位であったので、同時期に数名が存在しえた。また、ある官職に就任できる官位は、複数あった。もちろん、当時の官位が官職と関係ないわけではないが、官位が一定の職を保証するものではなかった。それだけに、淵蓋蘇文が「摂職」しようと衆に訴えた主たる対象は、莫離支という官位自体ではなく、東部大人という職であったとみられる。唐の営州都督・張倹の報告でも「東部大人泉蓋蘇文」としており、政変前の彼が東部大人であったことは明らかである。

東部大人という職の性格は、ひとまず二通りに想定できる。一つは「東部所属の大人」という意味であり、もう一つは「東部を管掌する大人」という意味である。すなわち、前者は、東部に所属するか、あるいは原籍を置いた大人という意味であり、後者は、東部という行政単位の長という意味になる。前者の意味とみた場合、当時の五部は、すでになんらかの族的紐帯や共同体的結束力をもった自治体ではないために、「東部」所属ということが重要な意味をもつとは考え難い。「東部所属の大人」がもつ意味では、比重は「大人」に置かれる。すなわち、東部所属の「大人」がもつ勢力基盤に重きが置かれ、それを淵蓋蘇文が継承しようとしたことになる。そうした意味とした場合、「大人」は一種の尊号となる。ところで、彼の摂職自体が「衆」の議論の対象になり、彼は「職を継承した後、誤りがあれば廃されても後悔しない」といったという。これは「摂職」自体が「大人」の地位、すなわち彼の家門の私的な勢力基盤を受け継ぐものであるというよりは、公的な職を継承することを意味するとみるのが正しいだろう。すなわち、「東部大人」は、「東部所属の大人」という意味とは考え難いのである。

「東部大人」は、「東部を管掌する長」という意味で解釈しなければならない。当時、首都を区画した五部は、行政単位であると同時に、各部に兵力があり軍事的編成単位でもあった。五部の長である「褥薩」を軍主と呼んだのも、そうした理由である。褥薩の語源は明らかでないが、突厥の軍司令官の名称である「殺、煞、設、sad」と通じるものである。(22)

そうすると、褥薩が世襲職であったのかという反論が提起されうるだろう。当時の官職は、原則的に世襲職ではなかった。世襲であったならば、強いて淵蓋蘇文が摂職するために「衆」に訴えて、彼らの同意を得る必要はなかっただろう。ただ、勢力関係と縁故などにより「衆」の同意を得て長期間在任したり、ある一家で数代にわたり特定の職を引き受けたりすることはできた。四世紀後半から五世紀前半にかけて、北扶余地域の地方官としてしばしば任命された牟頭婁家の場合にみられるように、そうした例はそれ以前からあった。(23)六世紀後半の貴族連立政権では、そうした現象がさらに頻繁であっただろう。淵蓋蘇文も、父である太祚が長い間、東部褥薩として東部の軍兵を掌握し、莫離支の官位をもって高位貴族として勢力をふるったため、彼がその職を受け継ぐことが当然のように一部ではみられたのではないか。これは、世襲が原則であったということとは性格が異なる。そして、彼の性格が凶暴であるため、彼の「摂職」を「衆」が最初は拒否したというのは、彼の性格が荒かったということもありうるものの、実際的な理由は、彼の家が東部の兵権を長い間掌握したことに対する牽制と反発を示したものといえよう。ここでいう「衆」は、『翰苑』に引用された『高麗記』に伝える、人事権を管掌した五等級の位頭大兄以上の高位官位を所持する者たちで構成された貴族会議の構成員であった。彼らは、結局、長い間東部の軍兵を掌握してきた淵蓋蘇文家門の威勢を否定できず、彼の摂職に同意したのであった。

淵蓋蘇文家は、高位貴族の家門として代々にわたり勢力を振るった。男生の墓誌銘では、その家門の来歴を次のように記している。

曽祖父の子遊と祖父の太祚はみな莫離支を歴任して、父の蓋金は太大対盧であった。祖父と父は兵士をよく育て、みな兵権を握り国権を専らにした。（曽祖子遊・祖太祚並任莫離支、父蓋金任太大対盧、乃祖乃父良冶良弓、並執兵鈐咸専国柄）(24)

ここでは男生の曽祖父、すなわち淵蓋蘇文の祖父に言及しているが、男生の弟である男産の墓誌銘は「高祖と曽祖は中裏の顕職を嗣いだ」としていて、淵蓋蘇文の曽祖も高位職を歴任したと伝える。一世代を二〇―三〇年程度とすると、淵氏家門が六世紀後半には有力家門として権勢を振るったことが分かる(25)。ところで、高句麗貴族家門は、その来歴に言及する際に、王室との縁故と功績を強調した。たとえば、牟頭婁や高慈の墓誌銘にみられるように、高句麗の建国と四世紀半ばの慕容燕との戦争による国家的危機の克服と中興に、自らの先祖が大きく寄与したことを挙げて強調したが、男生や献誠など淵氏家門の墓誌銘には、そうした言及が全く見られない。これは、淵氏家門が相対的に遅い時期に台頭したことを物語る。新興貴族としての淵氏家門が、六世紀後半になって頭角を現したとすれば、具体的契機として挙げられるのは、六世紀半ばの政治的大変化である。すなわち、陽原王即位をめぐる貴族間の大規模紛争と、これをきっかけに成立した貴族連合政権体制で、淵氏家門は有力貴族として勢力を固めたものと思われる。

ともかく、貴族会議の牽制を切り抜けて東部褥薩になった後、淵蓋蘇文の勢力はむしろより強力になった。これにより彼の覇気と威勢に脅威を感じた貴族と栄留王が、彼を除こうと謀議した。ここには、淵蓋蘇文家門の人物も一部荷担したようである。先の(A)にみられるように、六四二年の政変の際に殺害された「伊梨渠世斯」は「淵」氏であり、同じ家門の人物である。

淵蓋蘇文を除こうという試みは、彼がその年の初めに千里長城築造の監役として任命されることで具体化した(26)。ところで、政変を起こした時の彼の官職は、東部褥薩であった。これは、彼が東部褥薩職を辞めないまま現地に監役として赴いたか、あるいは当時、監役が常時の職ではなく短期間に巡廻・監察する臨時職であった可能性を物語る。この二つのうち、長城築造が長期間にわたる大事業であったことを考慮すると、前者である可能性が高い。いずれにせよ、この試みは、彼を地方に送って中央政界から隔離しようという、より直接的には東部褥薩の職を辞めさせようというものであった。

一方、自らに対する圧迫が強くなると、淵蓋蘇文は部兵を動員して閲兵式を開催するといって諸大臣と高位官人を招待した。自分たちが除こうとする危険人物が主管する閲兵式に、彼らは素直に参席した。この閲兵式が、名分上拒否しがたい公的な儀式であったためであろう。この閲兵式は、淵蓋蘇文が長城監役として赴任する、言い換えれば問題の焦点である東部褥薩の離任式として公表されたと推測される。しかし、式が開かれるやいなや、政変がはじまり、王宮まで蹂躙された。

政変後、実権を掌握した彼の職について、先の引用文(B)では「(彼が就任した)莫離支は、唐の兵部尚書と中書令を合わせた職位に該当する」としている。ところが、莫離支は、高句麗末期の事情に関する記録である『高麗記』の伝える二品太大兄の別称「莫何何羅支」である。この莫離支は、あくまでも官位に過ぎず、政変後に淵蓋蘇文が就任した官職ではない。彼が就任した官職は、軍事権を掌握する職である大将軍であり、当時の名称は大模達であったとみられる。大模達は、本来、首都駐屯軍の司令官であった。これについて『高麗記』は、次のように伝える。

その武官として大模達があるが、衛将軍に比べることができ、一名は莫何羅繡支または大幢主という。皂衣頭

大兄以上が就任する。（其武官曰大模達、比衛将軍、一名莫何羅繡支、一名大幢主、以皂衣頭大兄以上為之）

大模達は、五部兵をはじめとする兵で構成された首都駐屯軍（大幢）の司令官であった。皂衣頭大兄以上が大模達に就任したということは、自ずと貴族会議の一員がこの職に任命され貴族会議の統制下にあったのである。大規模に貴族を殺したことにより貴族会議が無力化した状況で、淵蓋蘇文は大模達として軍権を掌握し、反対派の粛清に出たのである。

ところで、大模達を一名で莫何羅繡支と呼んだという。そして、莫離支である二品太大兄の別称が莫何羅支であった。両者の当時の音が、どのようであったかは分からない。しかし、両者が非常に似通っており、特に外国人には、両方ともほぼ同じように聞こえたであろう。さらに、「莫何何羅支（太大兄）」が「莫何羅繡支（大模達）」になった場合、両者は事実上同じ名として外国人に聞こえたであろうことは、十分に想定できる。政変後の淵蓋蘇文の場合がそうであったであろう。そこで、淵蓋蘇文が莫離支になったが、これは「兵部尚書兼中書令」に該当するといって、莫離支がまるで官職であるかのように記すことになったのである。

政変後、淵蓋蘇文は(A)でみられるように、「同姓」の都須流金流を「大臣」とした。ここでいう「同姓」は、同じ血族という意味ではなく、おそらく同じ「部」出身という事実をそのように表現したようである。この記事は、翌年、倭国を訪問した高句麗使臣を通じて伝聞したことを記したものである。そして、「大臣」は、貴族会議の議長である大対盧を意味する。すなわち、自分に従う人物を貴族会議の議長である大対盧に就任させ、自らは大模達になって軍権を掌握し、中央・地方各地の反対派粛清に努めた(27)。

都においては、政変とともに瞬く間に反対派を制圧したが、地方各地に布陣した反対派の除去は、それほど容易なことではなかった。各地の反対派には、懐柔と威圧を加えたが、それでも敵対的姿勢を堅持する場合、やむをえず軍隊を動員して討伐した。しかし、結果は、必ずしも満足できるものではなかった。例えば、淵蓋蘇文反対派の一人が、有名な安市城の城主である。彼は、淵蓋蘇文の攻撃をよく防いだ。しかしながら、政局の大勢が淵蓋蘇文に傾くと、妥協が成立した。すなわち、淵蓋蘇文は、安市城城主の現在の地位をそのまま認め、城主は淵蓋蘇文が新たな執権者であることを承服する線で折衝がなされた。長い間続いた貴族連合政権体制で繰り返されたように、再び政治的妥協がなされたのである。ところで、こうした状況は、安市城に限られるものではなかったようだ。それによって情勢は、依然として不安定であったようである。こうしたことだけでなく、今度の政変に唐を始めとする隣接国がどのような反応をみせるのか、それにどのように対応するかによって、情勢は再び大きく揺れ動きうる。流血の政変による傷跡がいまだ癒えず、さまざまな面で不確実性が濃い状況で、南方から金春秋が平壌城を訪ねてきた。

(2) 淵蓋蘇文と金春秋の平壌城会談

六四二年末、厳しい西北風を受けながら、金春秋は悲壮な覚悟で平壌城を訪ねた。淵蓋蘇文の出迎えを受けた彼は、高句麗首脳部に両国間の関係改善のための新たな提案をおこなった。すなわち、両国がそれまでの争いを中止して和解し、さらに、高句麗が現在百済の攻撃で苦況にある新羅を助けて軍事的支援をおこなうことを要望した。金春秋の要請に対して宝蔵王は、竹嶺以北の地が本来は高句麗領域であるので、もし、新羅がこれを高句麗に返すならば、新羅の援兵要請に応えると答えた。これを金春秋が拒否すると、宝蔵王は金春秋を拘禁した。この消息に接した新羅朝廷は、大いに反発して、金庾信に決死隊一万を与え、漢江を越えて北上して高句麗攻撃を敢行しようとした。拘禁中の金春秋も、自らが新羅に帰れば宝蔵王の提案を新羅朝廷に伝えて実現する、と故意に高句麗側の提案に承服するような態度をみせたため、宝蔵王は金春秋を釈放して帰国させた。宝蔵王の一連の処置は、淵蓋蘇文の意思に反しないことは、いうまでもない。

これが、『三国史記』の伝える平壌城会談の顚末である。ところで、これだけでは、この会談の結果が歴史の展開に及ぼした影響を考える時、あまりに簡単であるといわざるをえない。当時の条件と会談の主役の考えを推論して、さらに検討する必要がある。まず、新羅の重臣である金春秋が、なにを根拠にどのように考えて、当時、新羅と対立的な関係にあった高句麗に援兵を要請しにいったのか。これに関する直接的な記録はまったく伝わらないが、新羅と高句麗が劇的に和解して協約を締結した前例があり、それを金春秋は念頭に置いていた可能性が高い。すなわち、五五一年、新羅と百済の同盟軍が、陽原王即位をめぐる貴族間の紛争の余波で内紛に苦しんでいた高句麗を攻撃して、漢江流域を分割占領した。漢江上流一〇郡は新羅が、下流六郡は百済が占領した。ところで、高句麗は、さらに西北方面で北斉の外交・軍事的圧迫に直面し、また、モンゴル高原の新興遊牧民国家である突厥の東進に直面した。南部と西北部両面で敵に直面する危急の状況から抜け出るために、高句麗の貴族は、対内的には相互妥協を模索して、実権者の職である大対盧を有力貴族が選任する貴族連合政権体制を構築した。対外的には、新羅と話し合いをもち、新羅もまた百済が占領した漢江下流の平野地帯を望んでいた。そこで、両国の間に密約が結ばれ、平和関係が成立した。密約の内容は、漢江流域と咸興平野一帯の東海岸地域を高句麗が新羅に譲り、両国が争いを中断するというのが主たるものと思われる。それによって、五五三年夏、新羅軍が百済を奇襲して漢江下流を占領し、さらに百済の反撃戦が起こると、両国間に熾烈な争いが続いた。それによって南部国境地帯に安定を取り戻した高句麗は、軍事力を西北部地域に集中して、突厥の侵攻を阻止することができた(28)。

こうした新羅と高句麗間の協約の先例をよく知っていて、現在の高句麗内外の状況が六世紀半ばと類似すると判断できることに、金春秋は平壌行きが成功する可能性をみていたであろう。すなわち、政変という流血の内紛を経たばかりで現在も依然として不安定な状況であり、対外的に唐勢力の東進によって唐と高句麗の間の緊張が高まっている状況で、高句麗が南方では新羅と和解して南部国境線に安定を求めて、主力を唐の侵攻に備えるという方策をとることは、明らかに選択しうるひとつの可能性として開かれていた。

高句麗と唐の間の緊張状態は、詳細かつ具体的ではないとしても、新羅はおおよその状況は知っていたであろう。十数年間進められた大工事である千里長城の築造事業が、それを端的に物語るからである。

それでは、高句麗の朝廷、より直接的には淵蓋蘇文を中心とした執権政変派勢力は、唐の東方侵攻が予想される状況で、なぜ自ら訪ねてきて差し出した金春秋の和解の手を拒んだのか。新羅が以前から唐と密着していたために、これを懲らしめるという意図からなのか。しかし、少なくとも六四二年までの唐との関係をみると、新羅が百済に比べてより緊密であったと判断する根拠はない(29)。ところで、六四三年に新羅が高句麗の攻撃を唐に訴えて救援を要請すると、唐は使臣(相里玄奨)を派遣して、高句麗に新羅侵攻を中断するよう要求した。これに対して淵蓋蘇文は、「昔、高句麗が隋の侵攻を防禦するのに没頭している時に、新羅が攻撃して高句麗の地五〇〇里を奪取したのであり、その地を取り戻すために戦う」と応酬した。しかし、高句麗と隋の戦争の際に、新羅が高句麗を奇襲して領土を拡張したという痕跡は確認されない。これはおそらく、上述したように、六世紀半ば、高句麗が内紛に続く北斉および突厥の侵略の危機に際して、新羅に漢江流域を奪われた事実を、わざと淵蓋蘇文が唐の使臣に隋代のことのようにいったのであろう。しかし、たとえ淵蓋蘇文が事実と異なることを述べたとはいえ、これを通して淵蓋蘇文の追求したことがなんであったかが窺える。すなわち、彼は、新羅との関係では、六世紀半ば以前に両国関係を遡らせようという意志を表したのである。竹嶺以北の地を返せば新羅の提議を受けると述べたことは、そうしたことを意味する。これにより、三国関係で高句麗が圧倒的な優位をみせ、さらに、東アジア国際情勢を動かす主要軸のひとつとして、満州と朝鮮半島にかけて独自的な勢力圏を形成した六世紀半ば以前の高句麗の位相を再確立しようというのが、淵蓋蘇文の対外的な抱負であったことが分かる。そうした立場から彼は、唐の軍事的圧迫に反発して、新羅との関係でも強硬であった。

ところで、金春秋の提案を拒否して強硬な立場をとったことには、淵蓋蘇文一派の政治的抱負による面があるが、それに劣らず、現実的な政治的考慮が伴ったと考えられる。大規模な流血政変で政権を握り、その後も安市城の例でみられるように余波が継続する状況で、淵蓋蘇文は対外的な強硬策を駆使して、政局を緊張状態に置くことが有利であると判断したようだ。すなわち、対外的危機が、対内的に彼の執権以外の代案を持ち得なくして、権力を安定させるのに有利に作用すると期待して取った措置と考えられる。

そして、高句麗が百済と倭との連携を継続すれば、新羅が唐と手を結んで南部国境を脅かすとしても、十分に百済と倭が新羅を牽制しうると判断したのであろう。これは、蓋然性のまったくない考えではない。実際に六四五年、唐と高句麗の戦争の時、そのような状況が展開された。こうした点も、淵蓋蘇文が金春秋の提案を拒否することになった一つの要素として作用しただろう。

こうして、せっかく開かれた新羅と高句麗の実力者による談判は、無為に終わってしまった。これは、その後の歴史展開に多大な影響を及ぼし、高句麗の命運に決定的な打撃となった。朝鮮半島で国が分裂した状況で、互いの抗争が外部勢力に対する対応力を大きく弱体化させることは、昔も今も変わらない。ところで、唐の侵攻が目前に迫る状況で、淵蓋蘇文が金春秋の和平提案を拒否したことは、真に運命的な決定であったといわざるをえない(30)。この後、新羅は孤立から抜け出ようと、唐にさらに頼り、その結果、新羅と唐の軍事的同盟につながった。それによって高句麗は、南と北の両方面から敵の攻撃を受けるという致命的な戦略的劣勢を避けられなくなった。

第四節　安市城の会戦——敗北と勝利

(1) 遼東城攻防戦

平壌城会談の決裂の後、高句麗は新羅に圧迫を加えた。六四三年、百済と連携して新羅の数十城を攻撃した。百済も高句麗と連携して、北方で新羅の党項城を攻略しようとした[31]。党項城は、黄海で唐と繋がる新羅の主要な港であり、ここを百済が攻略すれば、新羅はさらに孤立する。危機に陥った新羅は、唐に使者を送り救援を要請した。この時、唐の朝廷は、高句麗の政変の消息に接して事態の推移を鋭意注視していた時であった。すぐに高句麗攻略戦にでるには、準備がさらに必要であった。軍備を整えるのももちろんだが、唐の人民を説得するそれなりの名分を整える必要があった。数度の高句麗遠征に失敗したことが隋滅亡の決定的な要因であったことと、隋末に民間に広がった「遼東の地にいって虚しく死ぬなかれ(無向遼東浪死歌)」という歌が物語るように[32]、高句麗遠征による苦しみを中国人民があまりに生々しく記憶していたことを見過ごせなかったのである。実際に、唐皇室も高句麗遠征に対する中国民衆の恐怖心を利用して隋に対する叛逆の挙兵をしたため、その点を十分に知っていた。すなわち、太原留守李淵が突厥との戦闘に出撃して敗れた後、隋煬帝の問責があることを恐れて、戦々恐々としていた時、次男の李世民の強力な勧めで挙兵することを決心した。その後、故意に「太原、西河、鴈門、馬邑の民で二〇以上五〇以下の男子を悉く徴発して、高麗遠征に動員する。年末までに涿郡に集結せよ(発太原、西河、鴈門、馬邑民年二十已上五十已下悉為兵、期歳暮集涿郡、撃高麗)」という隋煬帝の偽の詔書を流して民心を刺激、扇動して叛乱を図り、成功して終に唐帝国を建設した[33]。それだけに唐皇室は、国初から高句麗問題に非常に慎重に臨んだ。そうしたところに、新羅使がやってきて兵を要請すると、太宗李世民は、ひとまず新羅使臣に次のような三つの方策を提示した(34)。

第一、契丹・靺鞨兵を動員して、高句麗の西部国境を奇襲攻撃する案である。そうすれば、高句麗が防禦に力を傾けるはずで、新羅に対する攻勢を中断するであろうから、新羅は一年ほど危機から抜け出せるだろう。しかし、唐の主力軍が来ないことが分かれば、高句麗はすぐに攻撃を続けるであろうから、再び安全ではなくなるだろう。

第二、新羅に唐軍の旗数千を与えて城に掲げれば、百済と高句麗軍がやってきても唐軍がいるものと思って、驚いて逃げ出すだろう。

第三、百済は海の険しいことを頼んで防禦に気を配っていないであろうから、数十百隻の船を動員して、海を越えて奇襲攻撃することができよう。ところで、新羅の王は女性であるから隣国に軽んじられているのであり、唐皇室の宗親を一人送って新羅の王として唐兵に護衛させた後、汝の国が安定を取り戻せば、その時自ら護るようにする。

こうした三つの案のうちどれがよいか、という質問に新羅の使臣は答えられなかった。それによって太宗の提案は、一度のハプニングとして終わった。しかし、多分に即興的な提案の余波は、新羅社会に少なからぬ影響を及ぼした(後述)。

一方、新羅使の救援要請を受けた後、唐は高句麗と百済に使臣(司農丞・相里玄奨)を派遣した。新羅攻撃を中断せよという外交的圧力を加え、もし命令を聞かない場合、軍事的攻撃を加えると脅かしながら、一方では両国の状況を把握して、今後の征伐戦の名分を蓄積した。唐の使いを迎えた淵蓋蘇文は、その要求を拒否した。百済の義慈王は、表面的には応える姿勢をみせた。李世民は、再び高句麗に蔣儼を派遣して圧迫を加えると、淵蓋蘇文は唐の使者を洞窟に閉じこめた(35)。

外交的圧力の効果がないとみると、太宗は高句麗遠征を決定した。皇帝の命に逆らい、被冊封国である高句麗が同じ唐の被冊封国である新羅を攻撃したという事実、淵蓋蘇文がその王(栄留王)を殺害した事実などを挙げて、当然、乱臣賊子を懲罰しなくてはならないという点、遼東は本来、中国の土地であったという点などを名分として掲げた。こうした点が、実際に高句麗と唐の戦争の根本的な原因であったのかは疑問である。まず、遼東が本来、中国の土地であったという主張は、客観的とはいえない。燕が古朝鮮を攻撃して西側の地を占領して遼東郡を設置したが、その地域の本来の住民は濊族であった[36]。燕が遼東郡を設置して以来、長い間、中国王朝が遼東地域を支配したが、そうであってもその点が必ずしも高句麗と唐の戦争の原因であったとはいえない。北魏から隋唐に至るまで高句麗王に対する冊封官職に「遼東郡公」という爵号が含まれており、すでに二〇〇年以上、中国王朝が遼東地域に対する高句麗の支配を認めていた。それだけに、遼東地域が中国領土であるという主張が、開戦の名分としてそれほど広く説得力をもったとは言い難い。乱臣賊子云々も同様である。すなわち、自らの兄弟を殺し、甥をすべて処刑して、殺した弟の妻を強奪して、父である高祖を幽閉した後に即位した太宗が、これを名分とすることは、鉄面皮の主張といわざるをえない。さらに、淵蓋蘇文の暴政から高句麗人民を助けるために討伐を敢行すると主張したが、隋煬帝の親征の詔書でも類似した言及がなされていた[37]。これも、侵略者が常に掲げる常套句といえる。問題は、近年、中国で東北工程の一環として刊行された歴史研究書でも、こうした主張をそのまま繰り返して、太宗の高句麗侵攻を暴政から高句麗人民を助けるための正義の戦争であったと強弁しているという事実である[38]。実質的な戦争の原因は、最初の主張である中国王朝中心の一元的な世界秩序を確立しようということにあった。さらに具体的に言えば、当時、唐は朝貢冊封関係を通じた隣接国の蕃国化のみならず、隣接国家と集団を征服して羈縻州として支配することを究極的な対外政策の志向点としていた。この点に高句麗と唐の戦争の根本的な原因がある。そうした面は、後日、新羅と唐の戦争でも適用されたといえよう。一言でいえば、統一中国王朝の対外侵略政策にその原因があった。

一方、唐の動きが尋常でなくなると、淵蓋蘇文は使者を送って百金を献上し、また、官人五〇名余りを送って彼らが唐の都に宿衛することを願うと申し出た。これも、唐をなだめて唐朝廷の状況を探索するためであった。李世民は、即刻百金を拒否して、高句麗官人を拘束してこれに反応した。今や残るは、戦争での対決のみであった。

李世民は、六四四年七月、出兵に必要な軍糧徴発と輸送に関する措置をとり、一方では営州都督・張倹に営州と幽州都督府の軍隊と契丹・奚・靺鞨などの騎馬軍団を率いて、まず遼東を攻撃して高句麗の防禦状態と形勢を探らせようとした。張倹は、折しも遼河が氾濫していたため渡河できなかったが、小規模の偵察隊を潜入させて、遼東各地の地形と気候、水草の状態などに関する詳細な情報を収集して報告した。そして、一〇月に李世民は、首都長安の父老を呼んで宴会を開き、高句麗遠征の必要性を強調した。不安がる民心を収拾しようという措置であった。こうした行事は、遠征途上の洛陽でも行なわれ、全国に布告を出して、高句麗遠征の必然性と今回の遠征が隋代のそれとは異なる点を強調して、必ず勝利できると強調した。

そして、一一月に刑部尚書・張亮を平壌道行軍大総管として、南部地域で徴発した兵士四万と、長安および洛陽で募兵した三千、戦艦五百隻を動員して、山東半島から海路で平壌に向かって進軍させた。そして、李勣を遼東道行軍大総管として、歩騎兵六万と蘭州・河州の遊牧民降胡を率いて遼東に進撃させた。そうしてから、六四五年二月一二日、李世民は洛陽を出発し、六軍を率いて遼東に向かった。

この時、高句麗戦に投入された唐軍の全体の軍勢は、明記された記録が伝わらない。これは、隋煬帝の高句麗遠征軍の詳細な数字が伝わることと明らかな差異をみせている。おそらく、太宗の敗北を示すことをはばかったため、記録が伝わらなかったと思われる。ともあれ、おおよそ全体の軍勢は、数十万以上であったと推算される。(39)

一方、太宗は、六四四年に帰国した新羅の使者・金多遂に、新羅の善徳女王へ璽書(国書)を伝えさえ、新羅軍が高句麗戦に参加することを要求した。唐の要請に対し、新羅朝廷ではおそらく議論が続いたためこれといった消息がないので、李世民は翌六四五年二月、高句麗遠征の途上で善徳女王にふたたび詔書を送り、唐軍が四月上旬に高句麗境内に侵入しうるであろうから、新羅軍は唐の水軍大総管・張亮の節刀を受けるので、張亮の駐屯地に新羅の軍官を派遣して軍期(軍事作戦の日付)を協議することなどを要求した。(40) 李世民は、百済の義慈王にも詔書を送った。六四四年末、百済の使者・扶余康信が唐に派遣され、百済が唐の命に逆らって高句麗と協力して新羅を攻撃したことを釈明して、唐の医者を百済に送ることと、百済学問僧の帰還などを要請した。それに対する答えの形で送られた詔書で、太宗は、義慈王が要請した事項に対して処置したことを報せ、対高句麗戦に百済が助兵することを要求した。そして、新羅に派遣する唐の使節が、安全かつ迅速に新羅に到着するよう協力することを要求した。(41) この詔書は、六四五年初春に送られた。ところで、この詔書では、善徳女王に送った先の詔書とは異なり、派兵の件に集中せず、いくつかの事項を包括しており、派兵の件も、唐軍がいつ高句麗に進撃する予定であるかについては沈黙して、出兵する百済軍は唐の水軍司令官・張亮の節刀を受けよといいながら、具体的に彼と軍期を定めることなどは言及していない。そして、詔書の冒頭で、百済が高句麗の側に立ったというが、そうではなかったことを知ることとなったといい、それとなく百済を脅す叙述をしている。そのため、この詔書は、百済の派兵を促すという目的よりも、むしろ、新羅が対高句麗戦に参戦する場合、百済がこれを攻撃して阻止する状況を念頭に置いて、これを防止するために百済を牽制する目的で送ったものという感じを与える内容である。

ともかく、こうした外交的措置をとっている間、唐軍の出兵は計画通り進んだ。ついに六四五年春、唐軍の先鋒が、遼西の営州に到達した。当時、営州から遼東に出る道は三つあった。ひとつは、燕郡城－汝羅守捉をへて遼河下流を渡って漢代の遼隊県に至る南道であり、ひとつは、燕郡城－懐遠鎮をへて遼東城に至る中道である。もうひとつの北道は燕郡城から北に通定鎮（現在の新民府）をへて新城、玄菟城方面に出る道である。[42] 唐軍は、この三つの道に沿って進撃した。まず、李勣の先鋒軍は、中道を通る様子をみせたが、突然方向を変え、迂回する道ではあるがもっとも平坦な北道で迅速に移動して、遼河を渡った。四月一日、唐軍は、高句麗軍の遼河防御戦を奇襲で突破して新城を包囲

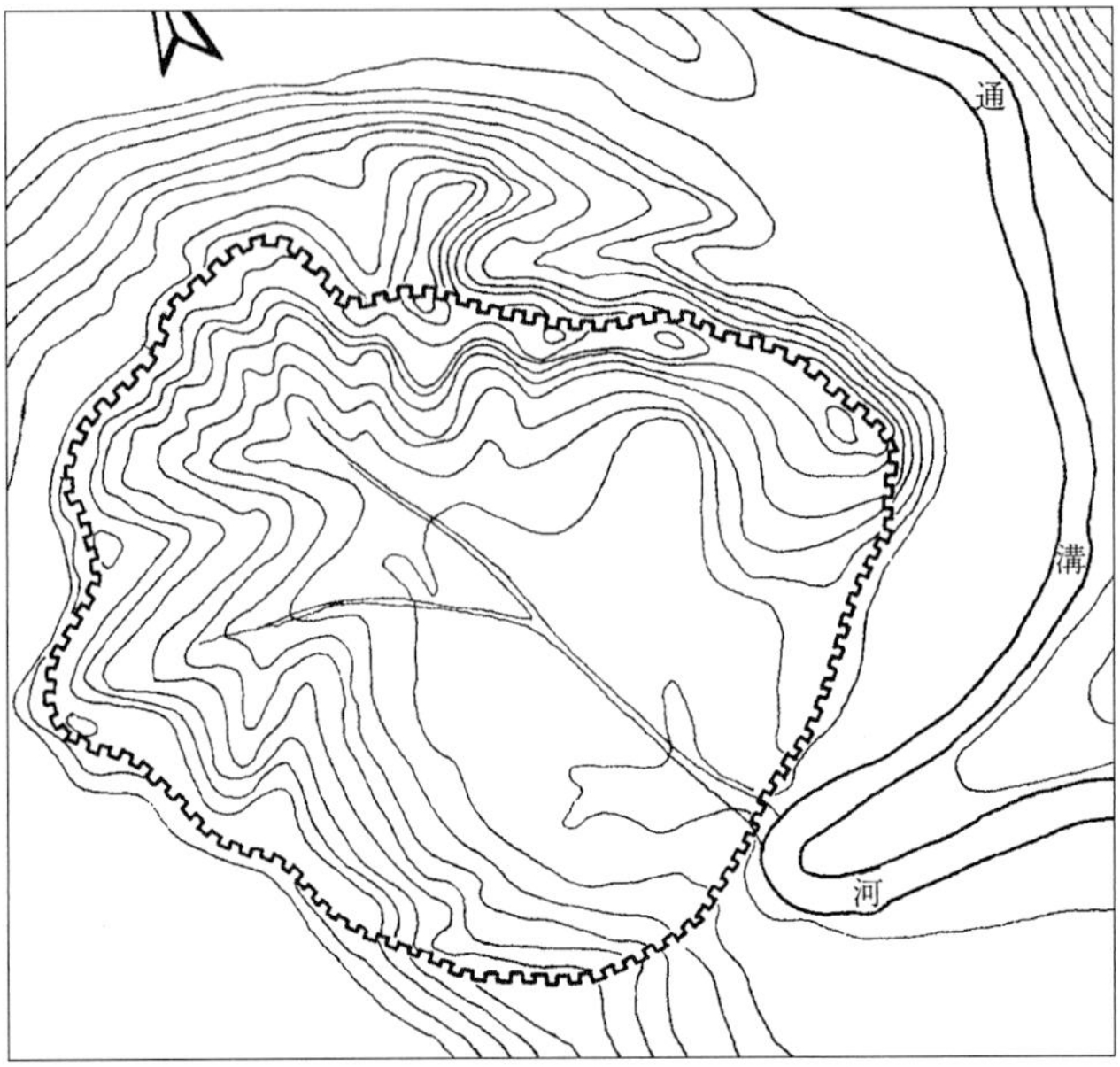

図 5　山城子山城の平面図

図 6　太子山城

した。新城（現在の撫順の北関山城）は、東側の天山山脈の山地と遼東平野が接する所に位置する高句麗の重鎮であった。城は高句麗特有のいわゆる包谷式山城であり、形は一種の安楽椅子のようである。すなわち、城壁は主峰を中心として左右に広がる山の稜線に沿って築かれ、そのなかの渓谷の中央部分に比較的広く緩慢な傾斜面があり、住民と兵士が居住する空間となっている。左右の稜線にそって城壁が延びていって、一箇所に集まって合するところで平地と接するが、ここが城の主たる出入り口である。こうした方式の包谷式山城の典型的な例が、集安の山城子山城（図**5**）であり、その他に太子山城（図**6**）などがこうした地形を求めて築造されたものである。

撫順の新城は、四世紀半ばにはじめて築造された城であり、山勢が険しく城の一面は切り立った絶壁であり、渾河に接した要塞である。唐軍が奇襲で攻撃したが、頑強に抵抗した。攻略がままならないとみると、李勣は、唐軍の一部で新城方面の高句麗軍を動けないようにしたまま、主力を南に回して蓋牟城（現在の瀋陽郊外蘇家屯の塔山城）を包囲し（四月一五日）、陥落させた（四月二六日）。そして、ここを根拠として一部の唐軍を駐屯させ、新城方面の高句麗軍と交戦しながらその動向を牽制した後[43]、五月に入ると、主力は南方の遼東城に進軍した。

一方、営州都督・張倹は、南道をとって渡河した後、建安城（現在の蓋州東北の高麗城子山城）を攻撃した。このころ、太宗の北軍は、中道をとって遼沢をわたり、遼東城に押し寄せた。

遼東城は、遼東地域のもっとも中心的な城で、唐軍の集中的な攻撃を受けた。これにより、唐軍の侵攻戦略の輪郭が明らかとなった。すなわち、隋煬帝の侵攻の際は、隋軍が中道をとって遼東城を攻略した後、すぐに直進して天山山脈を越えて烏骨城（現在の鳳城県鳳凰城）を攻撃して、鴨緑江に出て平壌へと進撃する計画であった。それが、遼東城攻略戦から失敗して、別働隊を動員した平壌城侵攻策も挫折して結局敗北した。それに対して唐軍は、遼東平野に確実な橋頭堡を構築した後、東進するという方針を立てた。そのため、遼河を渡る作戦から三方向に展開して、遼東城

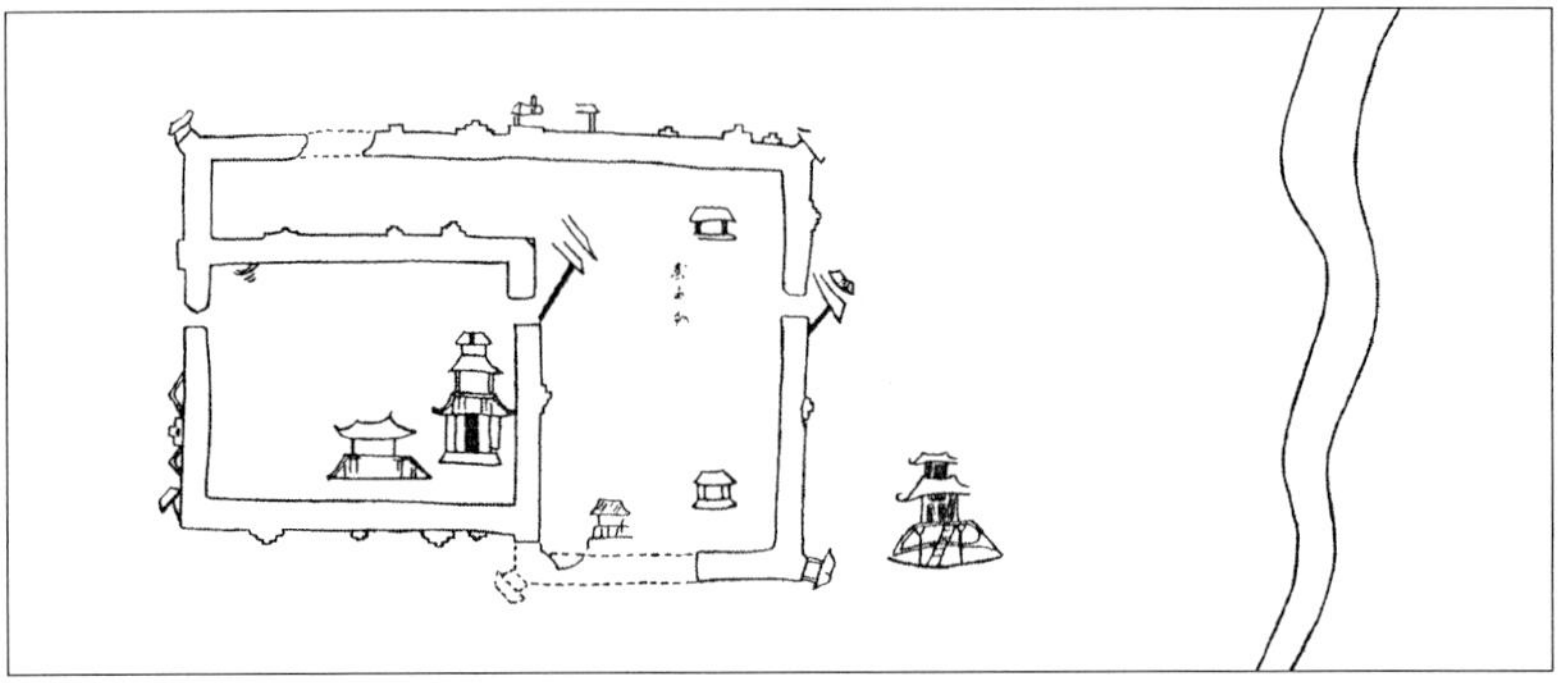

図 7　遼東城塚壁画の遼東城図

を三面から圧迫した。これは同時に、遼東城攻略戦の際に、高句麗側が、北方では新城方面から、南方では建安城と安市城方面から支援軍を送ることを牽制する方策でもある。実際に、高句麗朝廷は、新城と国内城の兵力四万を送り、遼東城を支援して唐軍を南北から攻撃しようとしたが、備えていた唐軍の抵抗で進撃はうまくいかなかった。南からの遼東城支援軍は、張倹が率いる唐軍が建安城などに先制攻撃を仕掛けたので、それに備えるために動けない状況であった。こうした面で唐軍の作戦計画は、周到綿密で効果的であった。それによって唐軍は、遼東城攻防戦を有利な立場で展開できた。

遼東城をめぐる彼我の攻防戦は熾烈だった。唐軍が、抛車を動員して大きな石を飛ばして城壁を破壊すれば、高句麗軍は、木材で楼閣を結んで崩れた城壁を補おうとした。そうすると、唐軍は、撞車で城門を突いて楼閣を崩そうとした。こうした攻防戦が続くと、唐軍は、雲梯を動員するなど各種攻城器具を使用した。遼東城は平城であり、城壁が損傷を受けやすく、一度破損すると補完することもままならなかった。

城が陥落する危機に瀕すると、遼東城民は、牛を屠って朱蒙神祀に祭祀をおこない、美女を飾り付けて朱蒙神の夫人として城の安全を祈った。そうすると太鼓を打ち鳴らして舞っていた巫女が、「朱蒙神が大いに喜んでおり、城は安全であろう」といった。巫女を通じて自らの切実な願いを神に伝え、欲するところの神の約束を伝え授かる儀式が行なわれた。この時、遼東城の朱蒙神祀には、鉄製の鎧と槍が奉安されていた。これらは、燕の時代から伝わる、天が下した神物と信じられてきた(44)。これらの神物は、朱蒙と関連のないものであり、高句麗が遼東半島を占領する前から遼東城の住民が霊験ある神物として祀ってきたもので、四世紀末五世紀初めに高

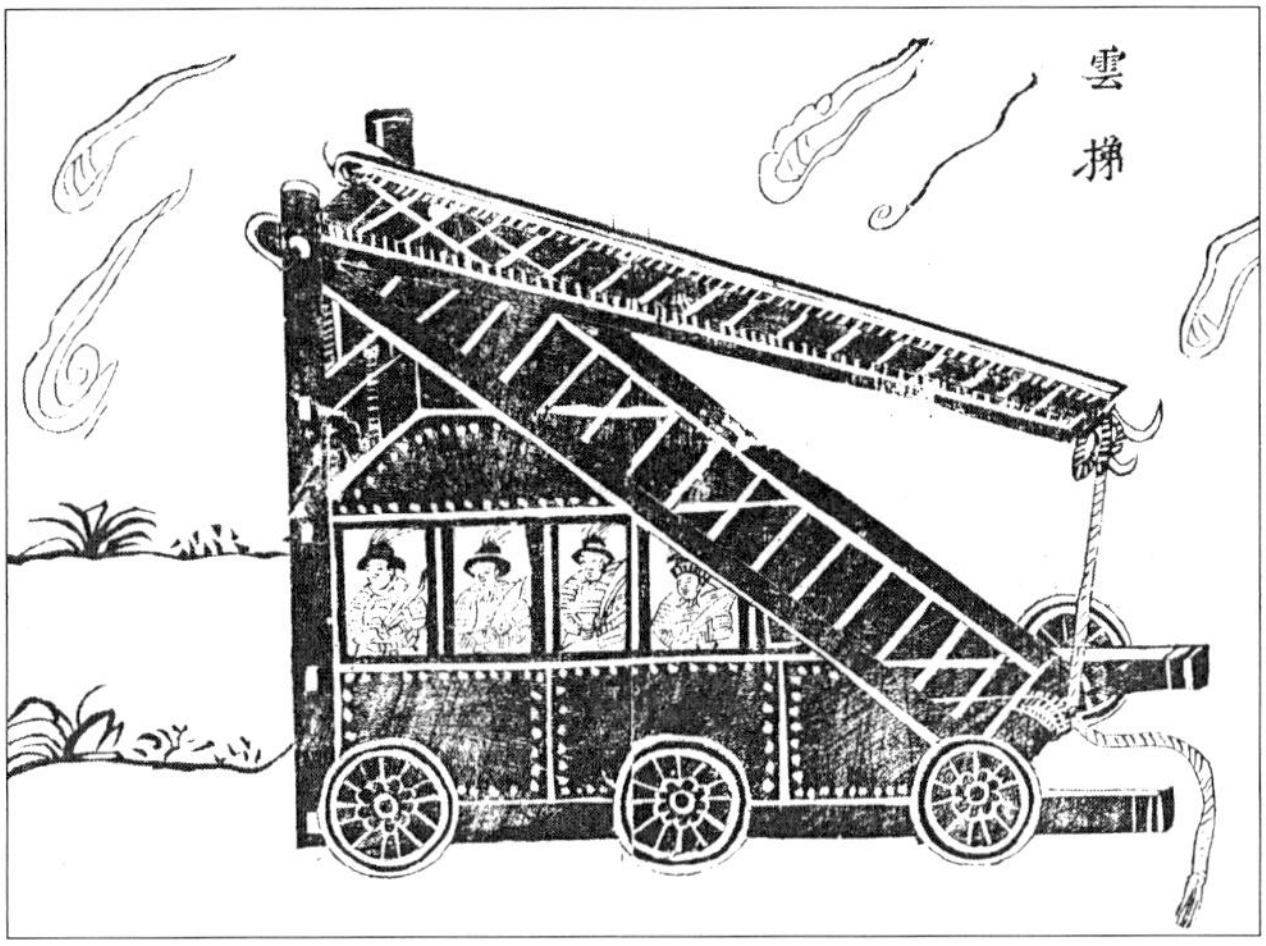

図8 『武経総要』の雲梯図

図9 『武経総要』の撞車図

図 10　白巖城

句麗がこの地域を占領した後、高句麗人が移住するようになると朱蒙信仰が広がり、それ以前からこの地域の人々が信じていた神物と朱蒙を関連づけて、ともに朱蒙神祀に奉安して崇拝するようになった。それは、すなわち、遼東城地域と住民の高句麗化を表すものといえよう[45]。遼東城を烏列忽という高句麗の地名[46]で呼んだことも、同じことを表す。遼東城は、漢人によって初めて都市として建設され、その後、歴史の進展によって様々な系統の人々が居住することになった。そうした様々な系統の住民を二百数十年の高句麗支配で高句麗人として融合することに、朱蒙信仰は一定の役割を果したのである。当時、高句麗の主要な城には、登高神である朱蒙と、扶余神である彼の母親柳花夫人を祀った神祀があったが、類似した機能を果したであろう。とにかく、孤立した絶望的な状況で行なわれたこうした儀礼は、遼東城民の団結力を強化して、住民は必死に抗戦した。しかし、熾烈な攻防戦の末に唐軍の火攻めで城内に火が広がると、防禦力が急速に弱化した。ついに、城は陥落した（五月一七日）。戦死者は一万余りであり、捕虜となった兵士が一万余り、城内の四万余りの住民が捕虜となり、捕獲された糧穀は五〇万石であった。つづいて唐軍は、遼東城東南方の白巖城（現在の遼寧省灯塔県燕州城）に向って進撃した。

白巌城も耐えきれずに陥落した。これにより唐軍は、蓋牟城から白巌城にいたる広い地域を掌握して、確実な橋頭堡を確保したこととなった。

この時、唐の水軍である張亮の軍隊は、遼東半島南端にある卑沙城(現在の大連大黒山山城)を攻撃して陥落させ、北の唐軍の本陣に呼応して北進する形勢をみせた。唐の水軍は、高句麗軍を南から挟み撃ちしようという態勢であるが、さらに重要なのは、海路を通じて軍糧など軍需物資を補給するということにあった。

一方、唐軍の侵攻にあった高句麗は、戦争初期に新城を救援するために国内城方面の軍隊を動員して、蘇子河流域に出て西側に進撃を図ったが、ままならなかった。そして、白巌城攻防戦の際には、烏骨城地域の高句麗軍が救援軍として派遣されたが、これもまた唐軍に阻止された。

このように唐軍の侵攻初期には、唐軍の軍事的力量が圧倒的な優勢をみせた。なによりも、高句麗軍が軍隊を集結させて組織的な反撃に出る前に、唐軍が奇襲攻撃で機先を制した後、遼東平野の主要な城を集中攻撃したためである。唐軍の戦闘力と機動力が、優位をみせた序盤戦であった。しかし、やがて高句麗中央軍が、遼東平野に雄姿を現した。勝負はこれからといわねばならない。

遼東城と白巌城を攻略した後、唐軍は、南側にある安市城を対象として作戦を展開した。唐の大軍が安市城の北側から城に向って接近する頃、城の東南方向から北部褥薩(軍主)位頭大兄・高延寿と南部褥薩・高恵真が率いる一五万の高句麗中央軍が進軍していた。高句麗中央軍は、首都の兵力を中心として、全国各地の城から集めた兵力と、麾下の靺鞨族の諸部族から動員した兵力を合わせて編成された部隊であり、高句麗史上で最大規模の兵力動員であった。高句麗軍は、鴨緑江河口から西に出る交通路に沿って進軍した。この道は、遼東平野地帯と平壌を結ぶ主要交通路として、相対的に平坦な道であった。

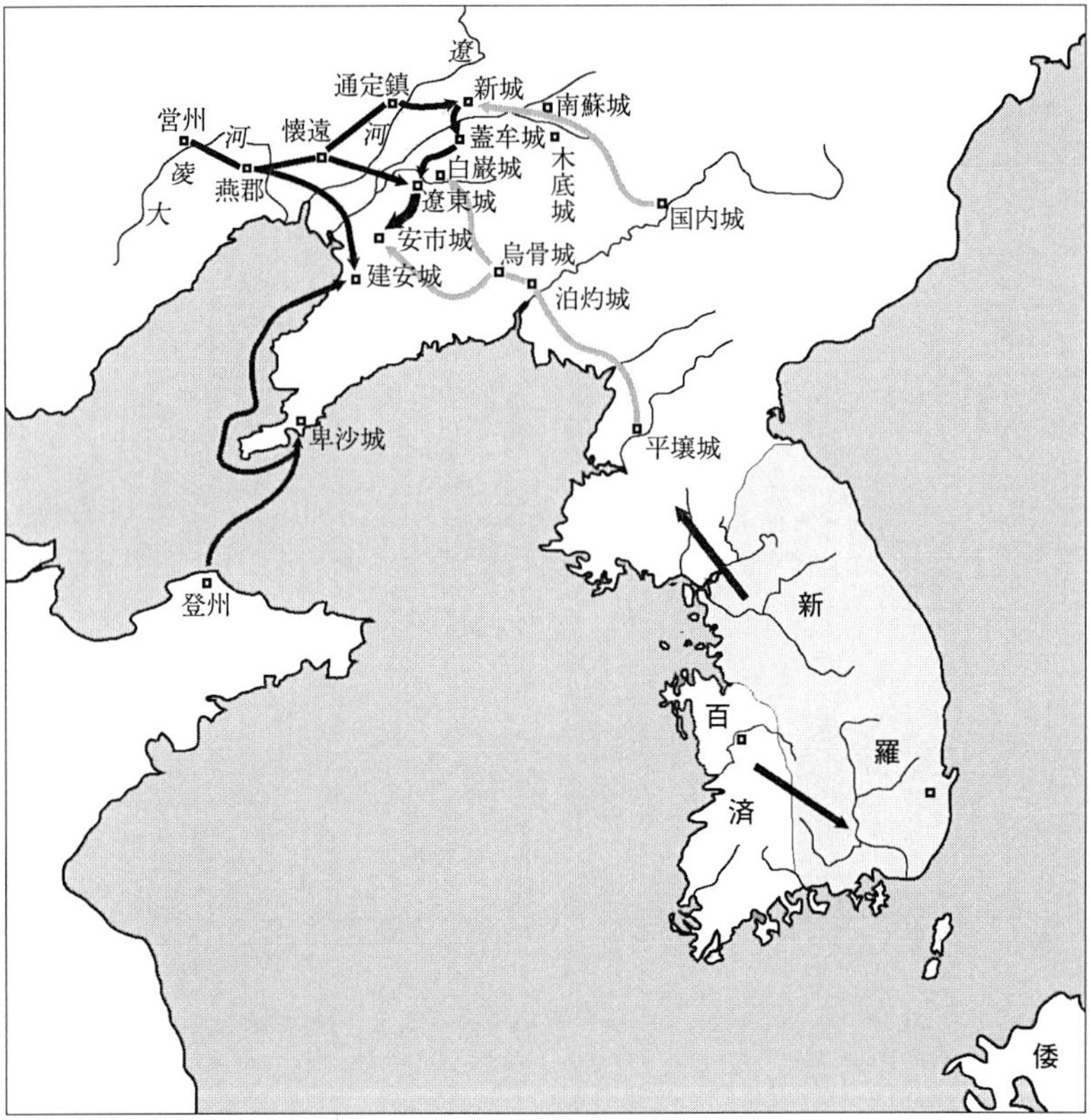

図11　645年戦争図

やがて、李勣の先鋒軍と営州都督・張倹麾下の兵力および太宗の率いる北軍が合流した唐の大軍が、安市城に近い地点に到着して、両軍は正面から向き合うこととなった。

緊張が最高潮に達する中、高句麗軍は戦略会議を開催した。この会議で、経験が多く老成した将軍である対盧(高位貴族を指す称号)・高正義が、唐軍は皇帝以下将卒がすべて隋末期以来、国内の長い戦乱を対外遠征で鍛えられた精鋭軍であり、その士気が高いので、正面から会戦をおこなうことは避け、防禦に力を注ぎながら別働部隊を動員して敵軍の補給線を攻撃する持久戦をとれば、遠からず敵軍は食糧不足で後退せざるをえなくなるだろうといった。事実、高正義が提起した防禦戦略は、それ以前にも駆使されたことがあり、ある面では高句麗人に馴染みのあるものであった。隋が侵攻した時、この方策で高句麗軍は大成功したことがある。すなわち、敵の速戦即決攻勢に対して、山城を中心とした守備に注力して敵の鋭鋒を鈍化させ、奇襲に長けた靺鞨族で主に構成された別働隊を投入して、敵の最大の弱点である長い補給線を混乱させ、物資調達を困難にして持久戦を繰り広げた。すると、敵は戦おうとしても戦えず、食糧は不足し、秋が近づいて気温も下がり、霜が降りるとさらに耐え難くなって後退せざるをえなくなった。軍隊は、進撃する時よりも、後退する時がさらに困難である。すでに疲労して飢えて後退する敵軍の後尾を、高句麗軍が攻撃して大勝を収めた。高正義は、こうした過去の経験を基に、持久戦の策を提示した。しかし、高延寿、高恵真など相対的に若い高句麗軍指揮部は、これを拒否して、安市城近郊の平原に進軍して唐軍と一大会戦を通じて勝負を決しようとした。彼らは、わずか三〇年前の隋の百万大軍を斥けた輝かしい戦勝に高い自負心をもち、高句麗史上最大の一五万の兵力を率いる自信と若い覇気が、敵軍と大平原で一戦を繰り広げて、一度に打ち破りたい欲望となったのであろう。さらに、目覚ましい大勝利は、特に新たな執権勢力が渇望するものであり、淵蓋蘇文の政権を安定させるのになによりも価値ある政治的な贈り物になりうる。この時、高句麗軍の司令官である高延寿の官職と官位は、北部褥薩理大夫位頭大兄であり、高恵真は南部褥薩大兄であった。北部褥薩と南部褥薩は、首都の区画単位である五部の部長であった。淵蓋蘇文の政変直後である時点を考慮すると、二人は淵蓋蘇文派に属するものと思われる。二人の官位である位頭大兄は五品、大兄は七品である。一五万の高句麗軍の司令官としては、低い官位といわざるをえない。この点も、二人が淵蓋蘇文派に属する相対的に若い将軍であったことを物語る(47)。もし、持久戦を繰り広げようとすれば、安市城と連携して防御網を構築して戦争を遂行しなければならないが、安市城城主は、先に言及したように反淵蓋蘇文派であり、政変直後に淵蓋蘇文の軍隊と交戦している。こうした点も、高延寿などの高句麗中央軍司令塔の決定に作用しただろう。実際に、安市城郊外で行なわれた唐軍との大会戦でも、高句麗中央軍と安市城の軍隊が協力して作戦を展開した痕跡は全くみられない。

一方、高延寿などが大会戦を決定した頃、唐軍の指揮部でも方略を議論していた。もっとも心配されるのは、対盧高正義が建議したように、高句麗軍が持久戦を繰り広げたり、後方にさらに後退したりすることであった[48]。そのため、唐の指揮部では、可能な限り西方の平原地帯に高句麗軍を引き出す戦術を駆使して、突厥の騎兵隊一千を送って高句麗軍を攻撃するようにして、接戦と退却を繰り返して弱い様子をみせ、自信をえた高句麗軍が継続して進撃するように誘った。こうした過程をへて、ついに高句麗軍は、安市城東南一〇里の地点に進出した後(六月二一日)、天山山脈の西北斜面に拠って陣をはり、唐軍との決戦に臨んだ。

当時、決戦に臨んだ両軍の軍勢は、高句麗軍が唐軍に劣らない威容を誇示した。高句麗戦線に投入された唐軍は二〇万であったが、そのうちの一部は蓋牟城や遼東城方面に駐屯して防御にあたっており、張亮の軍隊は遼東半島方面にいたので、実際に安市城会戦に動員された唐軍は一六万前後であったようだ[49]。両軍の軍勢は、対等であったようである。特に、高句麗軍には重装騎兵が多く、高句麗軍が着ていた明光甲(表面に黄漆を塗った鎧)に反射された光が四方を圧倒して、四〇里余りにわたる高句麗軍の隊列を臨みながら太宗李世民が恐れる気色がありありとしていたと柳公権は述べている[50]。これをみていた唐軍の主要指揮官である江夏王李道宗は、「高句麗がここに国力を集中しており平壌の防御は弱化しているであろうから、少数の精兵で平壌城を奇襲攻撃すれば必ず成功し、そうすればこの大軍も自ずと崩壊するであろう」と提案した。すべて、高句麗中央軍の威容に深い印象をうけたためであろう。しかし、李道宗の提案はあまりに冒険的であるとして、太宗は拒否した。彼は、より老獪な手段を駆使した。高句麗軍に使者を送って「我は、淵蓋蘇文が主君を殺したことの罪を問うためにここに来ただけである。そのため、汝らと交戦することは我の望むところではない。ただ、我が軍が高句麗の地に入ってきたが馬草や軍糧を供給しないので、数城を占領したのみである。高句麗が臣下の礼を尽くしたならば、占領した城をすべて返すであろう[51]」といった。これは欺瞞策である。しかしながら、確かにそうであると分かっていても、いざ決戦の前に相手が柔らかい言葉で下に出るような融和的なジェスチャーをすると、知らぬ間に警戒を解いて慢心を抱いてしまいがちである。李世民はこれを狙ったのである。この日の夜、李世民は最終作戦会議を開いた。

明くる日、運命の日が明けると、両軍は戦闘に突入した。ところが、この時だけでなく高句麗と唐の戦争に関するほとんど全ての記録は、唐のものしか残っていないため、唐側の一方的な戦功記録に終わっており、実際の様子を描きがたい。ただ、唐側の記録の行間を通して、わずかに高句麗軍の様子を探るのみである。

安市城郊外の会戦で李世民は、李勣が率いる先鋒軍に命じて高句麗軍と交戦させた後、高句麗軍が突撃してくれば押されるように退却しつつ、高句麗軍を唐軍が埋伏する渓谷に深く引きずりこむようにした。この計略を知らない高句麗軍が、大挙突進して李勣の唐軍を押して、李勣の旗である黒旗が高句麗軍に包囲された。この報告に接した李世民は、高句麗軍が引き続き押し寄せるのを待った。その後、長孫無忌が率いる唐軍が、高句麗軍の背後に回って奇襲で強打した。前進していた高句麗軍は、李勣の唐軍を制圧できない状態であった。この時、李勣は歩兵長槍隊一万を前面に配置した[52]。高句麗騎兵が唐軍陣営に向って突進したが、唐軍の歩兵長槍隊に阻止された。唐軍は、長い間の遊牧民との戦闘を通じて、長槍隊を活用して騎兵の突進を阻止する戦術に馴れていたのである。これは、この日の戦闘の行方を決定づけるのに大きく作用した。すなわち、唐軍の長槍隊は、高句麗騎兵の突進を阻止するために、まず、長槍の後の部分を地面に刺した。地面に突き刺した長槍を、一人が足で踏んで固定させた。また、別の一人は、前方で長槍の刃が上にむかうように角度を固定した。長槍歩兵が狙うのは、馬に乗った人間ではなく、馬の胸や首であった。長槍歩兵によって先頭の騎兵が落馬すると、後から来る隊列がつかえてしまう。そうすると騎兵の速度が遅くなり、そうなれば枝のついた槍である戟をもった重装歩兵が彼らを包囲して、突いて馬の上から引きずり下ろして攻撃した。長槍歩兵の役割は、騎兵の突進を阻止することに止まらない。騎兵が疾走するとき、歩兵からみると非常に速い。歩兵は恐怖に陥りやすい。騎兵が弓の射程距離のなかで弓手まで到達するのには、一五－二四秒ほどかかる。この時間では、弓は二、三発しか放てない。特別な防御網がなければ、騎兵は瞬く間に歩兵弓手の発射線まで突進して席巻することができ、その前に弓手は活路を求めて四方に散ってしまい、敵に向って弓を発射して命中させる余裕がない。ところが、弓手が隠れることの出来る安全な場所を長槍歩兵が提供すれば、弓手は長槍歩兵の隊列の後に隠れて心理的安定をもつことができ、これは弓手の命中率を高める。すなわち、長槍歩兵は、弓手の楯の役割を果す。これも、歩兵が騎兵に甚大な打撃を与える戦闘技術である(53)。ただ、長槍歩兵が厳格な軍律によって厳正な隊伍を最後まで維持することが、この戦術の核心要素である。戦争での長い経験と訓練によって戦闘技術に熟達した唐軍の歩兵が、高句麗の騎兵突撃を阻止すると、高句麗軍は大きく混乱した。すなわち、高句麗軍は、前方へ突進して李勣の唐軍を制圧することもできず、後方へ退こうとしても長孫無忌の唐軍が退路を遮断していて圧迫され、否応なく唐軍の包囲網に落ちた格好になった。押し寄せる唐軍の攻撃に押されて高句麗軍は隊列を失い、いくつかに分断されて順に制圧された。その渦中で、高延寿・高恵真など高句麗軍の首脳部を含む三万七千名余りは、小さな丘に登って防御柵を築こうとした。しかし、すぐに唐軍によって四方が包囲されて、脱出の余地がみえなくなると、高延寿らは降伏した。この時、降伏した高句麗軍のうち、大小の将校は三五〇〇名に達したが、唐は彼らを中国内地に移した。一方、一緒に降伏した靺鞨人三三〇〇名は、すべて生き埋めにして殺した。この戦闘で唐軍は、明光甲一万、牛馬各五万匹を獲た(54)。

明光甲が数多く獲得されたことからみて、この戦闘に投入された高句麗軍には、重装騎兵が多かったようである。もちろん、騎兵のうち重装騎兵がつねに多数ではない。軽装騎兵もあり、歩兵が兵力の中心をなしたであろう。軽装騎兵は、高い機動力を生かして、偵察活動、敵の側面と後方の包囲攻撃、壊滅して逃走する敵を追撃する際などに動

図 12　三室塚壁画の重装騎兵戦闘図

図 13　福泉洞 10 号墳出土馬冑

員された。重装騎兵は、今日でいえば機甲部隊のような役割を果した。特に、鐙の普及は、重い鎧を着ていても馬上で鞍を維持することを相対的に容易にした(55)。大規模な重装騎兵が地響きを上げながら突進して加える破壊力は、相当なものであった。

歩兵を主とする部隊に加えられる打撃は、非常に大きい。ところが、重装騎兵はそれなりに一定の弱点があった。機動力と柔軟性の不足が、最大の欠点である。すでに重装騎兵との戦闘に関する経験が多く、対応する戦術に慣れている相手には、なおさらである。先に言及したように、歩兵長槍隊の阻止策が相当な効果を発揮するという点は、その一つである。これは、騎兵一般に対するものでもあるが、機動力が落ちる重装騎兵には、打撃がより大きくなるほかない。ここで少し当時の唐軍の状況をみると、重装騎兵が騎兵の主力ではなかったようである。例えば、太宗の墓である昭陵を飾る浮き彫りには、彼とともに戦闘用装備をした愛馬六頭の様子を刻んだいわゆる「昭陵六駿」がある。この浮き彫りをみると、どの馬も胴体に鎧をつけていない。実際に唐の騎兵は、軽装騎兵が主力であったようだ。北魏代の騎兵陶俑、西魏代に描かれた敦煌石窟の騎兵の絵などは、重装騎兵の姿である。それに対して、唐代にはそうした例が確認できない。

隋末期の長い内戦と、その後の遊牧民集団との戦争を通じて、重装騎兵よりも機動力のある軽装騎兵がより効率的であることを、唐人が広く受け入れたようである。そうした点が、安市城郊外会戦でも作用したとみられる。高い機動力による迅速な兵力配置と運営は、両軍の勝敗を分ける主要な要素として作用したようである。

安市城郊外会戦での敗北は、高句麗の上下を大きく驚かせ、一時的に心理的パニック状態をもたらしたようである。后黄城と銀城は、住民達が城を放棄して逃げてしまった。戦争が終結した後、唐の指導部が後悔したように、唐軍はこうした状況を積極的に活用して、迅速に進撃したり果敢に兵力を投入して機動作戦を繰り広げたりしなかった。慎重にゆっくりと高句麗領域を占領する方策をとった。あまりに優勢な軍事力に自信満々だったようだ。

一方、この頃、張亮が率いる唐の水軍は、遼東半島南端に拠点を確保した後(おそらく海路を)北進して、建安城を包囲した。南から北に進軍した唐軍と、新城方面に侵攻して北から南に進撃した唐軍が、安市城で互いに合流するこ

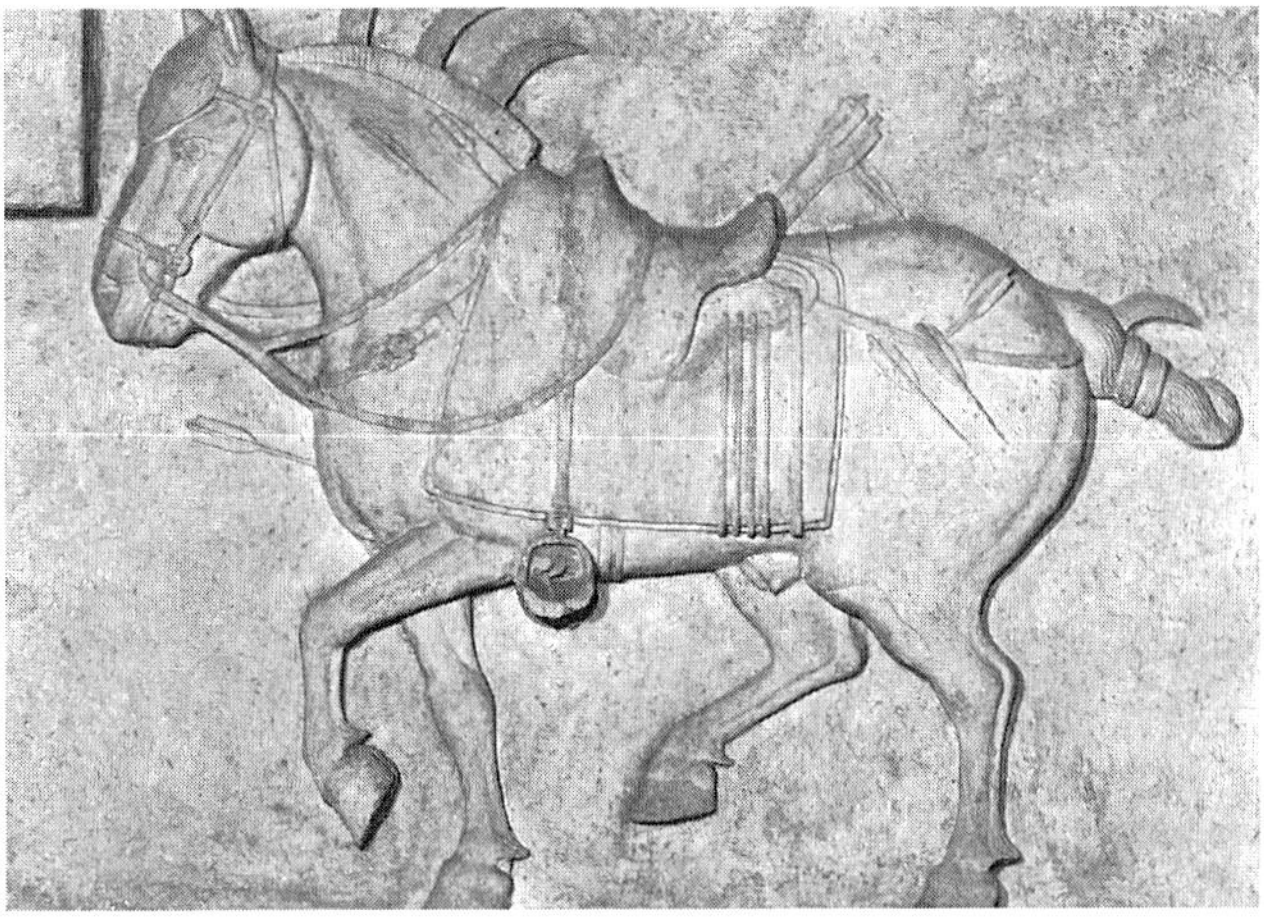

図 14　唐昭陵・駿馬の浮き彫り

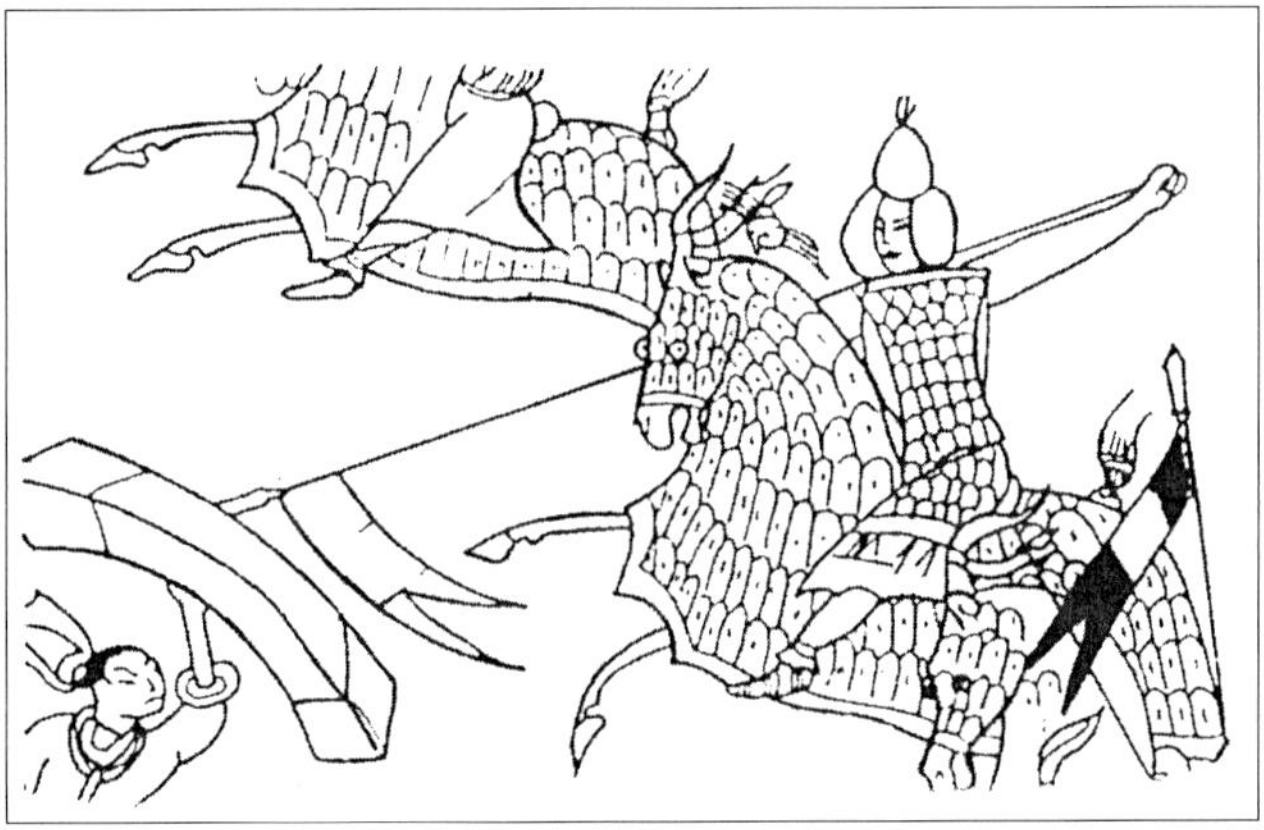

図 15　敦煌石窟 285 号，西魏壁画の重装騎兵線描画

図 **16**　集安 12 号墳壁画の鎧武者戦闘図

ととなり、遼東平野で唐軍はなんの危険もなく物資を輸送するなどの活動が可能になった。特に、唐軍本営に海路を通じて軍糧を輸送することが可能になった。いまや平壌城に向かう進軍のみが残っているかのように思えもした。そうするためには、東に向かう交通路に位置する安市城を攻略しなくてはならない。八月に入ると唐軍は、安市城の南側に陣営を構築した。

(**2**) 安市城防禦戦

安市城は、今日の遼寧省海城県にある英城子山城であり、周囲四kmの包谷式(栲栳峯式)山城で、山の主峰から左右に延びる稜線に沿って土と石を積んで城壁を築いている。左右の稜線が下に延びながら狭まって一つに合わさる地点に城の南門があり、その地点は平地と接している。左右の稜線の間にある城の内部は、緩慢な傾斜と若干の平地があり、住民が居住しうる空間となっている。城は、平時には、行政軍事要員などの支配層が主に居住する地域支配の中心地であり、戦時には、近隣の農民も城に入ってともに居住する防禦の拠点であった。当時、高句麗の各地に、地域支配の拠点となる主要な城があり、遼東城のように平城である場合もあったが、ほとんどは山城であり、こうした様相を共通してもっていた。

安市城を包囲した唐軍は、抛車、雲梯、撞車などを動員して総攻撃をしかけた。しかし、高句麗軍は、適切に対応しながらよく防いだ。攻城戦の主要な手段である唐軍の雲梯と撞車による攻撃は、安市城が山城であったため、遼東城のような平城ほどは効果的でなく、雲梯と撞車のために城の雉や城壁の一角が破壊されると、すぐに木柵でその部分を埋めて防禦した。こうして攻防戦が熾烈になると、癪に障った唐軍司令官・李勣は、城を陥落させたら城内の男は皆殺しにすると公言した。これを聞いた高句麗軍は、文字通り決死の抗戦をおこなった。

猛烈に攻撃しても城を陥落させられないとなると、唐軍陣営では戦略を変えようという議論が提起された。さらに具体的な案は、高延寿・高恵真など降伏した高句麗の将軍が提示した。すなわち、安市城攻略にこだわるのではなく、進撃路を変えて遼東城－白巌城から太子河上流に進軍して天山山脈を越え、烏骨城を攻略した後、鴨緑江を越えてすぐに平壌城に進撃しようというのである。特に、当時の烏骨城の城主が老いた将軍であるため、簡単に攻略できると強調した。実際、烏骨城ルートは、遼東から平壌に向かうもっとも短い距離であり、六一二年に隋の煬帝が侵攻した際に隋軍が選んだ進撃路であった。すなわち、煬帝が率いた一〇〇万の軍勢は、遼東城を攻撃したが最後までこれを陥落させられないと、選び抜いた精鋭軍三〇万を宇文述と于仲文に与えて、最短経路を選んで平壌城を攻撃させた。この時、乙支文徳は、敗北したように見せかけながら、隋軍を高句麗領内深くまで引き入れた。そうしてから、彼らと遼東平野にいる隋軍本営の連絡路と兵站線を遮断すると、宇文述ら隋軍三〇万は疲労して飢えたまま孤立し、全面後退するほかなくなった。後退する敵軍を後尾から順に殺害し、続いて薩水すなわち清川江流域(56)で、包囲して壊滅的打撃を与えた。こうした事実を今度の遠征に参加した唐軍首脳部も十分に分かっていた。それだけに、高延寿などが提起した方策を拒否した。烏骨城に出る攻撃路を選んだ場合、建安城と安市城に残る一〇万余りの高句麗軍と北方の新城方面の高句麗軍が、唐軍の後方を攻撃すれば、唐軍は補給線を遮断され、孤立して包囲されるかもしれない。そうなれば、六一二年の隋軍の轍を踏むこととなる。そのため、安市城を攻略して遼東平野を確実に掌握した後、平坦な大路をとって平壌に進軍する、安全で確実な方略をとるのが正しいと決した。

この後、唐軍は、安市城攻撃をさらに強めた。山城攻撃で勝敗を決定づけるのは、城壁によって抵抗する守備軍を無力化しうるかどうかである。様々な方法がうまくいかないと、唐軍は城壁の外に土を高く積み上げて、その上から城内の動静を把握して攻撃できるようにしようとした。そうすると、高句麗兵も城壁をさらに高く積もうと対抗した。双方がより高く積む競争をしていたある日の夜、唐軍が積み上げた土山が崩れて、安市城の城壁に被さって互いに繋がる状況が起きた。すると、高句麗軍がいち早く対応して兵士を送り、土山を占領して土山の外郭に木柵を設置し、防御網を構築した。瞬く間に起きた事態であった。唐軍が兵力を動員して土山を奪還しようと三日間、死力を尽くしたが、成功しなかった。城を圧迫するために六〇日余りの間、延べ数十万人を動員して積んだ土山が、反って唐軍を圧迫する前進基地になった。安市城城主を中心として、安市城の住民と兵士が機敏に対処して城を防禦した。当時の城主の名は、後代の記録に楊万春と伝わる[57]。

(3) 薛延陀の介入

こうして唐軍が全力を傾けて攻撃したが、小さな弾丸のような小城を陥落させられず、一カ月以上安市城で足止めされ、それ以上進撃できなかった。これは、戦争の進行全体に大きな影響を及ぼした。この期間に新たな状況が展開し、それは高句麗にとって非常に重要な意味を持つ時間であった。

まず、高句麗朝廷は、安市城郊外の大会戦で敗北した衝撃から抜け出て、新たな戦列を整備する時間的な余裕を持つことができた。さらに、それまで淵蓋蘇文が力を傾けてきた政策が、効果を表し始めた。当時、モンゴル高原の強者は、薛延陀であった。薛延陀は、トルコ系遊牧民であり鉄勒の一部族であるが、突厥が唐に服属した後に興起して、ゴビ砂漠以北(漠北)モンゴル高原の強者として勢力を振るっていた。淵蓋蘇文は、薛延陀に靺鞨を使者として送って物資を与え、唐を攻撃することを要請した。

これが、唐の高句麗に対する圧迫を緩和させるための意図であることを薛延陀もよく分かっているものの、唐の主力軍が東方に出征したことによって、その心臓部である関中地域の防禦が、相対的に弱体化したことも明らかな事実であるだけに、薛延陀には魅力的な提案であった。太宗は、高句麗遠征に出る前に薛延陀が使者を送って唐に朝貢すると、その使者に薛延陀の真珠可汗に伝えよといいながら、「我が父子は、東方の高句麗に遠征しようと思う。汝らが侵攻できるものならば、速やかにそうしてみせよ」といって、高圧的な姿勢で威圧を加えた。そして、突厥系の将軍である右領軍大将軍・執失思力に突厥兵を与え、夏州に駐屯させて薛延陀を防がせた(58)。天可汗・李世民の威勢に圧倒されて、薛延陀の真珠可汗は、戦争初期の情勢をみながら特別な動きをみせなかった。ところが、真珠可汗が病で九月に死ぬと、末子の抜灼と兄の間で紛争がおきた。この紛争で兄を殺した抜灼が事態を収拾した後、新たに可汗として即位した(59)。こうした状況は、唐軍首脳部に報告されたと思われ、新可汗の動向は疑いの対象となった。いまだ具体的な兵力動員は行なわれていないが、薛延陀の動きに唐の朝廷と遠征軍は神経を尖らさずにはいられなかった。いくら事前に備えを整えたとはいえ、安市城攻防戦で進展がみられない状況で、薛延陀と同盟を結ぼうという高句麗の試みが実を結んだならば、唐軍にとっては非常に憂慮される情勢といわねばならない。さらに九月(陰暦)になると、遼東平野の気温が下がり、草が枯れて霜が降り始めた。冬が目前に迫っていた。遠からず水が凍り、雪が降れば、食糧と秣を運搬しがたくなり、寒さが本格的に押し寄せるだろう。さらに、安市城郊外の大会戦で被った敗北の衝撃から抜け出して戦列を再整備した高句麗軍が、徐々に包囲網を狭めて靺鞨兵を動員して唐軍の補給線を本格的に攻撃し始めれば、状況はさらに悪化するだろう。このままでは孤立して凍えるか飢えるかして、全滅する情勢である。さらに、薛延陀の動きまで尋常でない。そのため、さらに躊躇していては、後退する時期を逃すと判断することとなった。こうして九月一八日、唐軍は全面撤退を決定した。あわせて、攻略した遼東城・白巌城・蓋牟城など一〇城の百姓七万名を連れて行った。

侵攻軍にとっては、撤退も容易ではなかった。特に、薛延陀の動向が憂慮されるだけに、迅速な撤退が必要であった。唐軍は、平坦な大路である北路よりも、近道の中路を選んで遼河を渡ろうとした。寒さのなかで大規模な兵力が遼河下流の遼沢を渡ろうとすることは、並大抵の困難ではなかった。さらに、高句麗軍が、退却する敵軍を黙って見ているわけがないことは明らかである。それでも、唐軍が退却する際に、高句麗軍の攻撃による死傷者がどの程度であったかについて唐側の記録は沈黙しており、ただ、馬を多く失ったと言及するのみである。これも「名君」李世民の威厳を損なうことを憚って、記録しなかったのであろう。

ともかく、太宗は、一二月一四日に現在の山西省太原に到着した。その間に、薛延陀がオルドス（河南）地域に攻め寄せていた。太宗が急派した田仁会の率いる唐兵と執失思力の突厥兵が合力して、薛延陀軍を撃破した。退却した薛延陀軍は、さらに夏州を攻撃した。そこで唐は、北辺一帯に軍隊を大きく増強して、薛延陀防禦に当たらせた(60)。

こうして、太宗李世民の高句麗侵攻は失敗した。かつて李世民は、煬帝の失政が続き隋の国運が傾くのをみて、彼の父李淵を助け、隋に反旗を翻して挙兵を主導し、その後、各地で起きた群雄を撃破して中国を統一する核心的役割を果した。彼は即位後、突厥を撃破して、モンゴル高原の遊牧民集団を征服した。遊牧民部族の首長からは、「天可汗」という称号を受けた。すなわち、中国の支配者である皇帝であると同時に、遊牧民世界の最高支配者である可汗となって、農業世界と遊牧世界を合わせる最高の存在になったのである。彼は、百戦百勝の名将であり、国内統治でも卓越した能力を発揮した名君としても称せられた。そんな彼も、非常な覚悟で高句麗遠征に臨んだ。彼は、特に、隋の高句麗遠征敗北に対する中国民衆の記憶が心配だった。これは、自らもかつて挙兵に利用したことがあるように、場合によっては政治的動揺につながりかねないためである。それだけに彼は、戦争に臨んで慎重な政治的配慮をしようと、父老に会って隋代の高句麗遠征経験者を説得した。彼は、高句麗遠征に臨んで定州を離れる際(六四五年三月)に着た戦闘服(戎服)をそのまま着て過ごしたが、撤退して帰ってくると、太子の出迎えをうけて一〇月二一日にぼろぼろにすり切れた服を着替えたという。それだけ、遠征に非常な覚悟で臨み励んだのであった。そんな彼に、高句麗は敗北を味わわせた。この敗北は、彼に深い傷を負わせた。彼は撤退した直後、過ぎたことを後悔しながら、「もし、魏徴が生きていれば、私をこの遠征に行かせはしなかったろう」といって嘆いたという。しかし、これは一時的な後悔に過ぎず、敗北を雪辱しようという復讐心が内面では燃えさかっていた。しかし、必ず高句麗を滅ぼすという執念は、無理にでも再遠征を推進するという形では現れなかった。盲目的な報復の表出ではなく、敗北から多くのことを学んで勝利のための新たな方法を模索した。その面で煬帝とは異なっていた。

唐太宗の敗北は、中国民衆の意識に「強国高(句)麗、名将淵蓋蘇文」というイメージを深く植え付けた。(61) また、朝鮮人には、誇らしい歴史として広く記憶され、人口に膾炙した。(62) 特に安市城の戦いがそうであった。高麗末期の李穡は、太宗を詠んだ「貞観吟」という詩で、彼の高句麗遠征を責めて「(高句麗を)袋の中にあるようなものだといいながら、どうして知ろうか、玄花(目玉)が白い羽(矢)によって落ちることを(謂是嚢中一物耳、那知玄花落白羽)」といっている。また、朝鮮後期の老稼斎・金昌翕も「千仙詩」で、「千秋に大胆なるかな楊万春、弓で曲りくねる龍の目を射落とすとは(千秋大胆楊万春、箭射虬髯落眸子)」といっている。二つの詩は、いずれも太宗が安市城攻略戦で矢を受けて目が落ちたという内容を詠んでいる。実際にそうした事実があったかは、疑問である。李世民が高句麗遠征に失敗して帰ってから大病を患ったというが、目を失ったという記録は史書のどこにもない。もちろん、憚られる事実であるため唐側でこれを記録しなかったと主張することもできようが、推測にすぎない。ともかく、こうした伝承は、韓国側ではいつのころからかずっと続いている。二〇世紀初め、丹采・申采浩は、『朝鮮上古史』で上の二つの詩を引用して、対外自主意識を吹き込むことに活用した。それだけでなく、歴代を通じて多くの人々が、隋唐との戦争や安市城の戦いに関する事実を国土防衛の良い事例として繰り返し言及し、強調した。朝鮮の世祖は、「文宗が兵要を編纂するよう私に命ぜられた。私が煩雑なものを除いて、これを簡略なものにして(中略)武臣に熟読するようにしよう。もし、隋唐の皇帝が親征しても高句麗に勝利できなかったことを、人々にまるで昨日のことのように聞かせるならば、有益であろう」といった。[63] 壬辰倭乱の時の義兵長である郭再祐は、「安市城でよく守って国を救った」といって、安市城の例を国難克服の先例として強調した。[64] 粛宗も『東国通鑑』を読んで感嘆しながら、「高句麗が小国でありながら城をよく守って隋唐の百万大軍を防ぐことができたのに、丙子年に辱めをうけた。このことを考えると胸が痛む」といった。[65]

淵蓋蘇文に関する伝説や、彼に関わる地名が各地に伝わり、彼は長い間、朝鮮人の心の外勢に対する抗争意識と自負心の源泉になった。そうした点は、国外居住朝鮮人の間でも見出すことができる。中国遼寧省本渓県朴堡村の朴氏たちは、その具体的な例である。彼らは、一七世紀初めの丙子胡乱の頃に移住してきた人々の子孫であり、長い間、漢族と満州族に囲まれて生活する間に、言語と衣服、家屋などは完全に漢化した。清代には満州族として、中華民国以降には漢族として登録された。しかし、彼らは、同姓不婚によって男系でつながる朴氏の姓と、口伝によって受け継がれた淵蓋蘇文に関する話などを通して、朝鮮族としての自意識をもって、一九八〇年代に入ると再び朝鮮族として民族登録したという。[66]

戦争は、花火のように起きて凪のように消えてしまったが、それに関する記憶は、このように長く続いている。今後も、いくら中国の御用学者が、高句麗史は中国史であり、高句麗と隋唐の戦争は侵略戦争ではなく中国の内戦であると強弁しても、六四五年の戦争と安市城の戦いは、外勢の侵略に対抗して勝利を収めた輝かしい歴史として朝鮮人に繰り返し記憶されるだろう。

(4) 南部戦線の動向──新羅軍の北進と百済軍の東進

一方、遼東平野で唐の侵攻軍を迎え撃った高句麗軍が熾烈な戦いを行なっているころ、戦争の火花は、朝鮮半島南部地域にも広がった。六四四年、唐は高句麗遠征を公布した後、契丹、奚、百済、新羅などに使者を送り、この事実を通報して高句麗征伐戦に派兵することを要求した。唐に派遣された新羅使・金多遂が六四四年帰国する時、参戦を要求する太宗の詔書を持たせた。しかし、それに対する新羅朝廷の答えは長い間なかった。新羅朝廷では、これを巡って議論が紛糾して、決定できなかったようである。すると、翌六四五年初め、太宗は新羅に詔書をふたたび送って、参戦を督励した[67]。唐の要請をふたたび受けると、新羅は選択しなければならなくなった。親唐策が、必ずしも参戦を意味するものではなかった。それ以前にも隋が高句麗に侵攻したとき、新羅は動かなかった。しかし、今回は、状況が異なった。金春秋が高句麗と協議を試みたが失敗した後であり、むしろ、高句麗と百済が協力して新羅に対する攻勢を強めており、背後の倭国の動向も楽観できない状況であり、新羅には自国の安全のために、唐との同盟がさらに切実に望まれた。すでに、六四三年、新羅朝廷は、新羅に対する高句麗と百済の攻撃を訴えて、唐の援軍を要請した。唐も、かつての隋とは異なり、新羅に重ねて参戦を要求している。そのため、新羅は、唐と協力するか否かを行動で明白に表現しなければならない状況であった。ここで新羅朝廷は選択を行ない、参戦と派兵を決定した。これは、戦争の勝敗によっては、対内的には、正統性の是非の議論が続く「女王」善徳に重大な負担となるかも知れない政治的決断であり、対外的には、後戻りできない反高句麗・親唐という重大な政策路線の選択であった。

六四五年四月、唐軍が遼河を越えて高句麗侵攻を敢行すると、五月に新羅軍三万[68]が北方の臨津江を越え、高句麗を攻撃して水口城を攻略した。先にみた善徳女王に送った太宗の詔書は、新羅軍が唐の水軍の司令官・張亮の指揮を受けて軍期を約するよう要求した。新羅軍と唐軍が歩調を合わせて作戦を遂行するためには、海路で相互に緊密に連絡しなければならず、新羅軍が唐の水軍司令官である張亮の命令を受けることが必要であると唐は判断したようである。この時、新羅軍が進発した日付をみると、実際に新羅側が張亮の居所に将軍を送り、軍期を約したようである。すなわち、唐軍が遼河を越えて遼東平野に進軍し、高句麗軍がこの方面に防禦力を集中する時に、南方から新羅が高句麗を攻撃したのである。これは、新羅軍参戦の戦略的効果を最大限に生かせる時期を選択したという点からは、ひとまず成功したといえよう。ところが、新羅軍が北方に侵攻したことによって防禦力が弱まった新羅の西部国境線を百済軍が攻撃して、新羅の七城を陥落させた。ここで新羅は、金庾信を派遣して百済の攻撃に対応した[69]。こうした状況展開によって、北進した新羅軍はそれ以上高句麗軍と戦いを行なえないまま、急遽軍を引き返して百済軍の侵攻を阻止することに尽力した。

高句麗と唐の戦争に、いまや新羅と百済がそれぞれ異なる態度で参加する状況になった。百済が唐軍と交戦したわけではないが、唐軍側に立って高句麗を攻撃した新羅軍と交戦したので、唐と百済の対決となるのである。これは、六四五年の戦争以降、それまでの高句麗、百済、新羅、唐、倭などの絡まった複雑な国際情勢が、次第に二つの陣営に再編されることを促進するよう作用した。

第五節　合従と連衡

(1) 戦争直後の東アジア各国の動向

六四五年、唐軍の高句麗侵攻は失敗に終わった。それによって、唐の威信は大きく傷ついた。しかし、唐は依然として東アジア国際情勢の変化を主導する唯一の強大国であった。唐は六四五年以降にも、高句麗を滅亡させて唐中心の国際秩序を確立するという膨張政策を堅持した。それにより、高句麗は対応策に追われるほかなく、百済と倭も強大な世界帝国唐の膨張に対応する自国の立場をさらに明確にすることを強要され、新羅も敗戦の余波を収拾して国家的危機状況に備えるための内外の対策に腐心した。

〔唐〕高句麗から撤退した直後、李世民が着手したのは薛延陀征伐戦であった。現実的に唐の首都圏（関中）を脅かしうる勢力という点で、今後、東方遠征を行なった場合、後顧の憂いをなくすために、薛延陀は必ずまず除いておかねばならない対象とみなされた。六四六年六月、大規模な兵力を動員し、いくつかの方面から同時に侵攻して薛延陀を攻撃し、大破した。(70) これを境に薛延陀は、それ以上勢力を振るえなくなった。

つづいて太宗は、六四七年二月、高句麗遠征の再開を議論した。この議論で、それまでの対高句麗戦略を再検討した。それまでの戦略は、大規模な兵力を動員して、速戦即決で一挙に高句麗を滅亡させるというものであった。しかし、先の隋の侵攻と今回の侵攻で証明されたように、北アジア遊牧民集団とは異なり、山城を中心とした防禦網をもつ高句麗は、たやすく短期間に勝負を決しうる相手ではない。そのため、新たに採択したのは、長期消耗戦という計

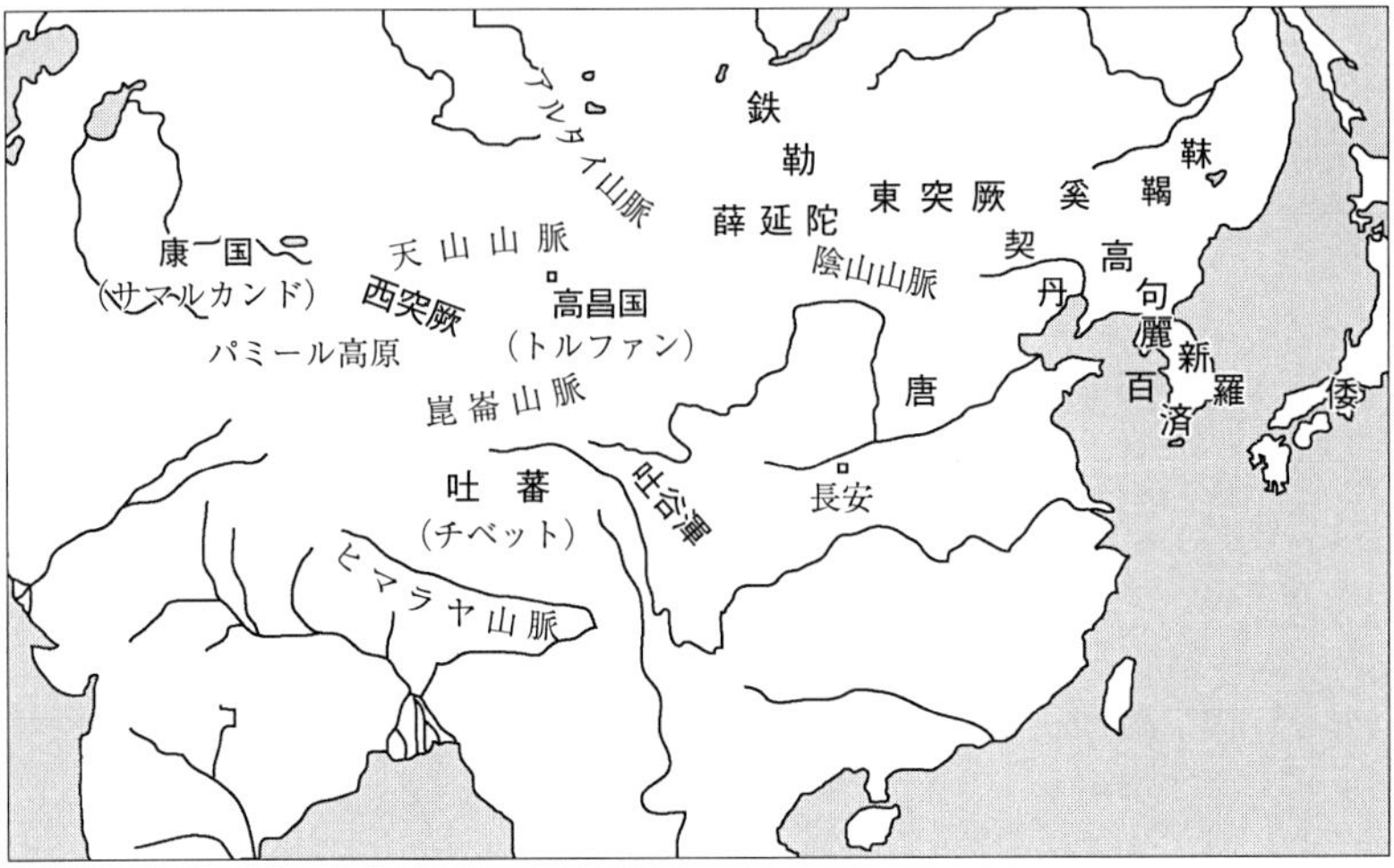

図 17　薛延陀と唐の関中地域，康国(サマルカンド)の位置

略である。すなわち、大規模な兵力動員の代わりに、小規模で陸路や海路から高句麗を奇襲攻撃して、高句麗軍が反撃すれば撤退する、撃っては退くという消耗戦を展開しようというものであった。こうした方法を数年間繰り返せば、満足に春に種をまいたり秋に収穫したりすることができなくなり、高句麗は苦境に陥るはずである。もちろん、唐側も軍事費を多く要するが、当時の唐の人口と生産力は、高句麗に比べてずば抜けていたため、長期消耗戦は高句麗を深く疲弊させることは明らかである。そうした時に大規模な兵力を動員して攻撃すれば、高句麗をたやすく滅亡させられるという主張である。[71]

この計画にしたがって、唐は、六四七年五月に李勣が三千の兵士と営州都督府の兵力を動員して、南蘇城など蘇子河流域一帯に奇襲攻撃を加えた。抵抗する高句麗の軍民を攻撃して、城の外郭に火を放った後、迅速に撤退した。七月には、海軍一万を動員して遼東平野南方の海岸地帯に侵入すると、高句麗軍が対抗して熾烈な攻防戦となったが撃破した。唐軍は、つづけて遼東半島南端の石城を攻略して、さらに積利城を攻撃した後、退却した。[72]翌六四八年四月には、唐の海軍が鴨緑江河口に侵入して、一〇〇里余り遡って泊灼城を攻撃した。泊灼城の高句麗軍は、突然現れた敵軍を迎えて城門を開いて出て勇敢に戦ったが、敗れて城内に後退して籠城した。前年に続いて唐軍が遼東半島南方の海岸地帯を蹂躙し、今度は鴨緑江下流流域まで軍事作戦を敢行した。泊灼城が陥落すれば、唐軍が、遼東と平壌を結ぶ部分に大きなくさびを打ち込むこととなり、高句麗としては耐え難い事態である。唐軍が泊灼城を包囲すると、高句麗中央では安市城と烏骨城から兵力三万を送って、泊灼城の防禦を支援させた。両軍の最初の衝突では唐軍が優勢であったというが、唐軍は包囲されれば全滅の可能性があるとして、急いで撤退した。[73]しかし、唐軍は泊灼城を陥落させられなかったとはいえ、前年に引き続きこの年の作戦で高句麗に軍事的損失を与えて民心を大いに動揺させたので、唐の戦略は大きな成果を挙げたことになる。

もちろん、唐としても、頻繁な軍隊投入にともなう長期消耗戦により、財政的・軍事的負担は大きかったが、相対的に高句麗に比べて損失は少なかった。高句麗の人口は、六六八年の滅亡時に約六九万七千戸であったと伝わる。[74]これに近い時期である神龍元年（七〇五）の唐の戸数は、六一五万六千戸余りという。[75]両国の具体的な状況が異なるので、この数字を平面的に比べることは正確な比較とは言い難いが、おおよその程度を推測できよう。特に、唐の戸数には、唐軍の主要戦力である服属遊牧民集団など羈縻州の戸口は含まれていない。

いずれにせよ、こうした状況報告をうけた太宗は、六四八年六月にふたたび高句麗遠征計画を発表した。すなわち、翌年三〇万を動員して一挙に高句麗を滅亡させると豪語して、海路で軍糧を運搬する計画であり、遠征軍のために二年分の軍糧米を蓄えよと命じた。このため、剣南（四川）地域に造船の業務を割当てた。こうした計画に対して、有名な宰相である房玄齢が、病死する直前に上訴して高句麗遠征の無益であることを訴えた。しかし、計画はそのまま推進された。[76]まさにこうした時に、新羅の金春秋が唐に渡った。悔しさの中で高句麗遠征の計画に全精力を傾けていた李世民は、彼を歓待して両者の間に緊密な対話が交わされた。それによって、両国関係は新たな進展をみせた（後述）。

〔高句麗〕淵蓋蘇文は、戦後、唐に使者を派遣して交渉再開と和解を打診したが、唐の反応は冷たく敵対的であった。唐の再侵略は十分に予想され、実際に、唐は六四七年以降、継続して高句麗を攻撃した。高句麗は、すぐにあるであ

図18　高句麗と突厥の間に早くから交流があったことを伝えるモンゴル高原の突厥碑

図19　アフラシャブ宮殿壁画の高句麗使臣(右端の二人)

ろう唐の大規模な再侵略に備える方策を立てねばならなかった。そこで、千里長城を完成し、各地に城郭を築いたり補修したりするなど、国内の戦争準備はもちろん、唐の膨張に共同で対処しうる外国との連衡を図った。

高句麗が唐の本土を攻撃することのできない状況で、唐の心臓部である関中地域を脅かすことのできる位置にある北アジアのモンゴル高原の遊牧民国家は、高句麗にもっとも望ましい同盟勢力になりえる。

隋と対峙する際、高句麗が突厥と同盟を模索したことや、先述したように太宗の侵攻の際に薛延陀と同盟を結んだことは、そうした例である。ところで、薛延陀が唐に撃破された後、そうした同盟勢力を求めることはままならなかった。モンゴル高原の遊牧部族は、すべて唐の勢力に帰属した状態であった。そこで、高句麗の使者は、さらに西方へと向うことになる。

一九六五年から三年間行なわれた、サマルカンド市郊外にあるアフラシャブの丘の宮殿址の発掘の際に、壁画が発見された。この宮殿の壁に書かれたソグド語銘文の「ワルフマン（Varxman）」という王は、唐高宗の永徽年間（六五〇―六五五）に康居都督に冊封された払呼縵[77]と同一人物とみられる。壁画は、ワルフマン王が近隣の Chaganian 国の使節を迎えるのが主たるテーマで、その他にいくつかの国の使節の様子が描かれている。壁画に見られる諸国の使節が、すべて同じ時期にこの地を訪れたことを必ずしも意味しないだろう。ワルフマン王の治世である七世紀後半にこの地を訪れた外国使節をそれぞれ別に描いておいたものを、後に宮殿壁画の主たる画題を描く際に一緒に登場させたと考えられる。壁画にみられる外国使節のうち、異色の人物がいる。この地域一帯の人物とは異なり、高くない鼻と黄色い皮膚をもった二人の東アジア人である。彼らは、鳥の羽根を挿した冠（鳥羽冠）をつけて、持ち手の端が丸い形になった大きな刀（環頭大刀）をM字型の装飾をつけた鞘にいれて差している。この二人は、まさに当時、同盟勢力を探して、「草原の道」に沿って遠く中央アジア地域まで来ていた高句麗人とみられる[78]。高句麗使節がここを訪問したのは、七世紀後半という推定以上の正確な年代は断定できないが、ワルフマン王との接触からなんらかの具体的な成果をえたとは思えない。しかし、この壁画から、唐の侵攻に対抗して北アジアと中央アジア方面で唐を牽制できる同盟勢力を求めようという高句麗の積極的な試みの一端がみられる。

こうした外交的努力とともに、軍事的に遼西地域に対する作戦を通じて契丹族社会に影響力を伸張し、予想される唐の侵攻を軍事的に牽制しようとした。六五〇年代前半、遼河上流地域をめぐって繰り広げられた、高句麗と契丹および唐の間の葛藤と対決がそれである。これに関する資料はほとんどないため、具体的な様相が明確には分からないものの、次のような様相を描くことができる。すなわち、六四五年に唐軍が敗退したことによって、遼西地域と契丹族社会でそれまで構築されていた唐の勢力が大きく萎縮すると、高句麗が遼西地方深くふたたび勢力を伸ばし始めた。特に、遼河上流方面で契丹社会に影響を及ぼすと、一部の契丹人がこれに同調したようである。高句麗軍がこの地域に駐屯して勢力を扶植するようになれば、遼西地域を脅かすこととなり、直接的には契丹の離脱を引き起こすので、唐はこれに積極的に対応しなければならなかった。そこで、唐は、遼河上流地域に派兵して、高句麗勢力を追い出そうとした。ここに両者間の軍事的対決が起こった。ただ、これについて高句麗側の記録はまったく伝わっておらず、唐側の断片的な記録により次のような記事が伝わる。永徽年間に唐の将軍辛文陵が、「(この地域にいる)高麗軍を制圧するために吐護真水に至ったところ、高麗軍の攻撃を受けて敗北して危機に陥ったが、盧龍府果毅・韋待價と中郎将・薛仁貴が麾下の兵を率いてきて彼を救出した[79]」という。ここにいう吐護真水は、遼河上流のシラムレン河(潢河)である[80]。高句麗が契丹地域に進出して唐の東北方を脅かすと、それに対応した唐の反撃によって起きた事件であった。唐のこうした作戦に対応して、六五五年に高句麗の将軍安固が高句麗軍と靺鞨軍を率いて契丹地域を攻撃すると、契丹人で唐の松漠都督である窟哥が反撃して、これを「新城」で破った[81]。この時の新城を遼東の撫順とは考えがたい。

その具体的な位置は分からないが、おそらく遼河中・上流域のどこかとみればよいだろう。ともかく、契丹に対する唐の支配力が再び強化された。しかし、その後、契丹が完全に唐の支配下に帰属したのではなかった。高句麗は五世紀以来、契丹の一部を勢力下に服属させていた。そして、最後の日まで契丹人の一部は高句麗の支配下にあった。淵蓋蘇文の息子・男生が国内城で唐に投降する際、その麾下に存在した契丹兵はそうした面を伝えている[82]。

一方、高句麗は海を越えて倭との連携を強固にし、百済と連合して新羅に対する軍事的圧迫をさらに加えた。

〔百済〕六四四年、唐が高句麗遠征を宣布して、翌年二月に百済に支援出兵を要求すると[83]、百済朝廷は、表面的にはこれに応じるような姿勢をみせた。しかし、実際には、六四五年、唐軍が高句麗に侵攻して、この年の五月に新羅軍三万が唐軍の進撃に呼応して北進して高句麗を攻撃すると、百済はその空白を利用して新羅の西部国境線を攻撃した。すると、北進した新羅軍が慌ただしく退却して、百済軍に対処した。これは、すなわち、百済が高句麗側に立ったことを行動でみせるものであった。百済は、隋と高句麗の戦争の際にも、両端を見ながら秤に掛けて、どちら側にも荷担しなかったが[84]、戦争は高句麗の勝利で終わった。百済は、今回の戦争でも高句麗に勝算があると判断し、そうした判断を行動に移して新羅攻撃に出たのである。六四五年の戦争も高句麗の勝利に終わると、百済朝廷は、自らの判断が正しかったことを確信したようである。百済は、六四七、六四八、六四九年と連続して新羅を攻撃した。上述したように、六四七年と六四八年に唐軍の高句麗攻撃があり、太宗は六四九年に大規模な高句麗遠征を行なうと宣布した。そうした状況における百済の連続的な新羅攻撃は、百済朝廷が唐の対高句麗攻撃を高句麗が阻止するものと判断したことを物語る。同時に、唐軍の侵攻に呼応して新羅軍の北進があるのではないかと心配する高句麗側が、百済の新羅攻撃を唆したか、あるいは要請した可能性もある。

一方、このころ百済は、唐との関係破綻を避けようとした。六五一年の朝貢使派遣は、それを物語る。ところが、新羅に対する軍事的攻撃を継続しながら、一方で新羅と連携する唐との対決は避けようという政策は、いつまでも維持できるものではなかった。百済は既に選択を行ない、その点を唐と新羅は十分に分かっていた。いまや唐と新羅の対応だけが残る状況だった。

〔倭国〕六四五年の戦争は、倭の政局にも大きな影響を与えた。戦争の真っ最中であった六四五年六月、倭の朝廷で政変が起こった。その頃、倭の朝廷を主導していた勢力は、蘇我氏であった。六世紀半ば、仏教受容問題を巡って倭朝廷内の有力貴族の間で葛藤があり、仏教受容に反対した物部氏と、受容に賛成した蘇我氏が、それぞれを代表する勢力として対立した。蘇我氏は、渡来人勢力を支配下に包摂しながら勢力を拡大して、物部氏を打倒した。その後、蘇我氏は、倭朝廷の代表的貴族勢力として台頭し、特に、聖徳太子の死後、勢力を更に強化した。蘇我氏の専横に脅威を感じて不満を持つ王族と他の貴族が力を合わせ、六四五年に中大兄王子(後の倭王天智)と中臣鎌足が、蘇我氏の宗家である蘇我蝦夷の息子入鹿を宮廷で殺害して、蘇我氏を追放した。この政変で、倭王皇極が退位して、つづいて彼女の同母弟である孝徳が即位した。孝徳は、中大兄王子を太子とした。政変による葛藤を緩和するために、孝徳は、王位を継ぐ形で妥協したようである。そして、中臣鎌足を内臣に、渡唐留学生出身の高向玄理と僧侶旻を国博士とした。(85) 孝徳は、即位後、年号を大化として改新を断行した。

この大化改新の背景になった要因は、蘇我氏の専横という国内問題だけではなかった。唐帝国の膨張によって緊迫する国際情勢と、渡唐留学生が伝える新たな文物に対する知識は、倭朝廷の上下に新たな改革の必要性を拡散した。そうしたなか、六四五年に勃発した高句麗と唐の戦争によって高まった危機意識が、変化に向う動きを触発した。政変後に権力の座についた改新政府は、改革を図った。その具体的な改革の内容が収められた四項の「大化改新詔」については、それが実際に施行された時期のものであるのか、あるいは後代から遡及して仮託したものであるかを巡って、依然として議論が続いている。[86] すなわち、大化改新の内容として伝わる公地公民制であるとか、郡制と租税制などが、果してこの時期に施行されたものなのかという問題である。

図 20　「梁職貢図」を模写した「王会図」に描かれた三国の使臣の姿

一方、改新勢力の対外政策に、従前と異なる明らかな違いがあるのかも問題である。この面で、改新政権は、新羅と唐との関係で新たな模索を試みるが（後述）、表面上は急激な政策変化を生み出せなかった。

六四五年以降、倭の朝廷は、六五三年と六五四年に第二次・第三次遣唐使を派遣した。そして、高句麗・百済と交流し、新羅とも交渉関係を持続した。特に、互いに対立する百済と新羅のどちら側にも、完全に荷担する様子をみせようとはしなかった。情勢をみながら、自国の利益を追求する姿勢であった。六五四年末、高宗は、倭王に璽書を送り、出兵して新羅を救援することを要求した。[87] しかし、倭朝廷は、特別な動きをみせなかった。これは、それまでの立場、すなわち百済との友好的関係を継続して維持するという意味でもある。ただ、新羅に対しても明確な敵対的態度は取らなかった。百済と新羅が、倭国を物産が豊富な大国とみなして、競って倭国と交流しようとすることをみながら、情勢をうかがう姿勢と思われる。[88] こうした姿勢が長期間維持されたことは、唐の直接的圧迫を受けず、また、三国間の争いから一歩引いた、地政学的位置による面があった。唐の脅威は、高句麗が防禦してくれるものと考えたようである。[89] このような倭国の対外姿勢に対して、新羅は、なんとかしてそれを自国に有利な方向に旋回しようとした。

〔新羅〕六四五年以降、唐の勢力東進が高句麗によって阻止される状況で、新羅は、百済と高句麗の挟み撃ちに直面した。百済と連携した倭の動向も、心配の種であった。倭は、六四六年九月に新羅に使者を送って協議を試みた。孤立無援の状況で、懸案の問題に積極的に対処できなくなると、新羅人の間では国家の安危に対する憂慮が高まり、さらに内部の葛藤を増幅させた。ついに、六四七年初め、毗曇の乱という貴族間の大規模な内紛が勃発した（後述）。内紛の結果は、その後の三国統一戦争と新羅史の展開に大きな影響を及ぼしただけに、項を変えて具体的に検討する必要がある。

(2) 毗曇の乱

善徳女王一六年（六四七）一月初め、新羅の都で上大等・毗曇と廉宗らを中心とする一団の貴族が、叛乱を起こした。彼らは、「女主はよく治めることができない（女主不能善理）」を掲げて攻勢をかけた。善徳女王は、新羅最初の女王であり、真平王の娘である。真平王に息子がいないため、娘である彼女が王位を継いだ。ところで、前例のない女王即位を可能にするために、真平王は長い間、努力を傾けた。真平王は、五〇年以上の在位期間に王権を強化した。真平王四四年（六二二）と四六年（六二四）に、それぞれ王室所有の財貨と人力を管理する官庁である内省と、王室近衛部隊である侍衛府を設置するなど、王権強化の土台を拡充した。そして、理念的に新羅王室を従来から神聖な来歴をもつものと強調するために真種説話を掲げた。すなわち、釈迦の家が属する刹帝利《クシャトリア》身分の彼らが、輪廻転生して新羅の王族として生まれたというのである。真骨がそれである。真興王、真智王、真平王などの王号の「真」が、そうした意味を込めたものである。そうした真種説話のうち、真平王に関するものが最も劇的である。真平王の別名は、白浄王または浄飯王、真平王の王妃は摩耶夫人と称した。真平王の弟たちは、それぞれ伯飯葛文王と国飯葛文王と称した。これは、釈迦の父と母、そして、叔父達の名である。自ずと真平王と王妃の間には、釈迦が生まれねばならないが、あまりにも度が過ぎたためか、息子は生まれず娘二人だけであった。ところで、これは、真平王の別称王号があまりに度が過ぎていたためそうなったのではなく、実際には、その反対の過程をへて真平王の別号が生まれたものと思われる。すなわち、息子のいない真平王が、新羅の歴史上はじめて娘を次の王位継承者にしようという意図から、自らの直系家族が他の真骨貴族よりも神聖であると主張しようと自分たちを飾り立てる努力の一環として、王自身と王妃、そして弟たちの別号を上で述べたように釈迦の両親と叔父のそれになぞらえたというのが、実際の歴史的真実と思われる。聖骨観念もこの時に提起され、特別に真平王の家族と兄弟の家系で構成された「太子銅輪（真興王の息子で真平王の父）」の直系子孫を、真骨の中でも特に聖なる骨族として「聖骨」としたのではないかという。[90]

一方、娘に王位を継がせようという真平王の試みに、一部の貴族が反発した。真平王末年の六三一年に起きた伊飡・柒宿と阿飡・石品の謀反が、具体的な例として言及されてきた。[91]

いずれにせよ、真平王が死ぬと、「聖骨男子がいない（聖骨男尽）」といって[92]、娘が王位を継いだ。善徳女王その人である。善徳女王四年、国人が「聖祖皇姑」すなわち「神聖な祖先の皇統をつぐ女性」という称号[93]を捧げたという。

この称号の「皇」は、善徳女王三年に仁平と改元して創建した芬皇寺の「皇」とも通じるもので、忉利天に住む神聖なクシャトリアの後裔という仏教的な神聖観念を表し、「聖骨」観念を込めたものであった。

しかしながら、新羅最初の女王である善徳女王は、在位の間、正統性を確保するために神経を使わねばならなかった。『三国遺事』に伝わる女王の明敏さ、予知力、包容力などを誇示する「善徳王が微妙な機微を予め知った三つの出来事(善徳王知幾三事)」のような説話も、逆説的にそうしたことを物語る。そうした中で、六四三年、唐に救援を要請するために行った使者に対し、太宗は三つの対策を提示して、新羅は女性が王位にいるために隣国から侮られているといって、唐皇室の宗親一人を送るので王位に就けてはどうかと提案した。使者が帰国した後、復命する過程で、こうした太宗の言葉が知られるようになったであろう。そうでなくても、高句麗と百済の挟み撃ちに遭って民心が動揺しているなかで、相当な波紋を呼び起こしたであろう。特に、一部の貴族の間では、女王に対する不満の口実になった。六四五年五月には、太宗の高句麗侵攻に呼応して新羅軍三万が北進したが、百済軍が新羅西部国境を攻めて七城を攻略したことによって、これに対処するために、北進した軍を急遽退却させた。こうした軍事的失敗は、女王の指導力に対する不信を大きくした。六四五年一一月、伊飡・毗曇を貴族会議の議長である上大等に任命した[94]。貴族の不満をなだめるための処置と思われる。しかし、その後も新羅が直面する内外の条件は改善されず、その結果、女王に対する不満も収まらなかった。さらに、善徳女王は、結婚はしたものの、跡継ぎがいなかった。すでに、真平王が死んだときに、聖骨男子がいないので女王が即位するといったが、いま女王が死んだ場合、同じ論理によって聖骨で王を嗣ぐというのであれば、再び女王を擁立するほかない。実際に、そうした方向で王位継承者が予定されたか、有力視される状況ではなかったかという[95]。これに上大等・毗曇ら一部真骨貴族が、大いに反発した。そうした中で、女王の病気が悪化すると[96]、六四七年正月初め、上大等・毗曇を中心とした叛乱が起こった。その時に反乱軍が提起した名分「女主不能善理」は、実際にはすでに在位一六年になる善徳女王を主たる対象としたスローガンではなく、新たな王位継承者を狙ったもののようである(97)。

叛乱は一〇日余り続き、反乱軍が優勢であったが、金庾信を主軸とする王室軍に鎮圧された。この渦中で、善徳女王がこの世を去った。そして、金春秋・金庾信勢力の後援により、真平王の末弟である国飯葛文王の娘・勝曼が即位した。女王は象徴的な存在となって、結婚もしなかった。金春秋・金庾信勢力が、事実上国政を主導した。女王の在位期間には、真徳女王五年(六五一)に執事部が設置されるなど、官庁組織が整備されて中央集権化が大きく進展した。こうした面に注目して、金春秋・金庾信勢力の性格について様々な議論が提起されており、これらの勢力が前面に浮上する契機になった毗曇の乱の性格についての議論とも結びついて展開された。

毗曇の乱の性格に関して、これまで少なからず見解が出されている。ところが、毗曇の乱に関する直接的記録は、非常に少ない。そうした断片的記録に登場するいくつかの事実を中心に、乱の性格が論じられてきた。具体的にみると、毗曇の地位が上大等であるという点、乱を鎮圧する主軸となったのは金庾信であるが、彼の家門は地方出身であり、金春秋と深く関わるという点、金春秋が貴族会議により廃位された真智王の孫であるという点、反乱軍側の掲げた名分が「女主不能善理」であったという点、乱を鎮圧した後に即位した真徳女王代に、金春秋・金庾信勢力が実権を掌握して、急速に中央官庁の組織を拡大するなど中央集権化を進めた点などが、考察の対象であった。これらのうち、どの点をより重視してどのように解釈するのかによって、さまざまな見解が提示された。

まず、王権と貴族勢力の間の葛藤に、乱の性格を求める見解である。上大等は、貴族会議の議長とみられる。本来、王(麻立干)が貴族会議の議長であったが、法興王代に上大等が設置されたことによって、王は、貴族会議の直接的な制約から逃れることとなった。そうしたことから、上大等の設置は、王権強化を意味する。また、同時に、貴族会議は、弱化したとはいえ、依然として国政運営で主要な機能を担当したということで、上大等の存在自体は、王権強化の限界を表す面を持っている。設置された当初には、上大等に代表される貴族会議と王は、国政運営で相互補完的な関係にあった。しかし、六世紀半ば以降、王権が強化されるに従って、貴族会議による真智王廃位に見られるように、両者の間に葛藤が露呈した。そして、こうした過程の延長線上で、毗曇の乱が起きたという解釈である[98]。このように、王を頂点とする中央集権化を推進しようという勢力と、既存の貴族連合政権的な性向を維持しようという貴族勢力の間の葛藤を軸にして新羅中古の政治動向を把握したことは、長期的趨勢からみると妥当な面がある。実際に、毗曇の乱以降、真徳女王・武烈王(金春秋)をへて中央集権化が進んでおり、それは、中古期とは異なる新羅中代政権の性格を表している。ところで、「貴族勢力」といっても、そのなかには様々な分派があるであろうし、王権との関係にも差があるはずである。これは、すなわち、貴族勢力の様相に対して、更に具体的な把握が要求されることを意味する。

そうした側面を重視して、貴族勢力の中の様々な派閥を抽出しようという試みがなされた。問題は、何を基準に貴族の勢力を分けるかであり、実際に当時、そうした基準で貴族の勢力が結集していたのかである。その基準として提示されたものの一つは、親族関係であり、もう一つは、経済的関係である。

まず、提起されたのは、後者であった。すなわち、毗曇の乱は、村落共同体を基盤とする保守的な族長層である毗曇らと、金庾信のような花郎出身の進取的な新興軍事貴族の対決であって、後者が封建的な金春秋を支援して中央集権的な封建社会を構築する土台を成したという。そのため、この叛乱を古代から中世への過渡期に現れた事件として性格規定した[99]。ところで、当時、金春秋・金庾信勢力が中央集権化を推進するのに肯定的な作用をしたことは認められるものの、中央集権体制の構築がそのまま中世社会の到来を意味するということには同意しがたい。そして、毗曇と金庾信・金春秋がそれぞれもっている勢力基盤が、根本的に性格を異にするものなのかも疑問である。それだけに、毗曇の乱の性格をそのように規定することは、首肯しがたい。

一方、金春秋系を下級貴族または没落貴族、金庾信勢力を地方勢力として把握し、彼らが王権の強化を通じて慶州門閥貴族と対決したのが毗曇の乱であると理解する説が提起された[100]。この説は、中古期政治情勢を把握する基本的枠組みとしては、首肯しうる点がある。すなわち、地方出身者や下級貴族が王権と連携して、王権を強化するという趨勢がみえ、その延長線で武烈王以降の中代の王室が成立したことは認められる。しかし、こうした見方は、政治勢力の分類をあまりに単純化する危険性がある。金春秋は、母が善徳女王の姉妹であり、父は王室側近として内省私臣のような高位職を歴任した有力な真骨貴族であっただけに、彼を没落貴族や下級貴族とみなすことはできない。

もう一つの基準として提示されたのが、貴族間の勢力結集の土台が、親族関係であり、親族関係とそれに基づく血縁意識であったという主張である。系譜親族は、世代が進むにつれて包括する範囲が異なっていくが、七世紀半ばの真骨貴族の間で最も大きい範囲の系譜親族(maximal lineage)は奈勿王を始祖としたもので、これより小さい範囲の系譜親族が智證王系であり、下位の小系譜親族が太子銅輪系と真智王系であった。奈勿王系の大系譜親族会議で善徳女王の廃位を決議したものの、これに金庾信などが反発したことによって毗曇の乱が勃発したという説である[101]。また、真興王の二人の息子の子孫である真智王系と太子銅輪系の間の対立に乱の背景を見出そうとする説も発表されている[102]。細かい主張では相異もあるものの、二つの説は、どちらも系譜親族の間の血縁意識に、当時の貴族勢力が結集した具体的な動機を求めるという点では類似する。実際に、原始および古代社会において、血縁が個人間のつながりと結束に非常に重要な機能を果して、ある時には、それが個人の生存に絶対的な影響を及ぼすこともあり、当時の人々が、血縁関係の維持に格別な熱意を傾けたことは事実である。しかし、中古期末の新羅社会は、すでに社会分化が大きく進んでいて、部体制が解体するなど政治構造と運営において新たな秩序が形成されていた。それだけに血縁意識の重要性は、それまでに比べて大きく弱まっていたとみなければならない。この時期の政治勢力分化の主要因を血縁集団間の対立に求める場合、ややもすると血縁意識を政治的動向と同一視する危険性があり[103]、それが実際の状況と符合するかは疑問である。

一方、貴族間の明らかな違いが確認されない状況で、毗曇の乱の原因を内部で探そうということに反対して、外部の影響に求めようという視角が提起された。この見解では、「女主はよく治められない」という反乱軍側のスローガンを重視して、女王交替案が唐太宗によって提起されたことに注目し、乱の性格を規定するのに、唐の影響に対する貴族の対応姿勢を重視した。すなわち、新羅貴族を対唐依存派と自立派に分け、後者が王室を支持したとみた[104]。当時、新羅は国内外で苦境に陥っており、最初の女王である善徳女王の指導力に対する信頼が大きく揺らいでいる状況であったため、「女主不能善理」という論理は、女王に反対する貴族勢力に影響を与えることができただろう。ところで、問題は、女王反対派と支持派を対唐依存派と自立派として性格規定できるかどうかである。女王に対する不満はそれ以前からあり、国家的危機は、女王と次の王位継承者として女王が登場する可能性への反対を触発するかも知れない状況であった。しかし、強いて女王反対派を「対唐依存派」として規定しなくてはならないだろうか。「自立派」もやはり、唐との同盟を強化する方向で政策を展開したことをみると、そうした区分には無理があると感じられる。これは、あまりにも外因論に依拠して新羅政治を説明しようという主張であるといわざるをえない。強大な外国の影響は、常に留意しなくてはならないが、当時、その外交的影響が、各種の大衆言論媒体と通信手段が発達した近現代社会でのように、それほど深い反響を隣接国に呼び起こしうるほどではなかったという点を無視したものである。当時においても新羅が独自の年号と官服を使用していたことが象徴的に物語るように、唐の影響がそれ程深く新羅政界に作用する状況ではなかったと思われる。また、毗曇の乱を鎮圧した後、すぐに女王支持派、すなわち、いわゆる「対唐自立派」に属するとされる金春秋が唐へ渡って唐との同盟関係を具体化しており、真徳女王の朝廷は、独自の年号と官服を廃止して唐のそれを使用することに決定したという事実は、そうした分類が皮相的であることを物語る。むしろ、「女王不能善理」が、善徳女王の追求した政策と結果に、毗曇らが反対したことを意味するだけに、女王の政策に注目しなければならないだろう。対唐関係の面で善徳女王は、親唐政策を推進した。そして、女王支持派が乱の後に継続して執権して追求した施策も親唐政策であった。自ずと、毗曇一派がそれに反対したのならば、むしろ親唐政策に対する反発であった可能性もある。特に、六四五年、唐の援兵要請に応じて高句麗を攻撃したが失敗した後、女王反対勢力をなだめるための政策として上大等・水品を毗曇に交替したという事実を考慮すると、毗曇らはむしろ、女王の対唐依存政策に不満をもって乱を起こした可能性がある。つまり、女王反対派を親唐依存派と規定するのは、具体性を欠如した主張であるといえよう(105)。

次に、毗曇の乱の後に即位した真徳女王の在位期間に中央集権化が大きく進められ、金春秋・金庾信勢力が政局を主導した。こうした事実とともに、金春秋と金庾信の家門の背景と立身過程に注目して、その勢力の政治的性向を通して乱の性格を説明することが可能であろう。まず、個人的な面をみると、金春秋の祖父である真智王は、即位四年にして「政治が乱れて淫乱である」という理由で貴族会議によって廃位された。父である龍春は、王室所有の物資と人力を管理する内省の初代長官(私臣)となり、母は、善徳女王と姉妹である。こうした点は、金春秋が、貴族会議よりも王室に依存して自らの立身の基礎を設定したと推測される。

金庾信は、新羅に併合された金海の金官加耶王室の後裔である。その一家は、都に移された時に真骨に編入されたが、正統真骨貴族に冷遇を受けた。金庾信の父・舒玄が、真興王の弟・粛訖宗の娘である万明と恋愛して結婚しようとすると、万明の家の反対にあった。粛訖宗が、娘を家の中に閉じこめて互いに会えなくすると、ちょうど万弩郡太守に発令された金舒玄が、夜に塀を越えて入ってきて、万明を連れて任地に赴任し、そこで金庾信が生まれた。すなわち、事実婚によって仕方なく認めるという形式の手続きによって、金舒玄は名門真骨貴族の娘婿となった。

一方、これに対して、粛訖宗が婚姻に反対したのは、政治的理由からであったと推定する説が提起されている。すなわち、真平王の即位を助けて真平王の側近として活躍した粛訖宗[106]は、真智王系と近い金舒玄家門との婚姻に同意することはできなかったという主張である。しかし、加耶金氏家門が真智王系と結合したのは、金舒玄の息子である金庾信代になってからである。そのため、それに先立つ時期に金舒玄家門が真智王系と政治的結合をなしたとみる根拠は、確認されない。金舒玄との結婚に反対したのは、粛訖宗が加耶金氏家門を低く評価したためであるとみなければならない。そうしたことは、金庾信の妹・文姫が金春秋の妻になる過程でも繰り返された。すなわち、金庾信は、友人である金春秋と自分の家の近くで蹴鞠をしていて、わざと金春秋の裾を踏んで破った。それから自分の家にいって妹の文姫を呼んで、金春秋の破れた裾を繕わせた。こうした過程を経て、金春秋と文姫が結ばれることとなった。その後、妹が妊娠したことを知ると、殊更に怒って、妹が家長の許しもなく外の男に従ったのでこれに罰を与えるといって、某日某時に妹を火刑に処すると触れ回った。当日、人々が雲集して太鼓を叩き煙がたち大騒ぎとなっていた。ちょうどその時、善徳女王が南山に散策に出ていた。この光景をみて理由を問うと、周囲の人々はこれこれと答えた。善徳女王が、その男は誰であるかと問うと、ちょうど随行していた金春秋の顔色が変わった。善徳女王が推察して、すぐに彼を送って女を助けさせた。金庾信または彼と金春秋の共同計画による過程をへて、王の認定を受けて文姫と金春秋の事実婚が公的に認められた。こうした例は、金官加耶王族である金庾信家門が、慶州に移動した後に真骨身分として編入はされたものの、正統真骨貴族社会では依然としてアウトサイダーであったことを物語る。

金庾信家門は、真骨身分によるというよりは、実際的に祖父である金武力の代から金舒玄、金庾信に至るまで、武将としての卓越した能力によって頭角を現した。それによって、金庾信は、人に対する時に、相対的に身分より能力を重視する傾向があった。次の例も、そうした一面を伝えている。六六二年、対高句麗遠征から帰って文武王に復命すると、自らの判断で九等級である級飡の官位を与えた裂起と仇近に、さらに一等を上げて八等級沙飡を授与することを要請した。王が、度が過ぎるとして難色を示すと、金庾信は、「爵禄は公器であり功績によって与えるのに、どうして過ぎておりましょうや」と言って、王がこれに従ったという[107]。仇近は地方出身であり、裂起は史書に族姓が伝わらないことを見ると、平民か下級貴族の出身と思われる。金庾信は、平素、彼らの能力を評価して「国士」として扱った。出身身分ではなく、能力を評価して包容して抜擢する姿勢を堅持することで、当時疎外されていた有能な地方出身の人士や下位骨品出身の人士が、金庾信の門客として多く集まった[108]。対百済戦で金庾信の部下として大功を立て壮烈な戦死を遂げた丕寧子も、そうした人物であった。金春秋と金庾信は、こうした人々を糾合して自らの勢力基盤の一部とし、さらに、彼らを国家の公的秩序に包括するために、官僚組織の拡充と王を頂点とする集権体制確立を志向した。そうした中で、上大等を中心とした貴族会議勢力との葛藤を呼び起こしたのである。彼らは、毗曇の乱を鎮圧して真徳女王を擁立した後、実権を掌握して政局を主導した。それとともに、真徳女王の在位期間(六四七―六五三)に、新羅では中央官庁組織が大きく拡充された。真徳女王五年(六五一)、財政支出を担当する倉部、刑律と立法を管掌する左理方府が創設され、国家の政務を総括する最高執行機構として執事部が開設された。執事部は、王に直属して、政治的に強力な王権と中央執権力を支える機関であった。

これは、新羅中古期政治史の展開を、相互に拮抗関係にあった貴族会議対王権の対立から、しだいに後者の強化によって中央集権体制が確立されていく過程と理解する視角に基づいたものであり、国際情勢の危機の中で発生した毗曇の乱は、その決定的な契機になったと把握した、一定の意味をもつ理解と思われる。

(3) 新羅・唐同盟と高句麗・百済・倭連携[109]の形成

〔金春秋の倭国訪問〕真徳女王即位とともに対内的問題が一段落すると、新羅朝廷の最大課題は、当面する国家的危機の原因である対外関係の混沌を収拾して、対外政策の方向を確立することになった。この課題を解くために、権力の核心に浮上した金春秋が直接乗り出した。彼は、まず倭国を訪問して、懸案事項の折衝を試みた。

『日本書紀』によると、六四六年九月、倭の朝廷が渡唐留学生出身の高向玄理を新羅に送って、「質」の派遣を要請した。これに応じて、毗曇の乱が鎮圧された後である六四七年に、高向玄理とともに金春秋が倭国に渡った。[110]もちろん、彼の倭国訪問は、新羅王の命によるものであるが、主として彼の判断と意思に基づいたものであろう。人質は、普通、相手国に対する屈従を表現するために送られ、長期間その国に留まる人のことをいう。しかし、金春秋は新羅最高の貴族であり、倭国を訪問した後、すぐに新羅に帰還した。さらに、唐に使者として派遣されている。金春秋が倭の人質として行ったのならば、こうしたことは想定しがたい。そのため、彼を人質と表現したのは、『日本書紀』編纂の際に、新羅の中代王室を開いた君主である彼を人質と規定することで、「蕃国」新羅に対する日本の優位を示そうという『日本書紀』編纂者の作為の所産であるとする見解がある。[111]さらに、彼の倭国訪問記事それ自体の信憑性を否定する説が発表された。[112]しかし、この時、金春秋が倭国に行ったことは事実と思われる。彼の倭国訪問で留意される事実は、彼が伊飡の官位を持つ新羅の高位貴族であり、[113]新羅政界の実力者であったという点である。それまでの場合、新羅使臣の官位が高くても級飡や沙飡であったこととは、明らかに異なる。これは、それだけ新羅側としても、そして「質」、実際には高位貴族の訪問を要請した倭国としても、彼の倭国訪問を通して何かを追求したことを物語る。これに対しては、彼が倭国に対百済戦の軍事援助を要請したのであろうという推定が、かつて提起された。[114]長い間、百済の支援国である倭国に兵を請うかは疑問であるが、わざわざ新羅の高位貴族が倭国を訪問しただけに、百済に対して倭国は軍事的支援をしないで欲しいと要請した可能性は排除できない。高位級会談で倭国との関係改善を図ろうという試みは、新羅に重要な意味を持つものであった。

そうであったとすると、倭の朝廷は、どのような背景から、どういう目的で高向玄理を新羅に派遣して、高位貴族の派遣を要請したのであろうか。ここで注目される点は、高向玄理が、六〇八年に僧旻とともに隋に渡った留学生出身であり、彼は六四〇年に帰国するときに新羅を経て倭国に帰り、大化改新の後、国博士として僧旻とともに改新政権の主要ブレーンとして参与したという事実である。僧旻も、六三二年に唐から新羅を経て帰国した。そして、改新政権は、親百済的な蘇我氏勢力を打倒して権力を握った。こうした点を考慮すると、高向玄理と金春秋の相手国訪問は、何かを巡って両国の協力が試みられたことを感じさせる。[115] 六四六年は、まさに唐の東方侵攻があった次の年であり、その戦争で新羅は唐の側に立って参戦し、百済は新羅を攻撃して唐の反対側に立った。高向玄理は、唐帝国の威力をよく知っている人物であり、少なくとも反唐的な人物ではなかったようである。彼が唐から帰国するときに新羅を経て倭に帰ったことから、むしろ、唐―新羅側に友好的な立場を持ちうる人物であろう。最小限、新羅と対話が円滑になりうる人物であるため、彼を新羅に派遣したのであろう。そして、新羅を通じて、何か唐との関係改善を希望する倭国の立場を伝えようという意図があったものと推定される。その点で留意されるのは、倭が、六四八年に新羅使に依頼して唐に国書を送り、交渉を試みたという事実である。[116] この年に、金春秋の場合を含めて、新羅は唐に三度使いを派遣した。金春秋が倭の国書を唐に伝えたのだろうと見る見解もあるが[117]、いつ倭の国書が伝えられたのかは確定しない。当時の国際情勢において、新羅が倭の国書を唐に伝えることは、新羅や倭国としては重大な事案である。こうした重要問題を、高位貴族である金春秋が倭に行ったときに、議論したであろうと考えるのが正しいだろう。

事実、六四六年九月、倭の朝廷が新羅に「質」を送ること、実際には高位の人物を派遣することを要請した時に、この問題も考慮したであろう。当時、倭と唐は、六三二年に唐の使者・高表仁の倭国訪問の際に摩擦があった後、国交が途絶した状態であった。こうしたことを把握していたので、金春秋は、直接倭に渡って改新政権の核心人物と交渉しようとしたのである。具体的に両者間で協議された内容がどういったものかは、知られていない。また、倭が新羅に、そして新羅を通じて唐に伝えようというメッセージの内容も伝わっていない。推測するとすれば、倭が高句麗―百済側に一方的に偏ることはないという意思を伝えようとしたのではないだろうか。そうした意向を表したことがあったため、倭国は、長い国交途絶の後である六五三年に、第二次遣唐使として二四〇名に達する、その多数が留学生である大規模使節団を唐に派遣し(118)、翌年六五四年には第三次遣唐使を新羅道によって派遣した(119)。唐高宗が倭王に璽書を送り、出兵して新羅を救援することを要求したのは(120)、この頃に帰国する倭国の遣唐使を通じてであった。同時にこれと関連して留意される点は、金春秋に続いて六四九年に倭に派遣された新羅の使者が、金多遂であったという点である。彼は、唐に朝貢使として行っており、六四四年に帰国する際、対高句麗戦に新羅の参戦を促す唐太宗の詔書をもって帰ってきた。それだけに彼は、唐と新羅の対外政策をよく知っている人物であった。そうした彼を金春秋に続いて倭国に派遣したことは、倭国を新羅―唐側に引き入れようという意図を持ったものといえるのであり、当時、倭国が唐と関係改善を図ろうとしたことに対し、適切な諮問をなしうるという判断による処置であった。

ところで、六四六年以降、倭の対外関係を見ると、先に述べたように、倭が対外政策を明確に変更したようには思えない。すなわち、新たな可能性を探ったものの、高句麗―百済 対 唐―新羅という対立軸で、どちらかの側に傾く選択をして、路線を明らかにしたようにはみえない。それは、結果的に、百済との友好関係を重視したそれまでの対外政策を維持したことを意味する。これは、金春秋が倭国に行って倭朝廷の人々と新羅と倭の関係改善のための協議を行なったが、これといった実を結ばなかったことを物語る。そこで、金春秋は新たな突破口を模索した。

〔新羅・唐同盟の成立と百済と倭の対応〕倭国にいって訪問外交を繰り広げたが、成果をえられずに帰国した金春秋は、新たな方案の模索に没頭した。その時、ちょうど唐との間に年号使用問題が発生した。六四八年三月、唐に派遣された新羅使臣に対し唐太宗は、新羅が独自の年号を使っていることを問題とした。新羅で政変以降、新たな王が即位したことを機会として、年号問題を提起して新羅の気を挫いて屈従させようという意図とみられる。これに対して金春秋が、唐に派遣された。

金春秋が唐に渡ると、太宗は光禄卿に命じて郊外に行って迎えさせるなど極めて優待した。金春秋に特進の官爵を与え、息子・文王に第三品の左武衛将軍を封じた。特進は第二品であり、当時の唐朝廷の金春秋に対する配慮を読み取れる。[121] 彼に関して『旧唐書』『新唐書』新羅伝は、人物が秀でていて言葉巧みであると記述している。金春秋のこうした面は、倭国を訪問したときも『日本書紀』にそのように記述され伝わる。しかし、唐朝廷の金春秋優待は、もちろん彼が持つ個人的特長によるものだけではない。

当時、唐朝廷は、数年の間、撃っては退くという方法で高句麗を悩ます消耗戦を行なっていた。その結果、高句麗が疲弊したという報告に接した。そこで、太宗は、次の段階として、六四九年に大規模な兵力を投入する全面的攻撃に出ることを公布した。こうした方策とともに太宗が、六四五年の戦争後、もう一つの対高句麗戦の新たな戦略として注目したのが、高句麗の西部国境線以外の他方面に第二の戦線を構築して高句麗の防禦力を分散させ、同時に侵攻軍の最大の弱点である軍需品補給の困難を解決してくれる勢力を探すことであった。そうした時に、新羅の戦略的位置と新羅軍の武力に再び注目した。六四五年の高句麗侵攻の際、太宗は新羅・百済などに軍事的助力を促したが、あまりに強大な唐帝国の軍事力に対する確信があったため、新羅軍の存在を大きく評価しなかったのが事実である。しかし、一度失敗した後、彼は再び新羅の存在に注目するようになった。そうしたところに新羅の有力貴族である金春秋が唐に来たので、盛大に歓待したのである。

金春秋は、長安に留まりながら李世民に拝謁するとともに談笑して、唐朝廷の重臣と交流して唐と新羅の利害関係を互いに確認した。新羅としては、唐に依存して高句麗と百済の圧迫から抜け出る道を模索しようとし、唐は、高句麗攻略戦に新羅を動員する必要性が切実であった。こうした両国の利害関係の一致を背景に、金春秋は、唐訪問を効果的に行なって帰国した。この時、彼は、息子・文王を長安に留めて宿衛させた。唐朝廷に金文王が宿衛することは、新羅としては、唐と交渉するのに有利な拠点を確保したこととなり、金春秋個人としては、息子を唐朝廷に置いて唐の有力者と交流させることで、今後予想される真徳女王以降の局面対応に競争相手である他の真骨貴族より有利な立場を占めたことになる。文王が帰国した後にも、金春秋は長男法敏(後の文武王)を六五〇年に唐に使いとして派遣するなど、唐との交渉を主導した。

それでは、今回の唐訪問で、金春秋と李世民の間にどのような具体的協約が結ばれたのだろうか。この点で注目されるのが、文武王が六七一年に唐将・薛仁貴に送った書簡である。[122] これは、この年七月、新羅が信義に逆らって唐を攻撃したことを詰問する書簡を薛仁貴が文武王に送ってきたことに対する返答として送ったものである。ここで文武王は、唐の背信に言及しており、具体的には、六四八年に金春秋と李世民の間で、高句麗と百済を滅ぼした後、平壌以南地域は新羅に帰属させるという約束があったことを挙げている。当時、両者間にそうした合意があったのかは、『三国史記』の該当記事の他には確認されない。そのため、あくまでも唐との開戦を合理化するための意図から作られた新羅の一方的な主張にすぎないとして、その事実を否定する見解がある。[123] しかし、先に言及したように、『三国史記』以外の記録にはこれに関する言及が見いだせないという点が、即この記事が事実であることを否定する根拠にはなりえない。この合意が政治家・金春秋と李世民の間の対話で成立したものであれば、別途、公式的記録として残らないこともありえ、当時、高句麗遠征を控える李世民の立場からは、そうした方法で金春秋を懐柔しようとした可能性がある。そのため、この約束の存在を軽々しく否定することはできない。六四八年当時、二人が平壌以南地域を新羅領にすると約束したとすれば、それはすなわち、唐軍が、対高句麗戦を遂行するために百済攻撃を敢行することに同意したことを意味する。すなわち、唐の究極的目標である高句麗滅亡に新羅が協力する代わりに、唐は新羅の一次的目標である百済攻略に賛成するという合意である。六四五年の戦争の場合で見られるように、唐の要望通り新羅軍が対高句麗戦に積極的に参戦して成果を挙げるためには、まず、側面の百済を屈服させる必要のあることは明らかである。そして、唐太宗は、既に六四三年に救援を要請する新羅の使臣に提示した三つの対策の一つとして、海を越えて遠征軍を百済に送る方略に言及したことがある(124)。もし、唐軍が新羅軍とともに百済攻略に出たならば、その戦略は海路を通じた攻撃になる。そして、高句麗攻略が最終目標であれば、百済攻略はそれより先に進められうる。

こうしてみると、六四八年の金春秋と李世民の会談によって、事実上、両国間の軍事同盟の大きな輪郭は描かれたと言えるだろう。もちろん、いまだ軍事作戦計画や出兵時期などは具体化していない。

唐から帰国した金春秋は、新羅朝廷に建議して官服の様式を変えて唐と同じものとし、それまで行なっていた固有の年号を廃止して唐の年号を使用することとした。年号を変えて服色を新たに定める(改正朔、易服色)ことは帝王だけができることであり、天下に新たな秩序が樹立されたことを宣布する意味を持つ。新羅がとった処置は、別の意味で新たな世を迎えるという宣言であった。すなわち、独自の官服と年号の廃止は、新羅が唐中心の天下秩序に帰属するということを象徴的に表したものであり、新羅の対外関係の方向性を内外に可視的に明らかにした処置といえる。

一方、唐は、六四九年に李世民が死ぬと、予定されていた高句麗遠征は中止された。しかし、つづいて即位した高宗は、継続して高句麗攻撃の政策の手綱を緩めなかった。軍事的には、先に言及したように六五〇年代に入ると、契丹族の間に延びていた高句麗の勢力を除くために圧迫を加えた。これを通して唐は、揺らいでいた契丹と遼西一帯に対する支配権を再び強化して、さらに高句麗に対する外交的・軍事的包囲網の構築に積極的に出た。

六五一年、唐にきた百済の使者を通じて送った璽書で、百済が新羅から攻め取った城を返して互いに友好的になることを要求して、新羅に攻撃を続ける場合、唐が介入することを明らかにした。[125] そして、六五四年、倭に送った璽書で、新羅を支援することを明示的に要求した。[126] 新羅・唐の同盟は、いまや国際的に明確に表明された。それはすなわち、唐－新羅対高句麗の対決でどちら側を選ぶかについて、立場を明確にすることの強要であった。いまや、立場の留保が次第に難しい情勢になっていた。

これに対応して六五二年以降、百済は、唐への使者派遣を中断した。反面、倭にたいしては、六五〇－六五六年まで毎年使節団を派遣したと『日本書紀』は伝える。『三国史記』百済本紀には、六五三年「倭国と通好した」と特記している。こうした百済の動きは、すなわち、高句麗－倭と連携して、唐－新羅に対抗しようという立場の表明とみなければならないだろう。ところが、倭は、いまだその立場を明らかにしなかった。

大化改新以降、倭国は、それまでの百済との親密な関係は継続維持したが、新羅との関係を疎遠にした訳ではなかった。高句麗とも緊密な関係を維持した。唐とも交渉再開を試みた。倭は、六三三年、前年に新羅をへて倭国に来た唐の使臣・高表仁と倭王との間で儀典上の争いがあってから、唐と公式的な交渉を途絶していたが、六四八年、唐に行く新羅使に依頼して国書を唐に伝えた。[127] 六五三年に第二次遣唐使を派遣し、六五四年に第三次遣唐使の派遣があった。後者は、新羅道を選んで、山東半島の萊州に渡った。すなわち、新羅の協力をえて唐に使者を派遣したのである。

唐―新羅―倭をつなぐ交通路は、以前から倭の学問僧や留学生などが唐に派遣される時や帰国する際に利用された。こうした交通路活用は、新羅と唐の両側が支援しており、それは倭と関係改善しようという政策的意図と決して無関係ではないだろう。[128] 新羅は、倭との友好維持、もしくは倭を唐―新羅側に引き入れようという努力を継続した。

六五〇―六五六年の間に、新羅は毎年倭に使者を送った。この時期、唐の高宗が百済や倭に璽書を送るなど、積極的に新羅を支援する外交的措置を取っていたが、それに応えて新羅は、それまでの倭との関係に新たな突破口を探そうとした。それは、倭に百済―高句麗側ではなく、新羅―唐側を選ばせようというものであった。そうした試みとして劇的なのは、六五一年に新羅の使者が、唐様式の新たな官服を着て倭を訪問したことである。これに対して倭の朝廷は、彼らの接見を拒否するなど激しい反応を見せて、右大臣である巨勢徳陀古は、「難波から筑紫まで船を浮かべて」武力示威をして、新羅を屈服させようと主張した。[129] 新羅の使者が唐服を着用したことは、唐と連携した新羅が露骨に倭国を脅かす示威であると受け取ったのである。新羅としては、唐との結束を誇示しながら倭の選択を促したものといえよう。百済・高句麗と対決していた新羅は、背後の倭に対して常に敏感に注意を傾けないわけにはいかない形勢であった。ところが、いまや新羅は、具体的紛争の要因である唐服用式の新たな新羅官服が物語るように、唐と同盟を結んでいるため、もし、倭と対決する状況になっても、倭―百済―高句麗 対 唐―新羅の戦いになるので、十分に勝算があるという計算であった。実際に、その後の状況は、倭の朝廷がこの問題の拡大を望まず、新羅の使者を送り返すことで決着を付けようとした。新羅としては、唐との同盟を確実なものにして百済との最後の決戦を準備する状況で、倭の微温的な態度は、不満であると同時に脅威の要素であった。そのため、どうにかして味方に引き入れるために官服による示威も試みつつ、六五〇―六五六年まで毎年倭に使者を派遣して折衝しようとした。

しかし、倭は依然として唐―新羅側と高句麗―百済側が対峙する状況で、明らかな、少なくとも外向けに提示された立場を表明せず、慎重な両面外交を駆使していた。これは、島国であるため唐の圧力が直接及ばず、また、三国のように国境を接して互いに角逐する状況にないためでもある。さらに、百済、新羅、高句麗が競って協力を要請してくる状況で、倭はゆったりと国益を最大化できると判断した可能性がある。しかし、状況はそれほど余裕のある進展をみせなかった。

新羅と唐の協議が進展すればするほど、倭のこうした外交姿勢は新羅にさらに負担となった。すなわち、百済や高句麗に対する何らかの決定的戦略を唐と樹立しようとしても、倭の動向がどうなるかが変数となるため、積極的に推進することができない。そして、当時、倭は継続して唐と新羅に使節を派遣しているため、両国の何らかの企図が倭に漏れる可能性もあり、その場合、それは百済や高句麗にすぐに伝わりかねない状況であった。また、新羅の立場からは、倭の遣唐使が唐に働きかけて、せっかく新羅が駆使した唐・新羅の同盟路線を妨げる状況が起きる可能性も排除しがたい。新羅は、すでに倭の立場、すなわち唐－新羅の側に立つ意思がないことを確認して、これ以上倭との関係にこだわるよりは、倭との対決の意思を明らかにして、それに伴う準備をした方が状況進展に対応するのに有利であると判断したようである。それによって六五七年、倭の朝廷が、新羅をへて使者と留学生を唐に派遣できるように協力を要請したが、新羅朝廷はこれを拒否して、彼らを倭国に送り返した。(130)この後、新羅と倭の公式接触は断絶した。(131)

いまや、東北アジアの国際関係の構図は明確となった。すなわち、唐－新羅同盟　対　高句麗－百済－倭の連携の対峙である。それでも倭の朝廷は、こうした構図とそれが内包する深刻さを把握できないまま、六五九年七月にも唐に遣使した。しかし、六五九年末に倭の遣唐使一行が帰国しようとすると、唐の朝廷は、翌年の対百済戦の機密がもれることを憂慮し、これを留めて彼らを長安に抑留した。(132)百済もまた、六五九年にも新羅の辺境を攻撃するなど、国力を浪費して時を過ごしていた。今や戦争の暴風が、全面的に朝鮮半島を席巻しようとしていた。

第二章　百済の滅亡と百済復興戦争

第一節　泗沘城の最後

百済の運命を決定する戦争計画は準備されたが、いつ火蓋を切るかの確定には、まだ一つ条件が残っていた。それは、対百済攻撃軍の主力である唐軍の活動を制約しうる他方面での脅威を解決することである。この時期、唐の西部地域では、分裂していた西突厥を阿史那賀魯が統合して勢力を振るっていた。これを排除もしくは統制しなくては、朝鮮半島方面の作戦を効率的に行なうことに困難が予想された。そこで、唐は、蘇定方を司令官とした遠征軍を派遣した。六五七年一一月、蘇定方は、西突厥を撃破して、その可汗・阿史那賀魯を石国（Shash）で生け捕りにした。これにより西突厥は滅亡して、唐は伊犂河流域の西突厥の地に崑陵都護府と濛池都護府を設置した。ところで、この地域で六五八年と六五九年にふたたび蜂起が起こると、蘇定方を「安撫大使」として唐軍を再度投入して反乱軍を制圧し、「パミール高原以西地域を平定した」[1]。蘇定方は、六六〇年正月、生け捕りにした反乱軍首領の都曼を連れて洛陽に凱旋した。

一方、唐は、百済攻略戦に先立って、六五八年と六五九年、高句麗の西部国境に攻撃を仕掛けた。すなわち六五八年、程名振、薛仁貴などを将として高句麗の赤峯鎮を攻略し[2]、六五九年一一月に契苾何力と薛仁貴が遼東地域を攻撃した[3]。すでに、対百済攻略戦計画が確立した状況における一連の唐軍の作戦は、高句麗の防御力を西部国境に集中させるためのものであった。つまり、対百済戦が起きた場合に、高句麗がこれに介入して派兵することがないようにするための一種の陽動作戦といえよう。

ついに、六六〇年三月、蘇定方を遠征軍司令官とした一三万の唐軍が、百済に向って進発した。新羅へも出兵の情報が伝えられた。武烈王(金春秋)と金庾信が率いた新羅軍は、五月二六日に都を出発し、六月一八日に南川停(利川)へ至った。六月二一日、武烈王は太子・金法敏を西海の徳勿島に派遣して唐軍を迎えさせた。両国は、七月一〇日に百済の都で両軍が会うことに軍期を定めた。この時、両軍は、互いに相手側に一部の将を送って、両軍が協力して作戦を効率的に進められるようにしたようである[4]。ここで武烈王は、太子法敏と金庾信らが率いる五万の精兵を派遣した。金庾信は、七月九日、黄山の原に進んだ。唐軍は、徳勿島で一〇日以上、それまでの航海による疲労を解いて休息を取った後、白村江に向って進発した。

一方、百済朝廷は、新・唐同盟軍が攻撃してくるという知らせに接すると慌てふためき、どのように対応するかで議論が紛糾した。主たる防御策として百済朝廷で提起されたのが、白江(錦江)河口を塞いで敵の海軍が白江に侵入できないようにし、陸路は炭峴を封鎖することであった。これについて『三国史記』百済本紀では、成忠が以前、同じ内容を建言したことがあり、今回は、流配されている興首が諮問の要請を受けてこの計略を述べたが、他の貴族の反対により受け入れられず、その結果、敵軍がこれらの要衝地を特に困難もなく通過できたと述べている。すなわち、こうした叙述の背景には、奢侈享楽とともに、忠臣の建言を排斥した無能と分裂が、百済滅亡の主原因であったので、そこから教訓を得なければならないという史書編纂者の史観が強く存在する。

ところが、実際の戦争の様相を見ると、必ずしもそうとのみはみられない。成忠と興首の主張は、敵軍が要衝地に侵入すること自体を防がねばならないという主張である。それに対して他の貴族は、敵軍を要衝地に侵入させた後に、馬や船が並んで横隊をつくって進めない狭い進撃路の途中で敵軍を邀撃しようという主張であるといえよう。前者は、有効な防禦策であるかもしれないが、陸軍の場合、敵軍が迂回する進撃路を選ぶ可能性もあり、海軍は、上陸地点が異なる可能性もある。だからといって、上陸可能なさまざまな場所や交通路に兵力を分散配置すれば、敵軍がある地点に殺到したときに防禦力が弱化するのは明らかである。こうした点を考慮すると、必ずしも前者の方策が優れているとはいえないという反論も可能である[5]。百済朝廷での対応戦略を巡る議論は、こうした点に起因したものといえよう。

こうして議論を繰り広げている間に、新羅軍が炭峴を過ぎて西進して、百済軍五千は黄山の原にでて最後の決戦に臨んだ。この時、百済軍は、黄山の原に三つの軍営を築いて、互いに支えながら防禦態勢を取っていた。おそらく、佐平・忠常と常永、そして達率・階伯が、それぞれ一つずつ軍営を指揮したのであろう[6]。しかしながら、戦闘に臨んだ百済軍を率いた中心人物は、階伯であった。階伯は、黄山の原に出陣する前に自らの妻子を殺した。これについて朝鮮初期の人・権近は、戦う前に敗北意識にとりつかれて兵士の気を削ぐ、「無道狂悖」な行為であると非難した[7]。果たして、そのように見なければならないだろうか。命は、全ての生命体がもっとも大事にするものであり、妻子は、人間がもっとも愛する者たちである。家族の命を自ら絶って戦場に出るということは、すなわち、全てのものをなげうって、生死を超えて戦いに臨むという悲壮な意思を表したものである。将軍の家族を犠牲としたこの壮絶な祭儀を通じて軍の心は一つにまとまり、百済軍は戦闘において、圧倒的多数である新羅軍の攻勢を四度も撃退した。すると、今度は、新羅軍が官昌と盤屈など少年花郎を散華させて、兵の士気を鼓舞した。純潔な生命を捧げものとした祭儀により、戦闘の恐怖と死への恐れを乗り越えさせることは、両軍とも同様であった。結局、勝敗は、両軍のもつ基本的な力量の差が決定した。階伯は、将兵とともに闘魂を燃やして最期を迎えた。この戦闘で百済軍は大敗して、佐平・忠常と常永など指揮官二〇名余りが捕虜となった。

一方、白村江では、百済軍が河口を塞いで川辺に軍を駐屯したが、唐軍が川の左岸に上陸して山の上に登って陣を築いた。つづく両軍の接戦で、百済軍が敗北した。ついに満潮を迎えると、唐の海軍は一斉に川をさかのぼって進撃し、泗沘城付近まで進んだ。ここで兵を止めて、西進してくる新羅軍と合流した。ところが、両軍が合流すると、すぐに事件が起きた。唐軍司令官・蘇定方は、新羅軍が約束した期日から一日遅れの一一日に泗沘城に到着したことに対する懲罰として、新羅軍の先鋒・金文頴を斬首しようとした。百済攻略戦の際、唐の高宗は、蘇定方を神丘道行軍総管、金仁問を副総管、新羅の武烈王を嵎夷道行軍総管に任命した。大唐平百済国碑によると蘇定方は、神丘・嵎夷・馬韓・熊津など一四道の大総管であり、形式からすると新羅軍は、彼の麾下に属して統制を受けなければならない地位であった。そして、先に述べたように、唐の将軍が嵎夷道副総管として配属されて、ともに参戦していた(8)。しかしながら、こうしたことは、あくまでも両軍が協力して作戦の効率性を期するための処置であって、実質的に新羅軍の統帥権自体を蘇定方が掌握したことを意味するのではない。ところが、いま新羅の将軍に対する刑罰権を行使することが容認されれば、そうでなくても一三万という優勢な軍勢をもつ唐軍に、殊更に新羅軍の統帥権が渡ってしまうことになってしまう。これに対して金庾信が強く反発した。金庾信は、蘇定方が処罰を強行するならば、まず唐軍と一戦することも辞さないという強硬な姿勢をみせた。これに蘇定方は折れて、問題が収められたと『三国史記』は伝える(9)。すでに両軍の間に葛藤の芽が育っており、留意すべき点である。

ひとまず状況を収めた後、七月一二日、両軍は泗沘城を包囲して、所夫里に陣を置いた。一三日、義慈王と太子孝は、熊津城に逃走した。[10] 熊津城は山間に位置するため、防禦には平滑な泗沘城より有利であり、泗沘城と熊津城が互いに維持して敵を前後から牽制する情勢として、侵攻軍に対抗する形勢をとろうとしたのかも知れない。しかし、すでに大勢は決定的に傾いた状態であった。王が去った後、王子・扶余隆と大佐平・砂宅千福らが城を出て降伏した。泗沘城に残っていた王子・泰が即位すると、叔父が王位に就いたのをみた太子・扶余孝の息子達が不安を感じて、城門を開いて降伏した。これ以上支えられなくなった扶余泰が降伏した。[11] 続いて義慈王と扶余孝も、熊津方の軍隊とともに降伏した。[12] この時、大将・祢植が王とともに降伏しているが、[13] おそらく熊津方領であった彼が、事実上、王と太子を生け捕りにして降伏したものと思われる。[14] この日は、唐軍が伎伐浦に上陸した七月九日からわずか九日後である七月一八日であった。数百年続いてきた百済王朝の命運は、こうして尽きた。滅ぶことのない王朝がどこにあり、永遠に陥落しない城がどうしてありえようか。とはいえ、四〇名を超える義慈王の息子や、[15] 高位貴族はすべてどこに行ってしまったというのか。城を枕に社稷とともに運命を共にするものがみられない、あまりにあっけない王朝の最後である。

百済の滅亡について、日本に帰化した高句麗人僧侶・道顕が、著書『日本世記』で次のように言及していると『日本書紀』に伝える。

高麗沙門道顕の『日本世記』に「七月に云々。春秋智(金春秋)が大将軍蘇定方の手を借りて、百済を挟み撃ちにして滅亡させた」という。ある人がいうには、「百済は自ら滅んだ。王の大夫人が妖しく邪悪な女であり、無道で思いのままに権力を奪って、立派で善良な臣下を殺害したためこうした災いを呼んだ。慎まなければならない、慎まなければならない」という。その注に「新羅の春秋智は、高句麗の内臣蓋金に請うたことが受入れられないと、唐に使者としていって自国の風俗の衣冠を捨てて天子に諂って従うことを願って、隣国に災いを及ぼしてその意図することを成し遂げた」という。(高麗沙門道顕日本世記曰、七月云云、春秋智借大将軍蘇定方之手、使撃百済亡之、或曰、百済自亡、由君大夫人妖女之無道擅奪国柄、誅殺賢良故召斯禍矣、可不慎歟、可不慎歟、其注云、新羅春秋智不得願於内臣蓋金、故亦使於唐捨俗衣冠請媚於天子、投禍於隣国而搆斯意行者也)[16]

ここでいう「大夫人」は、義慈王の妃である恩古である。ところで、ここで留意される表現は、「百済は自ら滅んだ」という評価である。これは、陥落直後、泗沘城の主要な寺院である定林寺の五層塔に刻まれた大唐平百済国碑に記された百済の滅亡原因に対する言及とも通じる一面をみせるが、その内容をみれば次のとおりである。

いわんや外には正しい臣下を棄て、内には妖しい婦人を信じ、刑罰はただ忠良な者にのみ及び、寵愛と信任はへつらう者にまず与えられた。(況外棄直臣、内信妖婦、刑罰所及、唯在忠良、寵任所加、必先諂倖)[17]

もちろん、この碑文は、征服者が侵略を正当化するために、百済が滅びるほかなかったことを主張するために述べたものである。それだけに、文面そのままに全て信じることはできない。しかし、『日本書紀』の記述と符合する一面もあり、義慈王が権力運営において王妃に依存する、偏った面をみせたことは、ある程度認められるだろう。そうしたなか、次第に、奢侈と快楽におぼれることも見られるようになった。『三国史記』百済本紀・義慈王一六年(六五六)三月条の「王が宮殿の家臣と享楽に耽った。佐平・成忠はこれを諌めたが、王の怒りを買って下獄された。その後、誰も諌めるものはいなくなった」という記事は、そうしたことを伝えている。こうした国政運営の乱脈が、貴族間の分裂を生んで無力感を植え付けて危機を大きくすると、能動的な対応ができなくなったのである。特に、変化する国際情勢に対する洞察や相手国の情報把握が、十分にできなくなった。唐が海を越えて大軍を派遣して攻撃する可能性を、真摯に考慮できなかったようである。高句麗が北方で唐軍の侵攻を阻止するであろうから、唐が侵攻しても、まず、高句麗を攻撃するはずで、それによる激戦が起こっている間に対応策を求めても大丈夫であるという考えだったようである。すでに、唐の高宗から攻撃の可能性を警告され、新羅が唐と同盟を進めていることをよく知りながらも、義慈王を始めとする百済支配層は、惰性に馴れた無事安逸と、想像力の貧困によって、佐平・成忠や興首が提案した水陸両面にわたる新・唐軍の侵攻の可能性に対する備えを無視して、突然攻撃を受けると右往左往するだけで、百済を滅亡の深穴に巻き込んでしまった。

都城が陥落して国が滅びると、王と貴族も苦難を経験したが、人々はさらに悲惨な状況にあった。城が陥落すると常にともなうのが、略奪である。六四五年、唐軍が高句麗を侵攻した際、白巌城攻略戦で太宗が白巌城城主の降伏を受入れて略奪禁止令を下すと、唐軍司令官・李勣は、「戦士達が、弓や石を浴びせられても耐え忍んで真っ先に城壁に登ろうと突進するのは、勝利に続く略奪を期待しているためである」といって不満を吐露した(18)。これは、白巌城の場合に限定されることではなかった。当時の一般的な状況であったといえる。都城が陥落すれば、まず、宮殿と官庁、倉庫、貴族の邸宅、つづいて民家が略奪の対象となる。その過程で、物資はもちろん、人々も略奪の対象になった。平民でも例外ではない。都城の略奪が終われば、その次は、近隣の王陵や寺院の番である。現在、扶余や公州郊外にある天井の角に大きな孔が空いた石室封土墳は、ほとんどこのとき盗掘されたものとみられる。一九九三年、扶余陵山里古墳に隣接する百済の寺址で発見され収集された金銅龍鳳香炉も、この時、僧侶が侵略軍の略奪を避けるために臨時の方便として埋めておいたものであるが、奇跡的に保存されて姿を現したのである。

戦争後には、戦勝を記念する祝賀の宴が行なわれる。被征服国の王は、この席を飾り立て、勝者の征服欲を満足させる獲物である。七月二九日、武烈王が今突城から泗沘城に到着した。続いて八月二日に大宴会が開かれ、将卒に豊富な食べ物と酒が提供された。この時、武烈王と蘇定方などの諸将が堂上に座り、義慈王と扶余隆らを堂下に座らせた。そして、義慈王に酒をつがせた。この光景に百済の貴族は泣いたが、勝者の快感を鼓舞するばかりであった。義

図 **21**　龍鳳香炉出土状況

図 **22**　龍鳳香炉

慈王への侮辱は、これで終わらなかった。

ところで、戦勝儀式は開催されたが、戦争が完全に収束した訳ではなかった。新羅軍と唐軍が占領したのは、泗沘城・熊津城など百済の中心部地域のみであった。この地域を除く他の地域では、百済の武力がそのまま残っており、百済人の蜂起が相次いだ。唐軍の略奪が、これを大きく煽る作用をした。[19]豆尸原嶽（現在の青陽郡定山面）では佐平・正武が、久麻怒利城（現在の公州）では達率・余自進が、任存城（現在の礼山郡大興面大興山城）では福信、道琛、黒歯常之が蜂起した。そこで、八月二六日、蘇定方は、任存城攻撃を敢行したが失敗するなど、[20]復興軍は容易に鎮圧されなかった。しかし、新・唐同盟軍の首脳部は、撤退を決定した。すでに百済の中心部を攻略して、王と核心勢力を生け捕りにしただけに、残兵の蠢動は大勢に大きく問題となるものではなく、時間が経てば鎮まるだろうと判断したようである。なによりも、対百済戦は、最終目的である高句麗攻略に向けた飛び石作戦であるだけに、大兵力を継続して駐屯させることは、本来の戦略に背くものであった。

遠征軍の具体的な現地事情も、長期駐屯を困難にした。当時、泗沘城と熊津城など新羅軍と唐軍が攻略した首都圏の狭い地域に十数万の兵力が集結していたので、彼らに軍糧を与え、戦勝の雰囲気に覆われて略奪が進む状況で秩序を維持することは、簡単ではない問題であった。大軍が出す汚物の処理も、容易な問題ではなかっただろう。衛生上、少なからざる難題も伴うもので、戦乱による屍体と戦傷者も状況を困難にしたであろう。そうした中で、疾病が蔓延する可能性があった。大規模の人間集団が密集状態で生活する軍隊は、伝染病が流行しやすい条件をもち、さらに、頻繁に風土が異なる様々な地域で戦争を行なう唐軍は、伝染病菌を持っている可能性が大きい集団といえる。そして、唐自体でも伝染病がしばしば発生していた。それだけに両軍首脳部は、遠征軍を迅速に帰還させることが急務であっただろう。実際、その後、六六一年初めに新羅で伝染病が流行して、百済復興軍を鎮圧するための兵力動員に大きな障害となり、ようやく動員した兵力も十分に活用できないで退却したことがあった[21]。この伝染病は、唐の遠征軍とともに伝わった可能性が高いが、このころの唐では、六五二

図 23　定林寺五層石塔

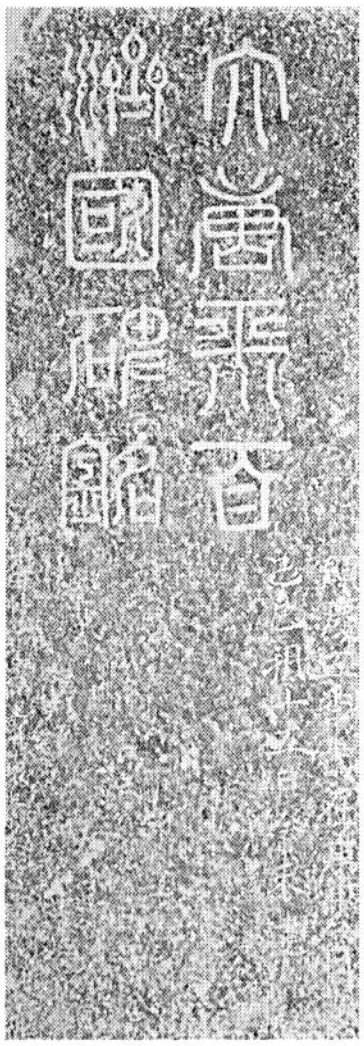

図 24　大唐平百済国碑拓本

年、西域から流入した痘瘡(天然痘)が大流行した[22]。

ところで、新・唐軍は、劉仁願を鎮将とした唐軍一万と、王子・金仁泰が率いる新羅軍七千を駐屯軍として残して、全面撤退を始めた。蘇定方は、帰国に先立ち、百済人の顔ともいえる定林寺の優雅な五層石塔に、自らが百済国を平定したことを誇示する文章を烙印のように刻み込み、義慈王以下の王族と貴族九三名、百姓一万二千などの捕虜を率い、九月三日に帰国の途に就いた[23]。義慈王は、洛陽で開かれた再度の戦勝の儀式で、高宗が勝者の雅量を誇示する道具として動員された[24]。高宗は、義慈王の「罪を許して」放してやった。これを指して、盗賊が主人を杖で打つ(賊反荷杖)というのであろう。亡国の王がなしえることは、自ら命を絶つことのみである。義慈王は、いくらも経たずに、遠く離れた異郷で後悔の念に満ちたまま病死した。

新・唐軍の撤収は、百済遺民の抵抗を促した。各地で起きた蜂起のうち、九月二三日に百済復興軍が泗沘都城まで攻撃して、新・唐軍と激戦を繰り広げた。復興軍は敗退したが、泗沘城の南方の山に柵を設けて、依然として泗沘城を脅かした。一〇月九日、武烈王が直接軍隊を率いて百済復興軍を攻撃し、一八日に尓礼城(現在の論山郡燕山面)を占領すると、百済側の二〇城余りが一度に降伏し、三〇日には泗沘都城の南側の木柵を攻略して復興軍を撃破した。これによって、ひとまず泗沘城駐屯軍に対する復興軍の包囲が解けた。武烈王は、一一月二二日、都に凱旋する時まで引き続き百済復興軍を攻撃した。今度の武烈王の作戦で留意すべき点は、百済貴族を登用した事実である。黄山の原の戦闘で降伏した佐平・忠常、常永、達率・自簡などに一吉飡を授与して総管(将軍)に任用し、恩率・武守と仁守には大奈麻を授与して、それぞれ大監や弟監など武官職に任命した[25]。忠常は、翌六六一年二月に百済復興軍を鎮圧するための戦闘に参加する際には、阿飡に官位が上がっている[26]。つづく九月討伐戦で百済復興軍を撃破すると、達率・助福と恩率・波伽が降伏したが、助福には級飡を授与して古陁耶郡(現在の慶尚北道安東)太守に任命し、波伽には級飡の官位を与えた。[27] 百済軍出身者に総管、大監などの高位武官職や、新羅内地の太守のような地方長官職を与えたことが注目される。これは、すなわち、当時の新羅朝廷が、百済遺民の包摂に非常に積極的であったことを物語る。

しかし、新羅軍が討伐戦を何度も行なったにも拘らず、百済復興軍の活動はさらに激しくなった。百済復興軍は、初めは自然発生的に各地で起きるだけで、組織的な面は弱かった。尓礼城が陥落すると二〇城余りが降伏したのは、そうしたことを物語る。[28] しかし、復興運動が進むにつれ、次第に中心が形成された。福信がその中心にたった。彼は、任存城に根拠を置いて、[29] 僧侶・道琛とともに勢力を拡大していった。蘇定方が唐に凱旋する直前である八月二六日に、唐軍の討伐戦を防いで気炎を吐いた。その後、六六〇年一〇月、倭の朝廷に佐平・帰智らを派遣して、唐軍の捕虜一〇〇名余りを贈って援軍を要請するとともに、扶余豊を王に擁立しようとして彼の帰還を要請した。[30] これに倭の朝廷は、積極的に呼応した。一二月には、倭王・斉明が居所を難波に移して武器と軍需物資を点検し、つづいて北九州の筑紫にいって百済救援軍を送る計画を立てた。そして、駿河国に新羅遠征のための船を造ることを命じた。[31]

唐の対高句麗攻略戦の準備が進められていた六六一年二月、福信と道琛など百済復興軍は、泗沘城を攻撃して再度包囲した。[32] 同時に百済復興軍は、熊津江口を封鎖して唐の補給路を遮断しようとした。これに唐の駐屯軍司令官である劉仁願は、去る九月に熊津都督として任命されてきて突然死んだ王文度[33]の兵を劉仁軌に与えて、[34] 彼とともに防禦に当たる一方、新羅に救援を要請した。唐軍は、熊津江口の両側に構築した百済復興軍の木柵を撃破して復興軍を圧迫すると、復興軍は敗退して泗沘城の包囲を解いて、道琛らは任存城に退いた。[35] 一方、新羅軍はこの年三月、豆良尹城を攻撃したが、百済復興軍の抵抗で成功しなかった。[36] つづいて周留城を包囲したが、兵力が多くないことを知った百済復興軍の反撃で打撃を受けて退却した。この余波で、百済南方の諸城が反旗を翻し、福信に帰属した。[37] ここで留意すべき事実は、周留城が復興軍の主要な城として浮上し、福信が周留城に留まったという点である。おそらく、この頃を前後して、周留城が百済復興軍の中心地になったようだ。

ともかく泗沘城包囲戦は失敗したが、百済復興軍は、むしろさらに勢力を振るうことになった。しかし、新羅軍と百済駐屯唐軍は、すぐにあるであろう高句麗攻略戦への参戦がより急務の課題であったため、さらに兵力を投入して戦闘を続ける形勢ではなかった。特に、新羅は、平壌城攻略戦に参加しなければならないだけでなく、平壌城に唐軍の軍糧を補給し、さらに百済駐屯の唐軍にもそうする必要があったため、余力がなかった。そこで、すべてのことは対高句麗戦以降に延期して、新・唐軍は、百済地域では暫定的な現状維持に努めるしかなかった。このころ、唐軍が司令部を泗沘城から防禦に有利な熊津城に移し[38]、新羅との輸送路確保に力を注いだことも、こうしたことを反映する。一方、百済復興軍は、六六一年九月、倭国から扶余豊を迎えて王に擁立すると、百済の西部と北部地域がこれに呼応して[39]、南方の諸城も福信に帰した。この時、倭国の援兵五千が扶余豊とともに到着して、ついで倭国の援兵がさらにやってくると予想され(後述)、百済復興軍の勢力はさらに拡大する勢いをみせた。

一方、六六〇年一一月一日、高句麗が、臨津江沿いの新羅の重鎮である七重城を攻撃した。新・唐軍の百済攻略戦に対する遅い対応であった。おそらく、唐がそれまでの二年間、遼東方面で行なった軍事作戦のため、唐の本当の意図が何かを正確につかめず、情勢把握に重きを置いていたところ、そのようになったのであろう。ともかく、高句麗軍の攻撃により七重城が陥落した[40]。新羅は、十分に救援軍を送れなかった。この時、あまりに百済復興軍の鎮圧に主力を投入した状況であったため不可能であった。しかし、高句麗も、それ以上は南に押し寄せることはできなかった。唐の動向を意識せざるをえなかったためである。実際に、唐は高句麗に対する新たな軍事作戦に突入した。

いまや新たな戦争の火の手が、東南と西北から朝鮮半島に向って延びてきていた。先に火の手の上がった西北方の状況からみていこう。

第二節　平壌城の戦い

唐の高宗は、対百済戦の戦勝式を挙げた後、余勢を駆って対高句麗戦に決着をつけようとした。百済戦で海路を通じた作戦が大成功し、兵力の損失も少なく、将士の士気が上がっていた。当時、唐の支配層の中心勢力は、いわゆる関隴集団であった。彼らは、今日の陝西省の渭水流域を中心とした関中地域と、甘粛省一帯の隴右地域に主に居住した。彼らの先祖の多数は、鮮卑族など遊牧民出身であり、戦争を通じて立身と勢力を維持していた家門である。唐は、建国以来の戦争で、六四五年の高句麗遠征を除いては、ほとんど勝利した。こうしたことは、唐皇室と関隴集団が戦争を好む背景となって、また、高句麗との戦争に執着する理由になった。実際に対百済戦は、あくまでも対高句麗戦を効果的に行なうための手段であった。

六六〇年一二月一五日、高宗は、高句麗遠征を発表した。つづいて六六一年正月、河南・河北などで募兵した四万四千名を平壌鏤方方面に進発させて、同月に蕭嗣業を扶余道行軍総管として、回紇などの遊牧民集団を率いて平壌に出るようにさせた。(41) 四月に高宗は、鉄勒出身の契苾何力を遼東道行軍大総管、蘇定方を平壌道行軍大総管、任雅相を涓水道行軍大総管として、全三五道の兵力を動員して高句麗を征伐させた。(42) 同時に六月には、唐で宿衛していた金仁問を新羅に帰国させ、文武王に軍事作戦の日付(軍期)を伝えて出兵を要求した。この月に父王である武烈王が病死したことによって即位した直後であったが、文武王はこれに応じて七月一七日に金庾信を大将軍とした北伐軍を編成した。つづいて八月に文武王は、諸将を率いて南川州に出陣した。その途中で抵抗していた瓮山城(現在の大徳郡懐徳面の鶏足山城)と雨述城(現在の大徳郡懐徳面)一帯の百済遺民軍を鎮圧した。この時、熊津城の劉仁願も一部の唐軍を率いて新羅軍と合流した(43)。

今回の唐軍の高句麗侵攻では、各軍の具体的行路や戦争の模様は、唐側の記録が簡略であり、全貌がはっきりとは分からない。まず、侵攻軍の進路を検討すると、蘇定方の戦闘記録として初めてみられるのが、六六一年八月、浿水(大同江)で高句麗軍と交戦して撃破し、馬邑城を占領してそこに軍営を建てた後、平壌を包囲したという記事である(44)。ところで、それより後である九月、契苾何力が鴨緑江で莫離支・男生が率いる高句麗軍の防禦線を突破するための戦闘記事が見られる(45)。これは、平壌道行軍大総管・蘇定方は、唐本土から遼東に進軍して鴨緑江を渡って平壌に行ったのではなく、海路で大同江を遡上し、上陸して平壌に進撃したことを意味する。唐の遠征軍の主力である蘇定方軍の進撃路を援護するために、遼東道行軍大総管・契苾何力に陸路で遼東と鴨緑江下流地域を攻撃させて、高句麗防禦軍をその方面に引きつける作戦をとったようである。この作戦は、とりあえず成功裏に行なわれた。他方面で進撃した陸路軍の側面支援の下で行なわれた海路による大規模な侵攻作戦は、新羅と共同で行なわれた対百済戦によって、有効であることを試験済みであった。

ところが、西部モンゴル方面にいた鉄勒が、唐に叛乱を起こした(46)。唐の朝廷は、鉄勒出身の契苾何力を召還してこの方面に投入することにして、契苾何力を急いで撤退させた(47)。蘇定方軍は、右翼がいなくなり孤立した状況となった

図25 平壌城壁

が、作戦を継続して平壌城を包囲した。

籠城戦が始まり、戦いが長期化した。しだいに寒さが増すと、唐軍は苦境に陥った。なによりも、食糧供給が大問題であった。一〇月二九日、高宗が送った使者が到着して、文武王に平壌の唐軍に食糧を供給することを要請する勅書を伝えた。文武王はこれに応じ、金庾信に命じて米四〇〇〇石と粟二万二〇〇〇石を平壌に送ることにした。また、熊津城の唐軍が、食糧が底をついたとして、急いで救援を訴えてきた。新羅にとっては同時に二箇所に救援軍と食糧を送ることは非常に負担であったが、全力を傾けて軍隊と補給品を送った。[48]

一方、寒さの中で、平壌の唐軍は孤立状態に陥った。そうした状況で、高句麗軍の反撃が本格化した。平壌北方郊外で蛇水に流れる支流である蛇水（合掌江か）で沃沮道行軍総管・龐孝泰は、高句麗軍の攻撃を受け、彼の子供一三名とともに戦死した。大きく混乱した唐軍は、局面を打開するために凍り付いた浿水を渡って平壌城総攻撃を敢行したが、失敗した。かえって、高句麗軍の逆襲を受けて全滅する危機に直面することもあった。この時の戦況の一面を『日本書紀』は、高句麗人の言葉を伝える形で次のように述べている。

高麗人がいうには「一二月に高麗国では寒さが非常にひどく、浿水が凍り付いた。そのため、唐軍が太鼓と鉦を鳴らしながら雲車と衝𨍏を動員して攻撃してきた。高麗の兵士達が勇敢で雄々しいため再び唐の陣地二つを奪った。ただ、二つの要塞だけが残ったので、再び夜に奪う方策を立てた。唐の兵士が膝を抱えて哭していた。（これをみて高麗軍の）鋭さが鈍って力が尽きて奪うことができなかった。後悔してもどうしようもなく恥ずかしいこととは、これでなければなんであろうか」といった。（高麗言、惟十二月於高麗国寒極浿凍、故唐軍雲車衝𨍏鼓鉦吼然、高麗士率胆勇雄壮故更取唐二塁、唯有二塞、亦備夜取之計、唐兵抱膝而哭、鋭鈍力竭而不能抜、噬臍之恥、非此而何）[49]

高句麗軍の総攻勢をからくも防いだ唐軍は、この後、新羅軍の食糧支援を待ちながら、退路を確保しようと必死に努力した。

一方、臨津江を越えて北方へと食糧を輸送していた新羅軍は、寒さと雪に苦戦していた。また、高句麗軍の出没は、行軍をさらに遅らせていた。焦った蘇定方が、人を送って督促した。吹雪が吹きすさぶなか、新羅軍は多くの犠牲者を出しながら、強行軍により六六一年二月六日、唐軍陣営に糧穀を運送した。そうした急迫した状況でも金庾信は、蘇定方に銀五七〇〇分、細布三四匹、頭髪三四両、牛黄一九両の贈り物をしている[50]。このうち頭髪と牛黄を贈ったことは、一見すると納得しがたいかもしれない。当時、頭髪はカツラ用ではなく、軍隊の薬剤として使用された。頭髪は、薬効が強いという子供の頭髪と思われるが、咳や大小便の不通、赤痢などの下痢症状、水虫や疥癬などの皮膚病、性病などの治療薬として活用されたといい、頭髪を焼いた粉は、止血剤としても使われた。牛黄は、鎮静のほか、高熱による痛みの治療に使われたという。すなわち、戦場の医療品として贈られたのであった。今日の基準では意外なものも、当時は非常に有用であっただろう。数年後の六六九年正月、唐の要請をうけた新羅朝廷は、磁石数箱を送っている[51]。当時、磁石は、戦場で刀傷を受けたり槍に突かれたりしてできた傷の治療に使用された。こうした軍陣医術は、唐軍と新羅軍で共有されていた[52]。ともかく、新羅軍の食糧供給を受けた唐軍は、退路を確保して海路で撤退した。新羅軍も臨津江以南に撤退した。

このとき、新羅軍の食糧供給と支援がなかったならば、唐軍は、寒さと高句麗軍の攻撃によって全滅を免れ難かったであろう。今度の戦争で見られるように、それまで隋と唐の侵略軍がもつ最も大きい弱点であった軍需品補給の問題が、新羅軍のおかげで大きく改善された。言い換えれば、高句麗軍の防禦戦略の最も重要な部分が、大きく無力化したことを意味する。いまや侵略軍は、冬季の作戦も行ないうるようになり、平壌城を直接攻撃する作戦も可能になった。この点が、まさに新・唐同盟軍による百済滅亡がもたらした最も大きい軍事的状況変化である。いまや高句麗の戦略的位置は、非常に悪化した。

百済を滅亡させた気勢により高句麗を攻撃したものの、失敗に終わると、唐の朝廷は、大きく失望し困り果ててしまった。反面、百済復興軍はさらに気勢を上げ、熊津城の唐軍は孤立した。何よりも、本国との連絡と、軍糧米を始めとする軍需品の補給がうまくいかなくなり、新羅との交通路まで百済復興軍によりしばしば遮断される状況であった。扶余豊と福信は、熊津城に使節を送って劉仁願に「大使らは、いつ唐に帰られるのか。お送りいたそう」といった。[53] 唐軍の気力を折るためにからかっているこの言葉は、平和的帰国を保証するので撤退せよという実際的提起も含まれていたようである。[54] ともかく唐にとっては、孤立した唐軍を救援して、拡大する百済人の抵抗をどのように鎮圧するかが問題であった。そこで高宗は、熊津城駐屯軍の司令官である劉仁願に勅書を送り、平壌の唐軍が撤退したため、熊津城だけを守ることは困難なので、新羅に撤収し、新羅と相談して必要であれば新羅に駐屯し、そうでなければ帰還してもよいという意思を伝えた。しかし、急死した熊津都督・王文度の代わりに派遣されていた検校帯方州刺史・劉仁軌は、いま唐軍が撤収すれば、またたく間に百済が再興するであろうし、高句麗を滅亡させる機会は二度と永遠に来なくなり、唐の東方戦略は崩れてしまうと反対した。彼は、高句麗を併呑することを願うならば、まず、百済を滅ぼした後、そこに軍隊を駐屯させて腹と胸を押す、すなわち高句麗の裏庭を圧迫しなければならないといった。新羅に入れば、唐軍は、ただ単にへつらって過ごす食客に過ぎなくなってしまう、百済地域を制圧することは十分に可能なので、兵力を増派するよう高宗に要請した。[55] 一方で、六六二年七月に劉仁軌は、新羅軍と連携して真峴城を攻撃して占領することで、百済復興軍の包囲網を突破して、新羅から熊津城に至る輸送路を再び確保した。ここで新羅の軍需品が調達でき、熊津城は危機から取りあえず脱した。つづいて唐朝廷は、孫仁師を将軍として七千の兵力を増派した[56]。

一方、唐軍の高句麗侵攻で、倭軍が高句麗を支援しようとしたという伝承が伝わっている。次の記事が、そうしたことを伝えている。

(A)また、日本から高麗を救援しに行った軍の将軍達が、百済の加巴利の海岸に船をつけて火を焚いた。灰が変じて穴になり小さな音がしたが、矢が飛んで鳴る音のようだった。誰かが、高麗・百済が滅ぶ兆しかといった。(又日本救高麗軍将等、泊于百済加巴利浜而燃火焉、灰変為孔有細響、如鳴鏑、或曰、高麗百済終亡之徴乎[57])

そうであれば、実際にこの時、倭軍が高句麗に派兵したのだろうか。断定するに先立って、『日本書紀』が伝える倭の高句麗救援の動きに関する記事を検討する必要がある。

(B)この月、唐人と新羅人が高麗を征伐すると、高麗が国家(倭)に救援を要請した。これに軍隊と将軍を送って疎留城に依っていた。これによって唐人がその南側の境界を攻略できずに、新羅がその西側の堡塁を移せなかった[58]。(是月、唐人新羅人伐高麗、高麗乞救国家、仍遣軍将、拠疎留城、由是唐人不得略其南堺、新羅不獲輸其西壘)

すなわち、当時、倭の朝廷は、高句麗を救援するために倭軍を百済復興軍の本拠地である周留城に駐屯させ、それは効果があったという。この記事によって、大和倭と高句麗の軍事同盟を云々することもある[59]。ところが、上の記事で高句麗支援のための倭軍の活動として現れる結果としては、(B)の傍線部分はその意味が明らかでない。すなわち、この記事によると、唐軍が「その南側の境界」を攻略できず、新羅が「その西側の堡塁」を超えられなかったというが、これは当時の状況と整合しない。そのため、この記事の「其」すなわち高麗を、百済の錯誤とみる見解がある[60]。つまり、百済を支援しようと周留城に倭軍が駐屯したことによって、唐軍が熊津城以南の旧百済地域に勢力を拡大できず、新羅軍も西進できなくなったというのである。こうした解釈は、記事の内容をより明確にすると思われる。そうすると、この記事が伝える倭の高句麗支援は、なかったことになる。倭が高句麗を支援したという内容を記述しようという原文の意図を生かして解釈するならば、次のような意味に理解できる。すなわち、百済復興運動に倭が直接介入し、周留城に駐屯して唐と新羅を側面から牽制して、高句麗を支援したという主張になる。このころ百済に駐屯していた倭の将軍が、高句麗に行って軍事事項に合意して、百済復興軍に帰って紏解に報告したことからみられるように(後述)、倭―百済復興軍―高句麗の間に軍事的協議が行なわれることもあった。六六一年、倭の朝廷は、倭軍を派兵して百済復興軍を支援することが高句麗を支援する方略になりうると考えた可能性もあり、結果的に熊津城駐屯の唐軍と新羅軍の行動を制約することで高句麗を側面支援した効果を生んだ一面もある。しかし、全体的にみると、上に引用した倭国の「救高麗」という表現は、後日の『日本書紀』編纂者の解釈と意味付けによる叙述とするのが正しいようである。当時、倭は、高句麗戦線に派兵して参戦することは現実的に難しく、実際にそうした動きはなかった。なによりも、倭国の当面の課題は、目前に展開する百済復興軍の支援であった。

第三節　福信と扶余豊、周留城攻略戦と白村江の戦い

(1) 福　信

泗沘城陥落の直後から起きた百済復興運動は、年を経るごとに勢力も盛んとなったが、その中心人物が福信であった。それだけに、彼を理解することは、復興運動の展開過程の把握に重要な意味を持つ。しかし、福信に関する記録は非常に断片的であるだけでなく、相互に異なる点がある。まず、彼の出身をみると、『三国史記』百済本紀で彼は武王の甥であるとする。

(C_1)八月、王の甥福信を唐に送って朝貢した。(中略)(太宗が)王に璽書を送り「朕がすでに王の甥福信および高句麗と新羅の使者に勅書を下し、互いに通好し和睦することを述べたが(下略)」(八月、遣王姪福信入唐朝貢。(中略)賜王璽書曰、(中略)朕已対王姪福信及高句麗新羅使人具勅通和(下略))(武王二八年条)

(C_2)武王の甥福信は、兵を率いて僧侶・道琛とともに周留城に拠って謀反し、倭国に質子としていっていた王子・扶余豊を迎えて王にすると、西部と北部がすべてこれに呼応した。福信が都城に駐屯していた劉仁願を包囲した。(武王従子福信嘗将兵乃与浮屠道琛拠周留城叛、迎古王子扶余豊嘗質於倭国者立之為王、西北部皆応、引兵囲仁願於都城)(義慈王二〇年条)

百済本紀の記事で(C_1)は、武王二八年(六二七)百済の使者に与えられた唐の太宗の璽書に依拠したものである。ところで、『旧唐書』百済伝に記された太宗の璽書には「王姪信福」とあり、百済の使臣である武王の甥の名は「信福」となっている。百済本紀の記事が誤りであることが分かる。(C_2)は、『新唐書』百済伝の記事である。ところで、上で引用した『新唐書』百済伝の記事は、冒頭の「璋従子福信嘗将兵、乃与浮図道琛」部分を除いては、『旧唐書』百済伝の記事と同一である。そのため(C_2)は、『旧唐書』百済伝が伝える六二七年の「王姪信福」と、六六〇年の復興運動に関する「百済僧道琛、旧将福信以叛」記事を組み合わせて、前者の「信福」を後者の「福信」と同一人物とみなして、後者の福信を王の甥と記したものという主張が提起されている。[61] こうした疑問を提起することは可能である。ただ、『三国史記』百済本紀・武王二八年条の記事で百済使者が派遣されたという「八月」は、中国側の史書で確認されない。その点を重視して、この記事が、百済独自の伝承に拠った可能性も想定しうる。しかし、武王二八年八月条の「記事」は、太宗の璽書に根本的に基づいているだけに、武王の甥は福信ではなく「信福」とみなければならないだろう。すなわち、「福信」が「信福」を誤って記述したものだということを証明できなければ、福信を武王の甥とみなす直接的根拠はない。

そして、福信を武王の甥とみなすには、他に疑問点がある。六六〇年八月、挙兵した時の「鬼室福信」の官位について、劉仁願紀功碑は五位の「杆率」としており、『日本書紀』は三位の「恩率」とする。[62]福信が、すでに武王二八年(六二七)に唐に使者として派遣されるなど早い時期から活動し、将軍として服務し、かつ武王の甥つまり義慈王の従兄弟であったとすれば、彼の末年に当たる六六〇年の官位が杆率や恩率に過ぎなかったとは考えにくい。彼の姓が、「扶余」でなく「鬼室」であるという点も同様である。もちろん、この点は、黒歯常之の黒歯氏が、扶余氏から分岐してその封地によって姓を称したように、[63]鬼室氏も同様であって、それによって官位昇進に上限があったと想定することもできる。しかし、福信が、義慈王の従兄弟であり、武王代から朝廷で活躍したならば、どのように想定しても、晩年に低い官位にあったとは理解しがたい。

こうしてみると、福信が武王の甥であるとは考えにくい。言い換えれば、福信が復興運動の中心として浮上したことには、出身や家系より、彼の軍事・政治的力量という側面がより大きく作用したと想像される。彼は、泗沘城陥落の直後に挙兵して、任存城を中心として占領軍に抵抗した。続いて八月に、蘇定方麾下の唐軍の攻撃を撃退して気勢を上げた。これは、彼の軍事的名声を高めるのに大きく作用したようである。復興運動初期の状況を伝える『日本書紀』の記事に、「国人が彼らを敬って、佐平・福信、佐平・自進と呼んだ。ただ、福信だけが、神奇で勇敢な智慧をだして既に滅んだ国を復興した」といい、百済人の間での福信の高い名望を伝える。[64]さらに、彼は、先にみたように六六一年初めの泗沘城包囲戦を契機に、錦江の南側に勢力を拡大した。

福信は、政治的にも機敏に動いて、倭に使者を送って王子・扶余豊の帰国と倭の軍事的支援を要請した。当時、復興運動が散発的に各地で起きていた状況で、正統性を持つ義慈王の嫡子である扶余豊を迎え入れて擁立し、倭国の援助まで確保したことによって、復興運動の求心力を作りだすことができた。それによって、各地の復興軍が、福信と連携するようになった。黒歯常之と砂吒(宅)相如が挙兵して福信と連携、呼応したのは、その一例である[65]。特に、彼は、新・唐軍との戦闘を通じて軍事的力量を拡大すると同時に、自らの勢力基盤を構築して霜岑将軍と自称した。ついで、復興軍の同僚将軍である僧侶・道琛を殺し、彼の兵士まで合わせたことによって、彼の勢力は復興運動軍において並ぶもののない地位を占めたようである。しかし、これは必然的に扶余豊との衝突を呼び起こした。

(2) 扶余豊

扶余豊は、扶余豊璋ともいう。彼がいつ倭国に質子として送られたのかについて、『日本書紀』は、舒明三年(六三一)三月庚申条で「百済義慈王が王子豊璋を送って質とした」とする。扶余豊が義慈王の息子であることは、他の記録からも確認されるだけに[66]、事実とみられる。しかし、舒明三年は百済武王三二年であり、義慈王の即位以前である。そのため、この年に扶余豊が倭国に行ったという記事は、その紀年に疑問点が残る。扶余豊が倭国に渡った年時は、彼と翹岐が同一人物であるかどうかによって異なってくる。もし、二人が同じ人物であれば、彼は、六四一年に倭に渡ったことになる。同一人であるか否かについては、議論が紛々としている[67]。ともかく、その時期は明らかではないが、扶余豊は若年で倭に送られて長期間滞留した。六六〇年一〇月、福信が、倭の朝廷に扶余豊の帰国を要請した。彼の帰国時期も、六六一年九月と六六二年五月と二通りの記録があり議論はあるが、六六一年九月とみるのが合理的である[68]。この時、扶余豊の帰国に関して、『日本書紀』は次のように記す。

九月、皇太子が長津宮に行き、百済王子豊璋に織冠を与え、また、多臣蔣敷の妹を妻にした。そして、大山下狭井連檳榔と小山下秦造田来津を遣わして、軍五千余を率いて豊璋を本国に護衛して送らせた。ここに豊璋が入国すると、福信が迎えて頭を深く下げて国の政事を挙げてすべて委ねた。（九月、皇太子御長津宮、以織冠授於百済王子豊璋、復以多臣蔣敷之妹妻之焉、乃遣大山下狭井連檳榔・小山下秦造田来津、率軍五千余衛送於本郷、於是豊璋入国之時、福信迎来稽首奉国朝政皆悉委焉）[69]

ここに伝わるように、外見上は、いったん全ての国政が復興百済国の王である扶余豊の指揮下に帰属した。ところで、長い外国生活の後に、しかも百済が崩壊して十分に機能しない状況で帰国しただけに、彼は百済に自らの勢力基盤を事実上持っておらず、百済の現実に基礎を置いた状況把握もうまくいかなかったであろう。帰国直後、彼に国政が任されたとはいえ、実際に彼がうまく運営しえたのかは別の問題である。扶余豊が帰国した後である六六二年正月に倭国が、福信に矢一〇万本、糸五〇〇斤、布一〇〇〇段、稲種三〇〇〇石を送り、三月に扶余豊に布三〇〇段を与えた。主要な軍需物資を福信に与えたことは、彼が現実的に復興百済国の軍事活動を主導していることを倭国が認定したことを物語る。こうした状況で扶余豊が頼れる現実的な勢力基盤は、彼を送ってきた倭軍であった。当時、倭国と百済駐屯倭軍は、復興運動の主要な支援勢力であった。しかし、それに頼る度合は、福信らの現地復興運動軍と扶余豊の間では、一定の間隔があらざるをえない。

一方、百済復興軍の中心地は、任存城（現在の忠清南道大興）に置いていたが、六六一年三月頃、周留城に移した。[70] 六六二年一二月には周留城から再び避城に移した。その時、遷都することになった背景と議論の内容が、次のように伝わる。

百済王豊璋が、その臣下の佐平・福信らと狭井連（檳榔）、朴市田来津と議論していうには「ここ周留城は農地と遠く離れていて土地が瘠せており、農事をおこなう場所ではなく、防いで戦うのに適したところである。ここに長くいれば、百姓は飢えるであろうから、避城に遷都するのがよいだろう。避城は、西北に帯をまわすように古連旦涇が流れ、東南に深い泥沼と大きい堤防があり防禦するのによい。四方に水田があり、溝が掘ってあり、雨がよく降る。花が咲いて実を付けるのが三韓でもっとも良いところである。（中略）たとえ低い地（平地）ではあるといっても、どうして移さないべきであろうか」といった。これに朴市田来津が一人進み出て「避城は敵がいるところと一晩でいける距離である。互いにこれほど近いので、もし予期しないことが起きてからでは後悔しても及ばないだろう。飢えることは後のことであり、滅びることは先のことである。今、敵が妄りにやってこないのは、周留が山が険しいところにあり、すべて防禦物となり、山が高く渓谷が狭いので護りやすく攻めにくいためである。もし、平地にいれば、どうして堅固に動かずして今日に及ぼうか」といって諌めた。ついに諌言を聞かずに避城に遷都した。（百済王豊璋、其臣佐平福信等与狭井連闕名朴市田来津議曰、此州柔者遠隔田畝土地磽埆、非農桑之地、是拒戦之場、此焉久処、民可飢饉、今可遷於避城、々々者西北帯以古連旦涇之水、東南拠深泥巨堰之防繚、以周田決渠降雨、華実之毛則三韓之上腴焉、（中略）雖曰地卑、豈不遷歟、於是朴市田来津独進而諌曰、避城与敵所在之間一夜可行、相近茲甚若有不虞其悔難及者矣、夫飢者後也、亡者先也、今敵所以不妄来者、州柔設置山険、尽為防禦、山峻高而谿隘守而攻難之故也、若処卑地、何以固居、而不揺動及今日乎、遂不聴諌而都避城[71]）

すなわち、経済的困窮を抜け出るために、農産物が豊富な避城に遷都しなければならないという主張であり、反対する側は、防禦の問題点を挙げている。結局、遷都が決定された。避城は、今日の金堤に比定される[72]。避城への遷都後、六六三年二月、新羅軍が百済南部の四州を焼いて、また、安徳など主要地域を占領した。安徳は徳安であり、今日の論山地域である[73]。ここが新羅軍の手中にはいると、隣接する避城地域はすぐに脅威を受けるようになり、耐えきれずに周留城に戻ることになった[74]。このように避城遷都は短期間に終わったが、この事件に関する解釈で留意される視角は、遷都を巡る議論が、百済復興軍内部の権力葛藤と繋がるという次のような解釈である。

上の引用文では、避城への遷都を扶余豊が主導したとしているが、道琛が除かれた後、復興軍陣営の実権は福信が掌握しており、扶余豊は「ただ祭祀を主宰するのみ」と評価されるほどであった点を考慮すると、文面通り従うことはできない。少なくとも、福信の同意なしに遷都が行なわれたとは考えられない。そして、遷都に倭軍の将軍が反対している。事実、五千の軍隊とともに豊璋を護送して周留城に駐屯していた朴市田来津ら倭軍の将は、支援軍の本陣が到着するまで新・唐軍の攻勢を防いで無事に耐えることが一次的な目標であったであろう。戦争は短期戦で終えねばならない立場であった。自ずと彼らの判断が軍事的側面に基準を置いたのに対して、土着基盤を持つ福信らは長期的側面から百姓を結集する政策を追求したのである。それによって福信と倭将の間には立場の違いがありえ、そうした場合、扶余豊は勢力基盤が倭軍にあるだけに、後者に従うほかなかっただろうという見解がある。避城遷都の失敗による問題を巡って倭将と福信の間に葛藤がありえ、それが扶余豊と福信の間の葛藤要因として作用したであろうというのである。[76]これは、あくまでも推測の域を出るものではないが、興味深い想定である。

ところで、上の引用文が伝えるとおり、避城遷都は扶余豊が主導したとみられる。すなわち、周留城と近隣地域は、復興運動初期からこれを主導した福信の勢力根拠地であったため、どうしても倭国から担ぎ出されてきた扶余豊には、居心地の悪い地域であったろう。そのため、こうした状況から逃れるために扶余豊は、錦江南側の平原である金堤地域に遷都して、新たな根拠地を構築することに着目したのであろう。[77]彼の主張は、冒険的かもしれないが、福信としてもひとつの方策であると考えて、特に反対せずに受け入れたかも知れない。避城遷都に関する記事で福信がまったく言及されず、扶余豊だけ言及される点を重視して、扶余豊が遷都を主導したという『日本書紀』の記事を否定するより、そのまま受け入れる方がよいだろう。ともかく避城遷都が失敗した後、扶余豊と福信の間の葛藤が表面化した。

一方、新羅軍の圧迫が強化されると、百済復興軍は、倭国に達率・金受を送り、救援を要請した。これに対し倭国は、六六三年三月、前将軍・上毛野君稚子らに兵士二万七千を率いさせ新羅を討たせた(78)。

その年の五月、犬上君が高句麗に行って軍事関係のことを告げた。おそらく、三月にあった倭支援軍本陣の出兵に関する事項を知らせて、倭と高句麗が南北で協同して新・唐軍に対応する戦略的問題等を議論したようである。しかし、当時、高句麗は新・唐軍の平壌城侵攻を阻止した直後であったため、南方で百済復興軍を支援する余力が不足していた。おそらく彼は、高句麗から帰ってきた後、石城に糺解を訪ねた。この時、糺解は彼に福信の罪を重ねて述べた(79)。糺解は扶余豊の別名とみられる(80)。扶余豊が倭将に福信の罪を論じたということは、福信を除く意思を明らかにして、倭軍の支持を要請したものといえよう。倭軍は、これに同意したとみられる。倭としては、復興運動を初めから主導して土着勢力基盤をもつ福信よりも、倭にいるところを迎えられてきた扶余豊が、より望ましい人物であった。

福信と扶余豊の間の葛藤に関して、唐と倭の記録が伝わる。唐側の記録によると、両者の不信が激しくなると、福信が扶余豊を除こうと病を称した。扶余豊が見舞いに来たところを待って、彼を殺そうとした。この陰謀を察した扶余豊が、側近を糾合して奇襲的に福信を攻撃して殺したという(81)。福信の最期の場面を『日本書紀』は次のように伝える。

百済王豊璋は、福信が謀反しようという心を持ったと疑って、手のひらに穴を開けて革でしばった。そうしてから、どのように処決したらよいか分からず、臣下たちに「福信の罪がすでにこのようであるので、首を斬るのがよいかどうか」と尋ねた。これに達率・徳執得が「この悪しき叛逆の罪人を放してはいけません」といった。福信が徳執得につばを飛ばしながら、「腐った犬のように愚かな奴め」といった。王は、配下の兵士に首を斬らせて塩漬けにした。(百済王豊璋嫌福信有謀反心、以革穿掌而縛、時難自決不知所為、乃問諸臣曰、福信之罪既

如此焉、可斬以不、於是達率徳執得曰、此悪逆人不合放捨、福信即唾於執得曰、腐狗痴奴、王勒健児斬而醢首[82]

これによって風雲児福信の雄志は、水の泡となった。同時に、彼が情熱を燃やして追い求めた百済復興の夢もやはり、消滅の危機に直面した。福信が徳執得に吐いた「腐った犬のように愚かな奴」という言葉には、この夢に対する彼の自負心と無念さが込められている。事実、それまでの百済復興運動で福信が占めていた比重と位置を考慮すると、彼の処刑がもたらす影響は、容易に収拾できるものではなかった。彼の首を塩漬けにさせたことは、予想される彼の支持勢力の反発に警告と脅しを与える処置であった。しかし、外形的な抵抗は抑圧できても、復興運動に参与してきた人々の胸に深く刻まれた傷は、簡単に癒えるものではなかった。彼らを結束した相互信頼と献身は、大きな打撃を被った。そして、すぐに百済復興軍の内紛を察知した新羅軍と唐軍が、積極的な攻勢に出た。こうした危機的状況を打開するために扶余豊がなし得るのは、事実上、倭国と高句麗の救援にすがりつくことのみであった。

(3) 周留城攻略戦と白村江の戦い

この時、熊津城に駐屯していた唐軍は、本土から増派された孫仁師の七千の兵力が合流すると、士気が大いに上がった。この七千の兵は、山東海岸地域で選抜された。おそらく、海軍が主力であっただろう。ここに新羅軍が合流した。文武王が金欽純・金仁問ら将軍二八名とともに、大兵力を動員して熊津城に向った。熊津城で両軍の指導部が合同会議を開き、最終作戦が確定された。陸軍は、文武王が率いる新羅軍と孫仁師・劉仁願の唐軍が周留城に進撃し、劉仁軌・杜爽・扶余隆が指揮する海軍と食糧補給船団は、「熊津江から白江に行って(自熊津江往白江)」、陸軍と合流して周留城に進軍するというものであった[83]。

ここでいう白江がどの川を指すのかについては、錦江下流説と東津江説がこれまで平行線をたどっている[84]。この問題は、周留城の位置比定と直結する。周留城の位置についても、忠清南道舒川郡韓山面の乾芝山城説[85]、忠清南道洪城説[86]、全羅北道扶安郡の位金山城説[87]、忠清南道燕岐郡の唐山城説[88]などがある。

まず、白村江の位置について。六六〇年の百済滅亡のときに登場する白江は、錦江であることが明らかであるだけに、わずか三年後に同じ唐側の記録で白江というときにも、これは錦江を指すと見なければならないだろう。錦江下流を「熊津江口」と表記した事例を確認できる。六六一年、百済復興軍が泗沘城を包囲したとき、熊津江口を封鎖するために木柵を河の両側に築いたが、これを劉仁軌が率いる唐軍が撃破したという記事は、そうした例である[89]。「熊津江から白江に行って」という時の白江と熊津江は、それぞれ錦江中流と下流を指すものと理解される。ところで、白村江の戦いの描写に「海水が赤く染まった(海水皆赤)」という表現のみられることから、戦闘は海で繰り広げられたことになる。錦江河口は海に繋がっており、錦江河口と東津江・万頃江河口は、海側からみると、同じ海域に属する近接地域である。当時、新・唐海軍と倭の海軍がこの地域で陣を構えていたであろうから、陣を構えた具体的な地点に若干の違いがあっても、広くみれば錦江河口海域とみてよいだろう。それだけに、戦闘が行なわれた白村江が、具体的にこの海域のどの地点であるかは、そのまま周留城の位置比定に決定的な鍵を提供する。この問題でまず注目しなければならない要素は、陸軍の進路である。

百済復興軍を攻撃する新・唐軍の主力は、陸軍であった。これは、新・唐軍の将令の構成をみても分かる。陸軍は、文武王と唐将孫仁師・劉仁願らが、海軍は、劉仁軌・杜爽・扶余隆らが率いた。後日、劉仁軌が有名になると彼の列伝が残り伝えられて、劉仁軌が唐軍の司令官のように記述されているが、当時、熊津都督府の責任者である鎮長は劉仁願であって、劉仁軌は、熊津道行軍総管・孫仁師指揮下の幕府参謀である行軍長史であり、杜爽も麾下の別将であった[90]。そのため、周留城攻略の後に建てられたのは、劉仁軌ではなく劉仁願の紀功碑であった。文武王は、自ら金庾信・金仁問・金欽純ら将軍二八名を率いて出陣した。その兵力も数万に達したことは、十分に推測できる。当時、唐軍は、六六〇年九月以降、熊津城に駐屯していた劉仁願指揮下の一万と、都督として赴任した直後に急死した王文度麾下の若干の兵力と、新たに投入された孫仁師麾下の七千程度であった。そのうち前者は、すでに数年間の駐屯と戦闘で疲弊していた。そうしたことから、六六三年白村江の戦い当時、新・唐軍、特に陸軍の主力は新羅軍であった。ただ、海軍は、唐軍が中心であった。

新・唐軍は、周留城に向って発進する前に戦略会議を開いた。その時、どの進撃路を選ぶかが議論された。ここで決定的なのは、復興軍の勢力下にある城として、現在の扶余郡林川面の聖興山城に比定される加林城は、泗沘城に近接しているが、城が険しいだけに攻略しようとすれば兵力損失が多く時日がかかるであろうから通り過ぎて、復興軍の中心地である周留城を直接攻撃しようという方策をとったことである。ここで留意される点は、当時、百済復興軍の支配下にある城は多いが、なぜ加林城攻撃が主に議論されたかである。これは、周留城に向う攻撃路に加林城があるためとみなければならない。そのようにみると、周留城が錦江以南、たとえば扶安の位金山城のような地域であれば、強いて加林城を議論の対象とする必要はなかったであろう。この時の新羅軍の周留城攻撃ルートを見ると、文武王が金庾信等を率いて豆陵(良)尹城を攻略した後、周留城を包囲している[91]。豆良尹城＝斗率城[92]＝周留城とみる見解もあるが、斗率城と周留城が同じ実体とみることはできるとしても、新羅軍が豆良尹城に続いて周留城を攻撃したことが伝わるだけに、両者を同じ城とみることはできない[93]。前節で述べたとおり、六六一年三月にも百済復興軍が泗沘城を包囲すると、これを救援するために新羅軍が豆良尹城を攻撃したことがある。豆良尹城は、泗沘城周辺地域にあった城であり、現在の青陽郡定山面の鶏鳳山城に比定される。ここは、泗沘城(扶余)から三〇里、熊津城から五〇里の距離である。ここから川の流れに沿って加林城(現在の舒川郡林川面の聖興山城)－乾芝山城(現在の舒川郡韓山)が順に位

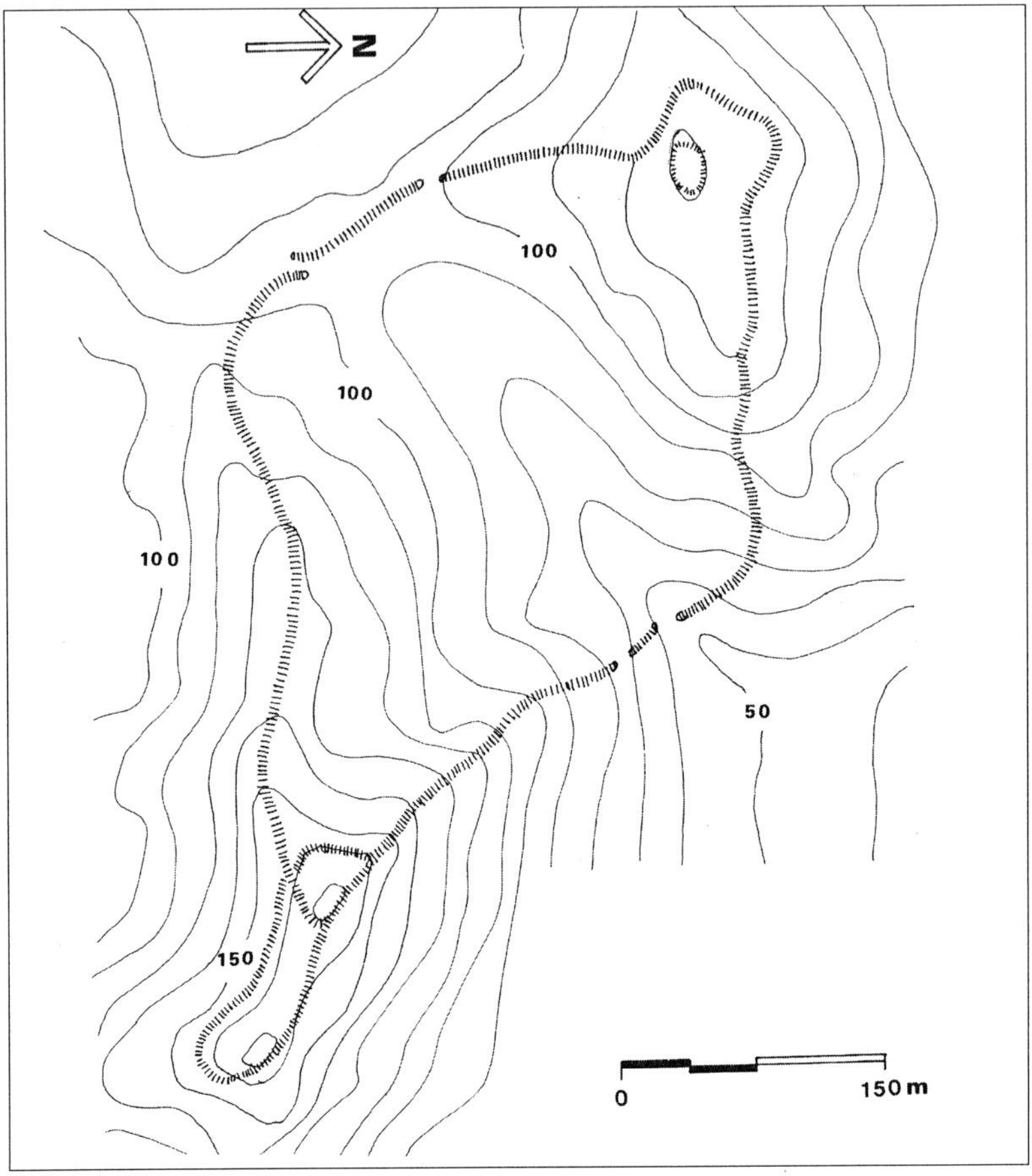

図 26　乾芝山城平面図

置する。乾芝山城は、（山頂を中心に城壁をめぐらせた――訳者注）鉢巻式と包谷式を折衷した複合式山城であり、加林城とともに錦江河口を統制する水陸の要衝地にある。すなわち、乾芝山城を周留城と比定すれば、豆良尹城を攻略した後、加林城を通り越して周留城に出た新羅軍の進撃路が、無理なく理解される。さらに、唐の戦船と補給船が、乾芝山城に近い白村江つまり錦江河口に下り、そこで陸軍と合うことにした作戦の意味も理解される。すなわち、錦江河口を封鎖して倭の支援軍を遮断し、陸軍に軍糧を供給して、一緒に周留城を攻略するというものである。

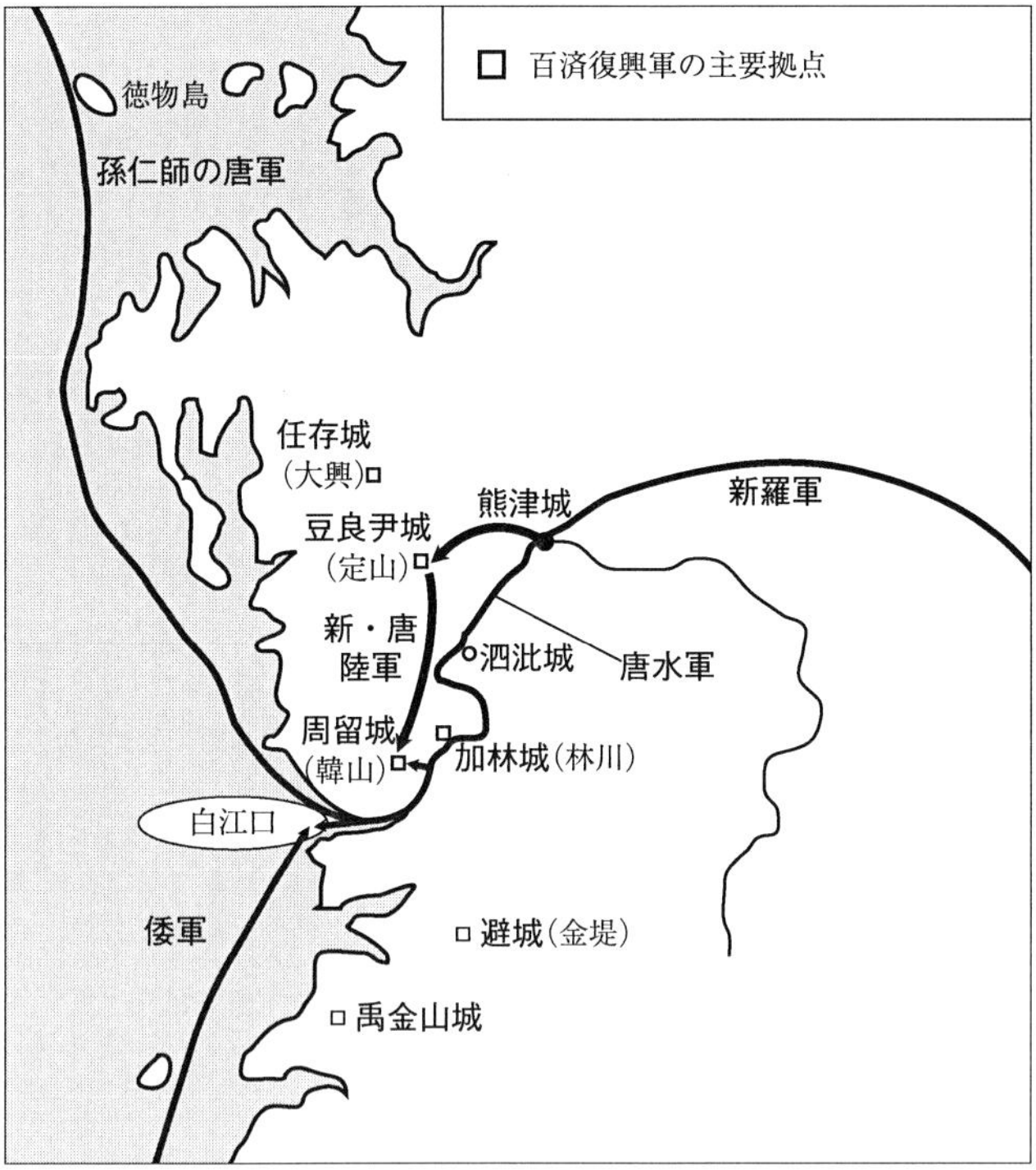

図 27　周留城攻略戦と白村江の戦い

　このようにみると、疑問として残るのが、避城の位置である。避城が金堤であることは、確実である。そうであれば、初期から百済復興軍の根拠地であった錦江の西岸地域を離れて、錦江を渡って金堤地域に移ろうという案が提起された時から、防禦の難点を挙げて反対があったことに留意しなければならない。錦江以南の地域は、六六一年新羅軍の周留城攻撃が失敗した後、錦江の南側の諸城が福信に帰属した(南方諸城、並属福信)ように[94]、六六三年当時、百済復興軍の勢力下にあった。そのため、判断によって中心地を動かすことが可能であったのである。避城に移ることが、必ずしも周留城を乾芝山城に位置比定する際に問題となるわけではない。つづいて周留城を巡って繰り広げられた百済復興軍の最後をみていこう。

周留城に向って進軍する新・唐軍の動きは、すぐに復興軍陣営に知られた。防禦策に没頭している最中に、廬原君臣の率いる倭軍一万が救援のために来るという消息があると、八月一三日、扶余豊はこれを迎えるために白村江へと向った。この時、彼は周留城に駐屯していた倭将・朴市田来津の倭軍と百済復興軍の一部を率いていった。廬原君臣が率いる救援軍一万は、六六三年三月、朝鮮半島に送られた第二次派兵軍二万七千の一部であるかは明らかでない。六六三年三月に派兵された部隊の進路については、新羅の沙鼻岐奴江などの二城を攻め取ったことのみ伝わる[95]。新羅軍が百済地域に集中していたであろうから、新羅本土が相対的に防禦力が弱まっていたものとみて、これを攻撃して百済地域に加えられる新羅軍の攻勢を解こうとしたようである。ところで、その部隊の一部が、扶余豊の緊急救援要請を受けて進路を急に変えて白村江に駆けつけて参戦したのか、あるいは、危急な状況を受けて別途「第三次派兵軍部隊[96]」が新たに派遣されたのかは、具体的に言及した記録がないため断定しがたい。

一方、八月一七日、新・唐軍が周留城を包囲すると、一七〇隻余りの唐の水軍は、白村江に至り陸軍に供給する軍糧を降ろした後陣を築いて、海から周留城を救援するために侵入しようとする敵兵、すなわち倭兵を待った。二七日、倭の水軍が白村江に到達し、周留城から来た一部の倭軍および復興軍と合流した。百済の騎兵が、河口の丘に布陣して倭船を援護した[97]。続いて、倭の船団が唐の水軍に先攻したが、「不利であり退いた」。唐の水軍は、陣を守って追撃しなかった。一種の様子見のための戦いであった。両方の水軍の軍勢をみると、唐軍の兵船が一七〇隻[98]、倭軍は四〇〇隻であった[99]。唐の兵船は大型であったようで、倭船は相対的に小型であった。

翌日、本格的に接戦が繰り広げられた。新羅の騎兵が百済騎兵を攻撃して、倭の海軍が唐の海軍に突進した。具体的にこの日の海戦を『日本書紀』は次のように伝える。

日本の将軍と百済王は、気象を観ず互いに「我々が先を争って戦えば敵は自ずと退くであろう」といって、中軍の兵卒を率いて隊伍が乱れたまま進んで、固く陣を作っている唐の軍隊を攻撃した。唐がすぐに左右から船を挟み撃ちにして囲んで戦うと、わずかな間に日本軍が続いて敗れて水に落ちて死ぬものが多く、船が前後に回ることができなかった。朴市田来津が天を仰いで誓って怒って歯を食いしばって憤り、数十人を殺して戦死した。この時、百済王豊璋が数人と共に船に乗って高句麗に逃げ去った。（日本諸将与百済王不観気象而相謂之曰、我等争先彼応自退、更率日本乱伍中軍之卒進、打大唐堅陣之軍、大唐便自左右夾船繞戦、須臾之際官軍敗績赴水溺死者衆、艫舳不得廻旋、朴市田来津仰天而誓切歯而嗔、殺数十人於焉戦死、是時、百済王豊璋与数人乗船逃去高麗[100]）

こうした記録を通して、白村江の戦いで倭軍が敗北した原因がいくつか考えられる。

第一に、唐軍は、八月一七日に白村江に到着して待機しながら周辺環境を熟知して戦術を準備したのに対して、遅れて到着した倭の水軍は、気象条件や潮などに関する考慮もなく戦闘に入るという戦術的失策が指摘される。この戦闘について、「煙と火炎が天に満ちた」「海水がすべて赤く染まった」というが[101]、これは、倭船が火攻めで大きな打撃を受けたことを物語る。火攻めで最も重要なのは風向きである。風の力を借りなければ、火攻めは大きな効果を発揮できないからである。この点から「気象をみることなく」近接戦を繰り広げたということは、すなわち火攻めの備えを考慮しなかったことを意味する[102]。

第二に、唐軍は陣を形成して一定の戦術によって節度ある動きを展開したのに比べて、倭軍は勇敢に突撃して短兵接戦で勝負を決定づけようとした。これは、当日の個々の兵士や将軍の好みによる結果とのみ考えることはできないようである。両側の軍隊編成と訓練過程の違いにも関わる問題である。当時、倭軍は、基本的に国造など地方勢力の麾下の軍隊を連合したものであった。これらの部隊は、各地域の有力者との同族的結合と人格的隷属関係を内包した共同体的紐帯が強く作用し、それに比例して厳格な上下指揮体系が弱い軍隊であった。それに対して、唐軍や新羅軍は、国家が徴発編成して訓練した軍隊である。一元的な指揮体系に基づいた軍令によって指揮され、厳格な軍律による集団的進退訓練がなされていた。それに比べて倭軍は、そうした面が不足していたとみられる。それによって、倭軍は個々の争いでは強いが、陣形を形成する大規模な集団戦闘では弱点を露呈することとなった。上の引用文でみられるように、白村江の戦いが繰り広げられた日、倭軍は小船で勇躍突進する方式の戦闘を繰り広げたが、唐軍の厚い陣形を破ることはできず、唐の戦船が整然と隊伍を整えて左右に展開して倭船を包囲すると、倭船が右往左往して脱出口を見出せず混乱に陥ったまま火攻めを受けて大敗した。これは、この日の例外的な様相であったとは断定しがたい。これを百済復興戦争に派遣された倭軍部隊の性格を表したものとみる見解がある。すなわち、六六二年五月の一次派遣軍は前・後将軍が、六六三年二月の二次派遣軍は前・中・後将軍が率いたと記され、白村江の戦いでは、「中軍」という表現がみられる。ところで、倭軍の将軍がもつこの「前・中・後」の称号は、相互間の上下統属関係を表したものではなく、徴兵地域による編成や、出兵時期によって区分されたものとみられ、各将軍は相互に並列的関係であり、三軍または二軍全体を統率する垂直的指揮系統の欠如した状態であったとみるのが通説である。すなわち、白村江の戦いにおける勝敗の根本原因を、両軍の国家体制の相異による軍隊の編成原理と性格の違いに、言い換えれば、律令に基礎を置いて国家と軍隊を運営しているかどうかの違いに求める視角といえよう。[103][104][105]

一方、これに対して、出征した将軍と兵士の出身地域が広範囲であることに言及した見解がある。[106]すなわち、当時参戦した兵士と将軍の出身地が一致しないことを指摘したものである。これを重視して、兵士は将軍に私的に属する兵力ではなく、国家が各地で徴発した兵士であり、将軍は、朝廷官人のなかから派遣されたことを意味すると解釈して、これらの軍隊が各地の豪族の武装力を臨時に糾合したものではないというのである。そして、「前・中・後」という編成は、普遍的な軍隊編成であり、出征軍に「大将軍」の存在を伝える記録を重視しなければならないと主張する。[107]こうした視角に立脚した場合、当時、倭軍部隊の性格を地方有力者麾下の部隊の臨時的な連合とみるこれまでの説は、白村江の戦いに関する具体的な記事に立脚したものではなく、このころまでの倭国の軍隊動員形態と性格理解を土台として説明したものであり、結果論的なものに過ぎない論理的飛躍であるという批判が提起されうる。しかし、当時、倭国は律令制定着以前である。いまだ中央集権的国家体制を構築できない倭国の軍隊がもつ弱点の指摘は、それが倭軍敗退の理由の全てではあり得ないが、理由の一端であることは認められるのではないだろうか。

第三に、先にみたように、復興軍内部では、福信の処刑による分裂と葛藤があった。さらに、倭軍と復興軍の間の葛藤と不協和音も想定できる。それは、全体的に戦闘力が失われる要因として作用したであろう。すなわち、福信と扶余豊の対立、それによる福信の軍隊に対する倭軍の信頼不足により、倭軍が百済復興軍と協力して、唐本土から増援軍が到着する前に唐の駐屯軍を攻略するなどといった戦略を効率的に駆使する機会を失ったという評価も可能である。[108]これと関連して、倭の支援軍が朝鮮半島に到着してすぐに周留城に進撃して百済復興運動軍と合流したり、戦争の勝敗を分かつ核心地域である百済首都圏に進撃して機先を制したりしなくてはならないのに、事実上、戦争の外郭である新羅の沙鼻岐奴江など二城を攻略するなど、五カ月余りを空しく送り、唐の孫仁師の増援軍による戦力補強の機会を相手方に与えた点も、見逃せない戦略的失策という指摘も可能である。[109]唐軍と新羅軍は、長い戦乱を経て鍛えられた軍隊である点も、見逃せない要因である。

図 **28** 『武経総要』に紹介された大型軍船である蒙衝の図

図 **29** 『武経総要』の海鶻船の図

第四に、艦船の違いを考慮しなくてはならない。当時、唐は、堅固な大型艦船を建造して水戦に使用していた。この時期の唐の主力艦は、楼船、蒙衝、走舸、游艇、海鶻船などである。蒙衝は、高く大きいので、接近戦で敵を見下ろして戦うことができて有利なだけでなく、船同士で衝突して相手の船を壊す撞破でも優位を占めた。海鶻船は、敵船を撃って撃破する拍竿を装備して接近戦で有利なように考案された軍船である。上の『日本書紀』記事で「船が前後に回ることができなかった」という状況で、唐軍が火攻めとともに優秀な軍船で撞破作戦を行なって倭船を撃破したようである。[110]この時、唐の艦船が一七〇隻余りであるのに対して、倭は四〇〇隻余りに達するという記録からすると、倭の軍船が相対的に小型であったようである。これも、撞破作戦を効率的に展開しうる一つの要素である。

その次に、白村江の戦いで一度考えなければならない点は、この戦闘がもつ比重と意義に関する理解である。白村江の戦いの意義を、当時の東アジア国際情勢を決定づける決定的な会戦であったとみるのは、あまりに誇張しているようである。すなわち、この戦闘の主力が唐軍と倭軍であったことを強く意識して、ちょうど壬辰倭乱や清日戦争と対比して、古代中国勢力と日本勢力が朝鮮半島で雌雄を決する戦闘であるかのように認識しようというのは、戦闘の実像と符合しない。もちろん、この戦闘は、百済復興戦争に決定的な影響を及ぼした。これを境に倭の勢力が朝鮮半島から完全に斥けられたので、古代韓日関係史では大きな意味を持つ。この戦闘の敗北以降、日本は中央集権的国家体制である、いわゆる律令体制を形成したように、この戦闘が日本史の展開に一つの画期をつくる契機となったことは事実である。歴史的事件は、それが及ぼした影響によって評価される面を持つだけに、白村江の戦いの歴史的意味は重視されねばならない。しかし、この戦闘は、唐には特に大きな意味を持つ戦闘ではなく、[111]新羅にとっても主たる戦場ではなかった。戦闘規模についても、どちらも実際に動員された兵力が一万数千の線から大きく離れない程度であった。何よりも、白村江の戦いに関する過度の強調は、その年に繰り広げられた百済復興戦争の主戦場が周留城攻略戦であったことと、新羅軍の存在を軽視することになり、新羅を受動的な存在とみる歴史認識を生み出す側面がある。これは、白村江の戦いの実像や、その後の歴史展開の理解に助けとならない。

一方、新羅軍が主軸である陸軍は、八月一三日に、白村江の戦いが繰り広げられる周留城地域に到着し、[112]八月一七日に城を囲んで攻略戦を開始した[113]。倭軍が白村江に到着する一〇日前であった。扶余豊は、八月一三日に麾下の一部の倭軍と百済復興軍を率いて、倭国の支援軍を迎えるために白村江に向った。彼が城を離れて白村江に行った日が、まさに、新羅軍が周留城に到着した日である。彼は、城が包囲される前に逃れて、すぐに到着する倭の支援軍と連携して新・唐軍を内外から挟み撃ちにしようとしたか、退路を確保しようとしたようである。しかし、白村江の戦いの敗北で、彼の構想は水泡に帰した。周留城の抵抗はさらに数日持続したが、白村江の戦いで倭軍と復興軍が敗北し、扶余豊は高句麗に逃れたという知らせが伝えられると、ついに九月七日、籠城していた百済復興軍と倭軍が降伏した[114]。周留城陥落とともに、近隣の百済諸城が続々と投降した。一方で、佐平・余自信、達率・木素貴子、谷那晋首、憶礼福留らと彼の家族など多くの百済人は退却し、倭軍とともに日本列島に亡命した。

白村江の戦いでもうひとつ留意すべき点は、多数の百済人と倭人とともに、耽羅国使が捕虜として捕まったという点である[115]。すなわち、耽羅人がこの戦闘になんらかの形態で参加していたという事実である。耽羅は、東城王二〇年(四九八)以降、百済に帰服した。百済滅亡後の六六一年五月、倭国に「王子」阿波伎らを送って朝貢したという。これは、それ以前の六五九年に帰国しようとして阻止され抑留されていた倭国の遣唐使が、六六一年四月に南中国の越州をへて帰国する途中、暴風雨により耽羅国に漂着し、彼らを耽羅人が倭国に護送したということである[116]。その年の八月、耽羅は唐に朝貢使を送っており[117]、文武王二年(六六二)、耽羅国主佐平・冬音律が新羅に降伏して「属国」になった[118]。百済滅亡後の急変する周辺情勢を、耽羅国なりに探索しようとする動きといえよう。

ともかく、六六一年五月、倭の使臣を護送したのに続いて、耽羅は、その後も倭と交流を継続した[119]。ところで、白村江の戦いに耽羅人がいたことから、耽羅人が百済-倭側に荷担して参戦したとか、さらに、耽羅人が倭国の海路案内をしたなどと想定することもできる[120]。しかし、後者の場合、百済人が積極的に活動していた状況で強いて耽羅人が参与する余地はなく、前者の場合も、捕虜として捕まったのが「耽羅国使」と表現されている点をみると、軍事的な参加ではなかろう。それは、復興百済国に送った使節とみるのが正しいだろう。このころ、先に言及したように、耽羅国は、周辺諸国に使節を送り情勢探索に力を入れていたことも、そうした推定を裏付ける。

一方、白村江の戦い以降にも、復興運動の初期中心地であった任存城では、遅受信が抵抗の灯火を消さずに耐えていた。しかし、唐軍が一時、百済復興軍の将軍として任存城の事情についてよく知っている百済人黒歯常之と砂吒(宅)相如を攻略戦の前面に立てて圧迫してくると、抵抗の意思が弱まり、ついにこの年の末に任存城は陥落、遅受信は高句麗に逃れた。これによって、満三年にわたり熾烈に展開した百済復興運動は幕を下ろすこととなった。

白村江の戦い以降、数多くの百済人が倭に亡命した。百済支配層だけでなく、一般民衆も相当数、海を越えていった。現在の関東地域である東国に居住した百済人二千名に、六六三年から三年間、倭の朝廷から食糧を供給している。

一方、倭に亡命した百済人のうち相当数は、彼らの才能を活用しようという倭の朝廷に登用された。天智四年(六六五)、達率・答㶱春初は長門城の、達率・憶礼福留と四比福夫は大宰府の防禦のために築いた大野城と椽城の築造責任者となった[121]。

六七一年に木素貴子、谷那晋首、憶礼福留、答㶱春初らは、兵法に明るいということを評価されて、大山下の官位が与えられた。佐平・余自信と倭の朝廷の「法官大輔」である沙宅紹明は大錦下、「学職頭」である鬼室集斯は小錦下が与えられた。そして、幾人かは医薬、五経、陰陽などに明るいという才能を評価されて官位が与えられた。このほか、達率など五〇人余りが官位を授かった[122]。

白村江の戦い以降、亡命した彼らの日本での生活は、たとえ専門家としての能力に対する高い評価が大きな力となったとはいえ、根本的に日本の朝廷の配慮に頼ってなされた。日本の皇室に寄生して明日の暮らしを立てていくほかないのが、彼らのもつ宿命であった。彼らは、百済復興と故国復帰を望んだが、自力で具体化する力量はなかった。彼らがこれを熱望すればするほど、実現の可能性は、日本勢力の朝鮮半島への介入に見出すほかなかったのである。彼らは、日本の朝廷が朝鮮半島への関心を維持するように深く注意を傾けたであろうし、このために朝鮮半島が早い時期から日本の天皇家に従属したという歴史像の構築に積極的に乗り出した。彼らが、百済存立当時の百済と倭、そして倭と加耶や新羅との関係史を振り返って整理記述する時に取った立場の大きな枠組みは推測できる。いわゆる百済三書は、彼らの叙述であるか、(123)彼らの手を経て修正されたものと考えられ、そうした著述は『日本書紀』の内容構成に大きく作用した。また、『日本書紀』は、その後の日本人の対外意識、特に対朝鮮認識に大きな影響を及ぼした。白村江の戦いで流された百済人と倭人の血の呪いは、千数百年過ぎた今日まで作用して、韓日両国人の間の葛藤を焚きつけている。いまやその呪いから逃れねばならない。

第四節　新羅と熊津都督府の就利山会盟

百済復興軍が鎮圧された後、旧百済地域の大部分は、再び唐の支配に帰属した。唐は、熊津都督府を中心として、この地域の支配権を強化しようとした。ところが、この地域の内外の条件は、不安定であった。長い戦乱によって既存の百済の行政体制は崩壊し、人々は離散して、その生活は苦境に陥った。新羅や倭との関係など、周辺の状況もかなり流動的であった。唐の朝廷は、こうした問題を解決して、百済地域を対高句麗戦遂行のための拠点としようとして、具体的作業を劉仁軌に一任した。すなわち、百済復興運動を鎮圧した直後、劉仁願と孫仁師は帰国することになり、劉仁軌が熊津に鎮守して戦後復興作業を主管することになった。

劉仁軌は、まず、生活の安定のための行政的処置をとりつつ、政治的には百済遺民を熊津都督府中心に結集させる作業と、熊津都督府の管轄範囲の確定を推進した。後者を具体的にみると、旧百済王室を前面に出して百済遺民を懐柔し、また、百済王室を新羅と並立させて新羅勢力の百済浸透を防ごうというものであった。

唐は六六三年、義慈王の息子である扶余隆を帰国させて、六六三年八月に白村江の戦いに参戦させた。おそらく、夏にあった孫仁師の率いる唐の中原軍派遣の時に、一緒に百済に送られてきたのであろう。百済復興運動と倭国が扶余豊を王に擁立して百済人を糾合することに対応するための処置であったことは、いうまでもない。百済遺民を懐柔するのに、扶余隆がもつ政治的効果は、白村江の戦いと周留城攻略以降にも変わりなかった。当時、高句麗や倭国には百済王子が亡命しており、彼らと反唐的な百済遺民が連携すれば、新たな叛乱の火種になりかねないためであった。熊津都督・劉仁軌が高宗に述べた次のような言葉は、そうした憂慮をよく物語る。

　陛下がもし高(句)麗を滅ぼすことを望まれるのでしたら、百済の土地を棄ててはなりません。扶余豊が北におり、扶余勇(扶余豊の弟――著者注)が南におり、百済と高麗は、昔から党をなして援助しており、倭人はたとえ遠く離れているといっても、やはりお互いに影響を及ぼしています。もし、この地域に兵馬を置かなければ、再び一国を成してしまいます。(陛下若欲殄滅高麗、不可棄百済土地、余豊在北、余勇在南、百済・高麗、旧相党援、倭人雖遠、亦相影響、若無兵馬、還成一国)[124]

彼の主張のように、唐は心配される状況が起きる可能性に備えるために、百済地域に強力な軍隊を駐屯させる必要があった。同時に、政治的に百済遺民を結集させる処置が必要であったが、その点で扶余隆は、非常に有効な存在であった。これは、反唐的な百済遺民の動向に対応するためであるだけでなく、同盟国新羅の動向に対する考慮からも提起されうる。すなわち、百済復興運動軍との戦争中に、新羅軍が百済の諸地域に進駐して、百済人の間に影響力を浸透させた点を、唐としては憂慮せざるをえなかったのである。そのため唐は、熊津都督府を代表する人物として扶余隆を前面に立たせ、文武王と会盟させる作業を急いだ。それでは、いつから唐が、扶余隆と文武王の盟約を推進したのだろうか。

新羅側の記録によると、周留城を陥落させた後、唐の大夫・杜爽は「百済を平定した後、互いに会盟せよ」という高宗の勅命を掲げて、扶余隆と会盟することを新羅に勧めた。これに対して新羅朝廷は、いまだ任存城を陥落できておらず、百済が叛服常ならざることを挙げて拒否するという意思を唐朝廷に伝えた。しかし、任存城が陥落した後、会盟しないことを咎める高宗の勅命がふたたび来て、新羅は「会盟のことは望むところではないが、敢て勅命に逆らうことはできず」盟約を結ぶことになったという(125)。具体的には、「六六四年二月、角干・金仁問と伊飡・天存が、唐の勅使・劉仁願とともに百済扶余隆と熊津で盟誓した(126)」と伝える。この六六四年二月の熊津(熊嶺)会盟記事は、当時、劉仁願が百済に来なかったことを考慮するとき、事実かどうか疑うこともできる(127)。しかし、文武王は「答薛仁貴書」で熊嶺会盟と就利山会盟を記述している。それだけに、熊嶺会盟の事実自体を否定する根拠はない。ただ、熊嶺会盟で劉仁願が高宗の勅使として参与したというのは、就利山会盟のときの事実が誤って記載されたものと思われる。

このような熊嶺会盟にいたる過程を検討すると、扶余隆を帰還させて新羅と会盟を結ばせようという構想は、白村江の戦い以前に唐朝廷で立てられたようである。この会盟で唐朝廷がねらった効果として、二つ想定される。一つは、熊嶺会盟で「会盟場所を両国の境界とした」事実から、百済復興運動軍との戦争期間に拡大された新羅の勢力を統制して遮断するために、唐は、百済王子である扶余隆を立てて新羅と対等の会盟をさせ、公式に新羅との境界を明らかにするということである。もう一つは、扶余隆を百済を代表する存在とすることで、百済遺民を懐柔しようというものである。すでに百済復興運動で百済王として擁立された扶余豊の存在が物語るように、百済王室を背景にすることは、百済地域の統治のために疎かにはできない要素であった。そうした面で、扶余隆は、百済支配に唐の有用な道具となる存在であった。唐に捕虜として連れて行かれた扶余隆を帰還させて前面に浮上させるために、唐は白村江の戦いに彼を参加させ、さらに新羅と対等に会盟させることで、彼の政治的位相を引き上げる効果を狙った。ところで、熊嶺で新羅と扶余隆が唐の主宰の下に会盟したが、形式上でも不均等なものであった。新羅側の会盟主体は、あくまでも臣下である金仁問と天存であった。文武王は、両会盟主体よりも上位の存在になり、さらに、会盟を主宰した唐の勅旨より上位である形となった。こうした面とともに熊嶺会盟以降、両国の境界画定は、満足に進められなかったようである。そこで、会盟が再度推進された。文武王が六六三年四月、鶏林州都督に冊封され、それに相応するように、六六四年一〇月、扶余隆が熊津都督に任命された。[128] 六六五年八月、熊津の就利山において、劉仁軌が会盟文をつくり、劉仁願が主宰する扶余隆と文武王の会盟がなされた。ふたたび「地を区画して両国の境界を確定し、百姓を住まわせてそれぞれの生業を営ませる(画界立封、永為疆界、百姓居住、各営産業)」[129]という儀式が行なわれた。

一方、熊嶺会盟の後、熊津都督府では六六四年五月に倭国に朝散大夫・郭務悰らを派遣した。[130]『善隣国宝記』に引用された海外国記によると、倭朝廷は、七カ月間引き延ばした末、唐朝廷の使臣ではなく私使であることを理由として受入れを拒否して送り返した。すなわち、熊津都督府が提議した修好を拒否したのである。熊津都督府による郭務悰の派遣は、百済領の安全を図る重要な要素である倭国の動向把握が主たる目的であったと思われ、倭との関係を再開して高句麗を孤立させようという意図も含まれていた可能性がある。[131] そして、当時、お互いに孤立していた新羅と倭の関係を考慮すると、熊津都督府が新羅の背後にある倭と交渉を再開したならば、新羅を牽制するのに有効な手段をえることになる。そうした面で、郭務悰派遣には、新羅孤立策の性格が込められていたという解釈[132]も可能である。

ともかく、郭務悰を通じた熊津都督府の国交再開の提議を、倭国朝廷は拒否した。その提議をうけいれることは、

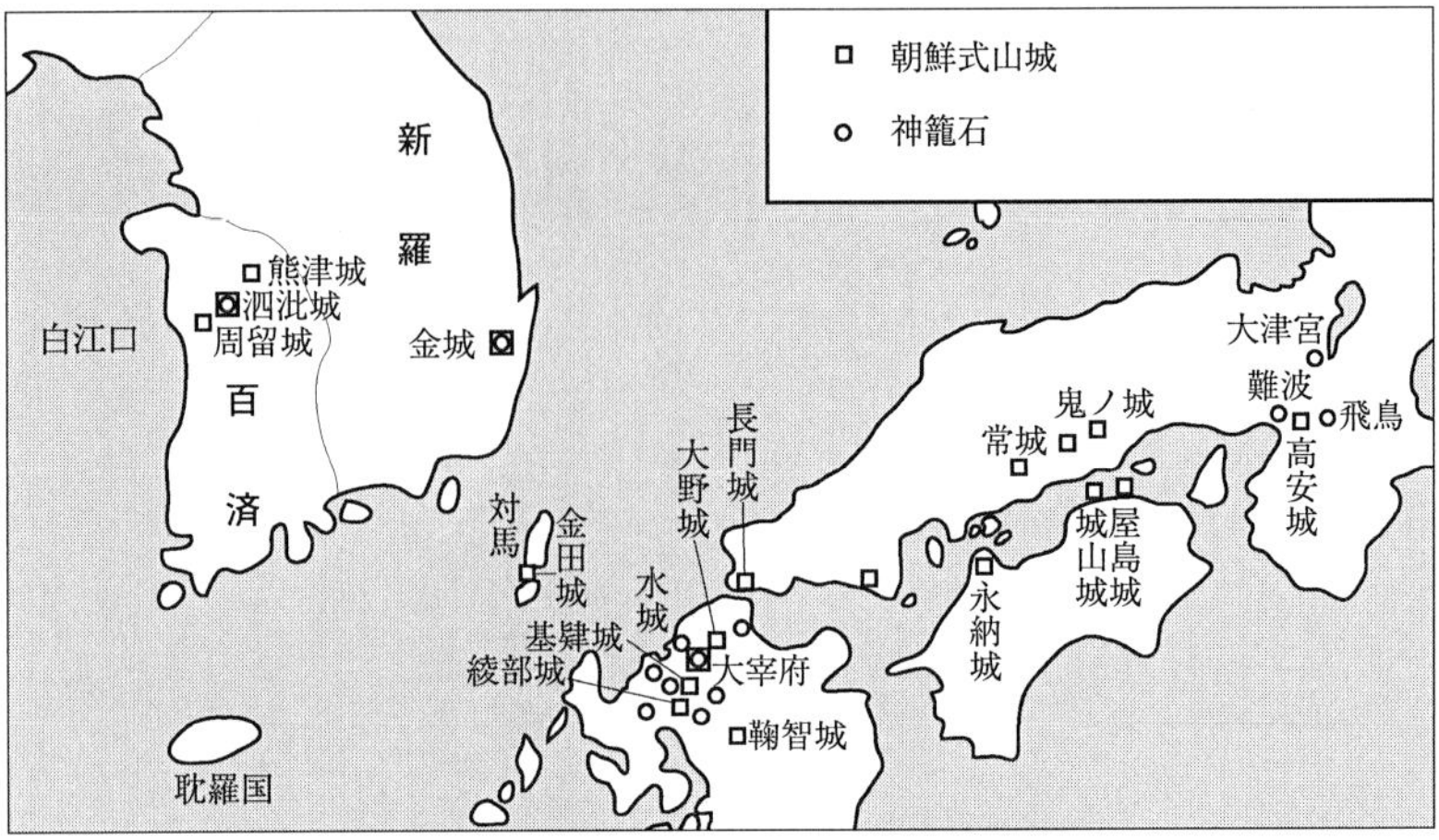

図 30　白村江の戦い後の日本列島の朝鮮式山城

すなわち唐の覇権を倭が認めるという、具体的には熊津都督府体制に承服するという意味になる。このころ唐は、文武王を鶏林州大都督に冊封し、高句麗を屈服させようとするなど、東方に勢力を拡張していた。そうした状況で倭は、唐の膨張に大きな脅威を感じていた。そうした時に唐との交渉で最も重視するのは、唐の侵攻から自国を守るということであった。この点に何らかの保証を得られない場合、唐との交渉に容易に応じ難い。ところで、郭務悰がもたらした書簡は、唐朝廷のものではなく熊津都督府の百済鎮将のものであり、郭務悰もそれに関する責任ある言及のできない下級官人[133]に過ぎないと判断して、「私使」すなわち百済鎮将が私的に派遣した使節であることを理由にして、倭王が正式な接見を拒否したと推定できよう。ともかく、このころ倭国は、対馬島、壱岐島、筑紫国、長門国などに各種の防禦施設を築くなど、侵攻に備えることに力を注いだ。

六六五年九月に唐の使臣として朝散大夫沂州司馬上柱国・劉徳高が倭の筑紫に到着して、国書を伝達した。劉徳高は、熊津都督府所属の百済人官吏である祢軍と、前年派遣された郭務悰らを含む二五四人に達する大規模な使節団を率いていた。そして、倭の重臣である中臣鎌足の息子で渡唐留学僧である定慧を一緒に連れて来た。劉徳高は、唐朝廷が派遣した使臣であり、前年、郭務悰が成果なしに戻ったことに刺激を受けて、熊津都督府が唐朝廷に要請して相当準備した後に倭国に派遣したようである。彼の訪問目的の記録は伝わらないが、基本的には前年の郭務悰のそれと異ならないものと思われる。それに

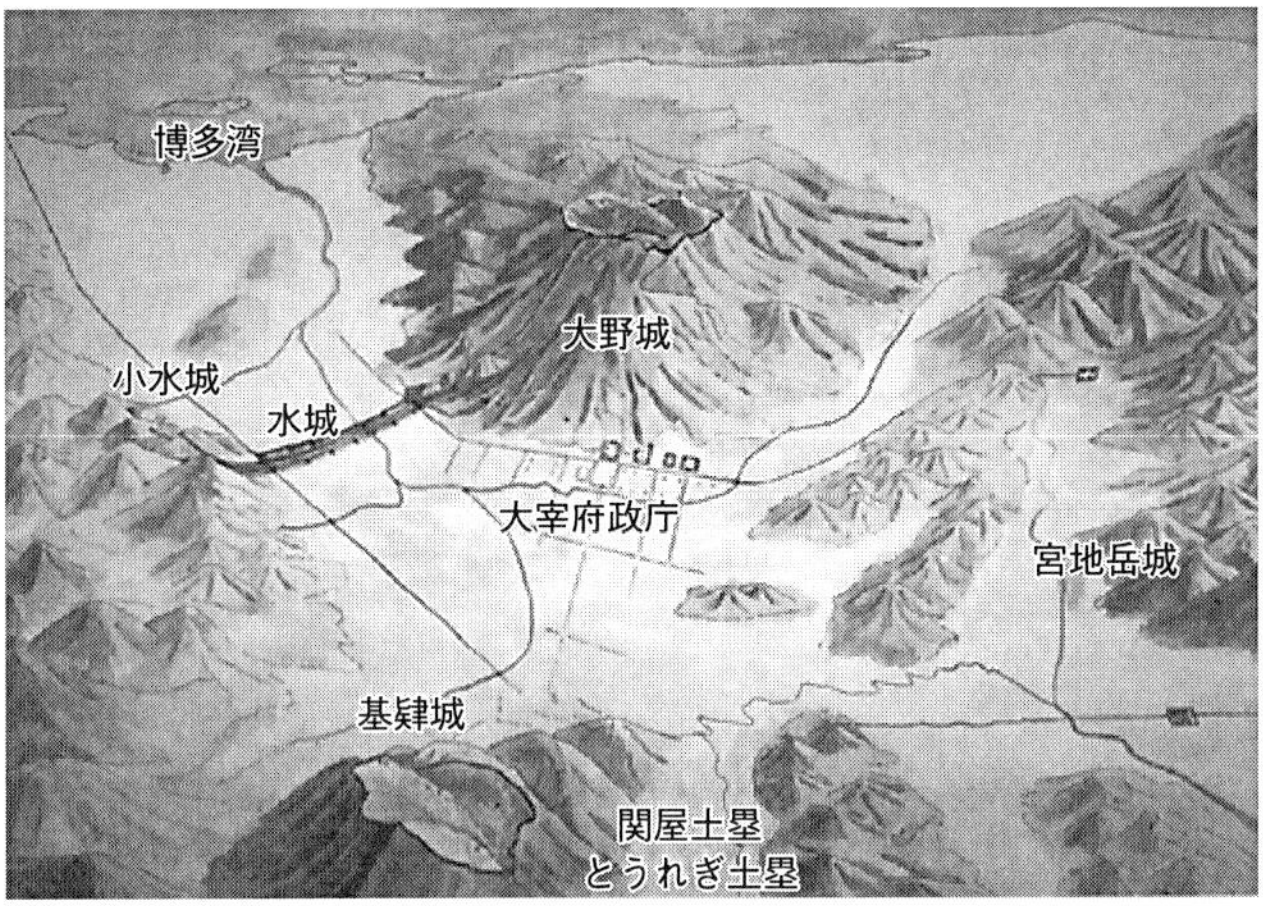

図 31　北九州の大野城と大宰府一帯の防禦施設*

図 32　岡山県にある鬼ノ城の城壁*

*総社市教育委員会『鬼ノ城』から引用.

対する倭朝廷の反応も、伝わるものがない。その後も、倭国朝廷が防禦施設を継続して築いたことをみると、唐と倭の間に白村江の戦い以後の状況を整理して国交を再開する和議が結ばれなかったことは明らかである。両国の間に張り詰めた緊張が流れ、唐の外交的攻勢が継続するが、倭は防禦的姿勢で慎重に注意深く対応する局面が持続した。

このように新羅や倭との交渉を通じて、熊津都督府は自らの安全と位相を確保しようとした。まず、熊津都督府が管轄する領域の境界を明らかにし、新羅を圧迫してそれに同意させた。さらに、扶余隆が文武王と対等な位相をもつ会盟をさせることで、新羅の政治的影響力が西側に広がってくることを遮断しようとした。

一方、劉仁軌は、こうした政治的作業を推進しながら、百済地域の戦後復旧事業を進めて民生の安定を図ろうとした。道路や橋梁の復旧と堤防の補修をおこない、村落を再興し、農業を奨励して、孤児と貧民に施すなどした。官署の長を任命して戸口を把握、整理するなど行政体系を整え、熊津都督府の官吏に百済人をかなり登用した。[134] 屯田を興し、軍糧を備蓄して、兵士を慰撫して高句麗戦に備えた。[135] こうしたことは、短期間に大きな成果を得ることはできないが、長期的観点から熊津都督府体制を固める作業を始めたのである。それは、すぐ前に引用した劉仁軌の文章で吐露されているように、この時期の唐の東方政策が追求する最大目標である高句麗攻滅戦のために、土台を固める作業であった。こうした唐の政策に対する、新羅の反応はどうであったろうか。新羅は、唐の百済地域と住民に対する支配力強化政策に不満を表した。唐皇帝の勅命を掲げた強要によって、仕方なく応じて二度会盟したが、扶余隆との会盟は唐の傀儡政権である百済の再建を承認する儀式であり、これに新羅が心から従ったはずがない。後日、唐と開戦した後、文武王が唐の将軍・薛仁貴に送った書簡で、唐の政策に対する新羅の不満として最も強調した部分が、まさにこの事案であった。唐による百済再興は、新羅にとって、対百済戦の戦果をそっくり奪い取っていくだけでなく、再興百済国は元の百済国よりもずっと深刻に新羅の安全を脅かす存在になるためである。事実、再興百済国の本体は、大唐帝国の軍事力であるが、いまやそれが新羅国境近くに接して存在するようになったのである。この点を新羅は、時間が経つにつれ痛感したのである。すでに六六〇年八月、百済を滅ぼした後、唐軍が事のついでに新羅まで侵攻しようとしているという報せがあり、新羅朝廷が緊急に対策を講じるための議論をしたことがあった[136]。これは、虚報による無駄な騒動に終わったが、強大な武力に隣接することになったことで、新羅は、常にこうした可能性を念頭に置かねばならなかった。熊津都督府が倭との交渉を試みた事実も、すぐに新羅に知られたであろう。交渉の具体的内容は分からなかったであろうが、二五〇名に達する大規模な使節団が倭国に渡ったことなど、唐が新羅を飛び越して新羅の後背に位置する倭と交渉したということは、新羅としては神経を尖らせざるをえないことであった。倭との交渉に唐が動員した人々に、反新羅的性格を帯びた熊津都督府所属の百済人が多かったという事実も、新羅人に疑惑を持たせる要素であったろう。そうした中で、新羅朝廷には「唐が艦船を修理して、表面的には倭国を征伐するというが、実は新羅を討とうとしている」という情報が入ってきて、百姓がこの状況を聞いて不安がったこともある[137]。当時、唐に連れられていった倭人の間でも、唐が倭国を征伐しようとしているという噂が広がったことがあった（後述）。どちらも根拠のない噂で終わったが、強大で膨張的な国家と隣接した国の場合に起こりうる現象といえよう。

こうした中で、新羅朝廷は、自国の地位と唐との関係に対して、根本的に再認識するようになったようである。「熊津都督」扶余隆と「鶏林州大都督」文武王が、同格で唐の将帥主催の下に会盟したので、これはすなわち新羅も百済と同じ性格の存在と規定され、実際にそのようになりうることを意味する。もちろん、両者を区分して、百済は唐の内蕃であり、新羅は外蕃といえる。しかし、新羅は唐の意思によって外蕃から内蕃になる可能性が開かれた状況に置かれていた。実際に、唐人の意識では、両者を区分しない面を露出することもあった。例えば、長安にある太宗の陵である昭陵の司馬門のなかには、貞観年間（六二七—六四九）に生け捕られて降伏したり服属したりした蕃長の様子を刻んだ石像一四体が並べられている。[138]この石像は、高宗の永徽年間（六五〇―六五五）に父である太宗李世民の業績を称えるために作ったものである。[139]この石像の中に「新羅楽浪郡王金真徳」もあり、最近その一部の彫刻が発掘調査された。[140]真徳女王は唐に行ったことがないので、この石像は、彼女の真影ではありえない。おそらく、長安に来た新羅使臣に聞いた女王の姿を根拠にして彫ったものであろう。重要なのは、太宗が攻撃して生け捕りにして降伏させた可汗や蕃長と新羅王が、同一の範疇とみなされていたという事実である。昭陵は、唐王朝の聖所として国家的祭儀が行なわれたところであり、後に高句麗が滅んだ後、宝蔵王と男建・男産兄弟も生け捕られてここに献納される儀式が行なわれた。[141]こうした場所に真徳王の石像が奉献されていることは、新羅に対する唐支配層の考えの一端を物語る。この時期の唐朝廷に宿衛しながら、長期間長安に滞在した金仁問のような貴族と留学生は、この石像の存在を知っていたであろうし、その意味を再認識したであろう。こうした状況で、新羅朝廷は、唐の対外政策の究極的な志向がどういったものであるかを深刻に考えざるをえなくなった。外蕃と内蕃を同一視する、言い換えれば天下の羈縻州化が、当時の唐の志向する対外政策の本質であったことを悟ったであろう。

だからといって、新羅が、高句麗や倭と対峙する現実の中で唐に抵抗することは、滅亡を自ら招くことである。唐との同盟を維持すること以外の選択の余地を、新羅朝廷は持ち得なかった。むしろ皮肉にも、高句麗と倭が唐と対峙する現状が維持される限り、新羅の安全は最小限保証されるため、現状で他の変化が起こるのを待って、それに対応するという下絵を描きながら耐え忍んだ。ところが、新たな変化の契機は、意外に早く高句麗から起こった。

第三章　高句麗の滅亡

第一節　淵蓋蘇文の後継構図

百済の滅亡は、高句麗にとって途方もない衝撃であった。高句麗の状況が、滅亡の危機に瀕した百済に軍事的支援をなしえなかったという事実が、高句麗執権層をさらに焦らせた。外部からの侵攻の脅威は次第に強くなったが、百済滅亡で高句麗の戦略的状況は大きく悪化した。そうしたなかで、高句麗内部でなんらかの政治的亀裂が発生したならば、致命的打撃になりうることは十分推定できる。その可能性としては、最高執権者である淵蓋蘇文の身上と関連して起きる場合が、当時の人々がもっとも想定しうることであった。自ずと最高執権者自身が、この問題に対処する方法を求めた。

高句麗内政で淵蓋蘇文は、確固たる支配権を掌握していた。彼がクーデターで権力を握った後、同じ東部出身の都須流今流を大対盧として貴族会議を事実上無力化し、自らは莫離支(太大兄)大模達(大将軍)として軍事権を掌握し、国政を主導した。(1) こうした過渡期を経た後、彼は大対盧になり、貴族会議を通じて国政を運営する形式を復活させた。これは、現実的に強固となった自らの権力を、貴族会議という公的な機構を通じて行使することで正統性を強化するためであった。つづいて、権力を息子に継承させるための処置をとった。それに関して直接的に言及する記録はみられないが、彼の息子たちに関する記録からその一面をみることができる。淵蓋蘇文の長男である男生は、墓誌銘によると、一五歳で中裏小兄、一八歳で中裏大兄、二五歳で中裏位頭大兄になり、翌年将軍職を受け、二八歳で莫離支三軍大将軍、三二歳で太莫離支になり軍国を総括した。(2) 墓誌銘によると、男生は儀鳳四年(六七九)正月に四六歳で死亡しているので、三二歳になった年は宝蔵王二四年(六六五)である。彼が兄系官位と莫離支につながる昇級過程を経たことを伝える。男生の弟である男産の墓誌銘でも、同じようなことが確認できる。男産は、一五歳で小兄を授かり、一八歳で大兄、二一歳で中裏大活、二三歳で位頭大兄を受けた後、さらに進んで中軍主活を歴任して、三〇歳で太大莫離支になった。(3) 彼が歴任した中裏大活と中軍主活の具体的な性格は分からないが、官位ではなく官職とみられる。

高句麗の官位体系は、兄類と使者類を中心に構成されていたことはよく知られている。ところで、注目されるのは、『三国史記』と墓誌銘などから地方官や部隊長としてみられる高句麗人の官位が、すべて兄類であったという事実である。すなわち、高奴子が新城宰の時に小兄、新城太守の時に大兄であって、(4) 徳興里古墳の被葬者である鎮は小大兄であった。そして、中原高句麗碑の古牟婁城守事が大兄であり、(5) 六四五年、唐との戦争の時に高句麗の中央軍司令官であった北部褥薩・高延寿と南部褥薩・高恵真が、それぞれ位頭大兄と大兄であった。(6) 高句麗末期、高慈の祖父で柵城都督であった高量が位頭大兄であり、その父である高文は位頭大兄であり将軍であった。(7) こうしたことは、すなわち、淵蓋蘇文が息子達に早くから各級の単位機関や部隊の指揮官職を歴任させたことを物語る。淵蓋蘇文のもう一人の息子である男建は、唐に最後まで抵抗して捕虜として捕らえられて流配されたため、墓誌銘が残っていないが、彼も若いときから兄弟と似たような昇進の道を歩んだであろうと思われる。こうした昇進の道は、男生が位頭大兄の後に将軍、つづいて莫離支になり三軍大将軍へと続いたことから見られるように、淵蓋蘇文が息子達に軍権を掌握させようというものであった。

六六五年、男生が三二歳で太莫離支になったが、この年に淵蓋蘇文が死んだものとみられる。太莫離支は莫離支に「太」を加えたものであり、官位としては莫離支すなわち太大兄であった。これは、男生が最高権力者として登場したことを記念して「太」を付けたに過ぎない。それに先だって、男生が二八歳で莫離支三軍大将軍となったのが、六六一年である。その年九月に唐の侵攻を受けて、男生が高句麗軍を指揮して鴨緑江で防禦戦を繰り広げたことは[8]、彼の三軍大将軍就任と関係するものとみられる。一方、男産は、三〇歳で太大莫離支、すなわち最高権力執権者になったので、それは六六六年か六六七年とみなければならない。そうであれば、男産が位頭大兄になった時期は二三歳であるので、六六〇年か六六一年であったろう。男生が大将軍になった時期が六六一年であることを考えると、男産が位頭大兄になった時期も六六一年とみてよいだろう。当時、高句麗では、五等級である位頭大兄以上の官位をもった高位官人が、人事問題を始めとする重要国政を決定する貴族会議の構成員であった[9]。そして、位頭大兄は、主要機関の長や部隊長に任命されうる官位であった。

男生と男産の昇進から分かるように、淵蓋蘇文は六六〇年に百済が滅亡した後、新たな情勢に対応する対内的処置として、彼の息子達に軍権を移管する作業を行なった。ところで、淵蓋蘇文は、三人の息子のうち一人に権力を集中移管せず、三人全てが軍国の運営に参与できるようにした。これは、彼の死後、息子達の間の権力闘争を招くかも知れない措置であった。もちろん、三人の息子が軍権を掌握して互いに協力して国政を率いたならば、淵氏家門の権力はさらに確固たるものになるだろうという期待からとった措置であろう。しかし、思い通りにいかないのが世の常である。特に、子供に関することはそうである。淵蓋蘇文もそうした面を意識して心配したようで、死に臨んで次のような言葉を遺したという。

この月、高麗大臣の蓋金が死んだ。自分の息子達に遺言して、「お前達兄弟は、水と魚のように和合し、爵位を巡って争うな。もし、そうしなければ、必ず隣国の笑いものになるであろう」といった。(是月、高麗大臣蓋金終於其国、遺言於児等曰、汝等兄弟和如魚水、勿争爵位、若不如是、必為隣咲)(10)

しかし、実際の状況は、ただ笑いものになるだけでは済まされず、亡国へとつながる内乱が勃発した。

第二節　倫理にもとる叛逆

淵蓋蘇文を継いで最高執権者に登った男生は、六六六年初めに地方の諸城を巡視するために出かけ、首都のことは二人の弟に一任した。ところで、首都を空けた間に、ある者が二人の弟に、兄である男生が彼らを憎んでいるので、先に謀るのがよいだろうと離間を勧めた。そして、男生には、首都に戻れば、権力の奪われることを恐れた二人の弟が追放しようとしていると讒言した。そうした言葉を聞いた男生の胸には、ふと疑惑と不安感が雲のように湧き上がった。彼は、平壌に人をこっそり送って、二人の弟の動きを探らせた。ところが、この者が男産と男建に捕まった。二人にとっては、兄が自分たちを疑っていることを確認したことになる。これに危機意識を感じた男産と男建は、急遽、平壌に帰ってくる男生を防いで平壌城に帰れないようにして、権力を掌握した。突然、権力から追放された男生は、急いで副都であった国内城に逃げ、そこで弟達に対抗した。すでに首都を喪失したため、副都である国内城の勢力だけで首都を奪還することは難しく、時間が経てば経つほど平壌にいる弟たちよりも不利になる自らの立場に焦りだした。そのため、彼は行ってはいけない道、先祖代々、戦って護ってきた国を敵国に渡す選択をした。自らと父があれだけ戦った敵国に、国を挙げて降伏する道を選んだ。

男生は、降伏の意思を伝えるために、大兄・弗徳を唐に派遣する一方、烏骨城を攻撃した。しかし、烏骨城攻略はうまくいかず、投降の件は、予想もしない高句麗最高執権者の叛逆であるため、唐でもすぐには信じてもらえなかった。焦った男生は、ふたたび西北方の蘇子河流域を経て渾河方面にでて、大兄・冉有を再度送って投降の意思を明かした。つづいて六六六年夏、息子・献誠を送り、唐に重ねて救援を要請した。[11] いまや唐がみても、男生の投降は明らかであった。ここで唐は、男生の投降という途方もない絶好の機会を活用するため積極的に出た。まず、契苾何力を派遣して男生を救援させた。唐軍は六六六年九月、遼河を渡って侵攻して高句麗軍を撃破し、男生軍と遭遇した。[12] その時、男生は哥勿、南蘇、蒼岩などの城を挙げて唐に投降した。[13] これをさらに具体的に伝えるのが、次の記録である。

公が国内城など六城一〇万戸余りの文籍と兵士を率いて、また木底など三城が皇帝の徳化を望んで共に帰属してきた。(公率国内等六城十余万戸書籍轅門、又有木底等三城希風共款)[14]

ここでは、男生が率いて投降した九城を二つに分けて記述している。すなわち、国内城など六城と、木底城など三城に分ける。この二つの部類は、位置する地域に差がある。国内城など六城は、渾江流域を含む鴨緑江中流地域にあった城であり、男生が唐に投降する意思を伝えた頃から男生の麾下にあった城である。木底城、南蘇城、蒼岩城の三城は、六六六年九月、男生が契苾何力の率いる唐軍と接触するために蘇子河流域に進撃するときに服属させた城である。[15] そして、『新唐書』泉男生伝にいう哥勿城は、『三国史記』地理志四の「目録」で伝える鴨緑江以北のすでに降伏した一一の城(已降城)の一つである甘勿主城であり、国内城の統制下にあった城である。国内城とともに唐に投降したこれらの城は同じ圏域に属し、国内城がほかの五城を統制する位置にあり、これら六城は高句麗末期には一つの軍事および行政単位をなしていたようである。そのため、「目録」では、国内城は「国内州」と表記されている。鴨緑江以北の城のうち、いくつかの主要な城を州と表記して他の城と区分しているが、各州は軍事行政単位の中心であったと思われる。[16]

男生がこうして唐に投降すると、高句麗の西北部地域の深くにまで唐の勢力が広がった形勢となった。すると、高句麗中央政府は、軍隊を派遣して男生軍攻撃に出た。しかし、高句麗の旧都である国内城は、鴨緑江中流地域の天恵の要害であり、外部から攻略するのは難しく、何よりも少し前まで高句麗最高権力者であった男生が叛乱を主導する状況であり、鎮圧は困難であった。兄弟間の死闘が続く中、六六七年、男生は唐に入朝した。[17] この後、男生は、高句麗の内部事情を次々と知らせて侵攻軍を導く役割を果した。一度生じた兄弟間の恨みは、他のどんな価値や理念より強く作用して、男生は死ぬ時まで唐に積極的に協力した。

こうして男生とその兄弟間の乱闘劇が繰り広げられて、唐軍が侵攻するなど政局が急速に絶望的に展開すると、南方を守っていた淵蓋蘇文の弟である淵浄土が離脱した。六六六年一二月、彼は、自らの管轄地域である一二城を挙げて新羅に投降した。この一二城は、比烈忽(安辺)、泉井郡(徳源)、各連郡(淮陽)に属する地域であり、現在の江原道北部と咸鏡南道南部一帯であった。[18]

こうして高句麗の最上層部で分裂と叛逆の渦を巻き起こした淵氏兄弟の葛藤と分裂は、どちら側が先に対立を触発したのか、また、その過程で唐や新羅のスパイが介入したのか、詳細には分からない。しかし、淵蓋蘇文の死後に三兄弟に紛争が起きる素地があり、その隙を利用した唐や新羅の工作がありえるということは予想できた。問題は、事前に予防措置をとれなかったということにあり、さらには、紛争が起きた後も収拾できなかったことにある。当時、高句麗の政治機構とメカニズムは、事態を収拾するのに何らかの役割を果したようには思えない。こうした状況は、二〇年余りの間、淵蓋蘇文が執権したことと無関係ではない。淵蓋蘇文は、大規模な流血の政変により執権した後、強力な権力を築こうとしたのであり、その権力を息子に世襲させた。この過程で、抑圧的な権力行使が不可避であった。それは自ずと他の貴族の不満を呼び起こし、何よりも既存の権力装置を無力化した。淵蓋蘇文に集中し、人格化した権力は、彼が死ぬととてつもない権力空白を招いた。彼の息子の間に権力闘争が繰り広げられた時、葛藤を調停したり、どちらか一方に力を集めたりなどといった、権力の混沌状態の早期終結に、王や貴族会議などのどんな権力装置もうまく作動しえなかった。[19]これは、淵蓋蘇文に対する歴史的評価で見落とせない側面である。

第三節　燃える平壌城

男生の投降とともに転がり込んできた絶好の機会を活用して、唐は、六六六年一二月、李勣を司令官とした大規模な遠征軍を投入した。六六七年二月、李勣の率いる大軍は遼河を渡り、新城を包囲した。新城は、遼西から遼東へ行く三つの道のうち、北道の東側の入口にあり、北は扶余城に至り、東北は旧扶余すなわち現在の吉林省地域に通じ、南は遼東城につながり、東は蘇子河流域をへて国内城に出る交通の要衝に位置する。そのため、李勣は「新城は高麗西部地域の重鎮であり、もっとも重要な場所である。この城をまず図らねば、他の城を攻略することは容易でない」といって、全力を尽くして新城攻城戦をおこなった。新城の高句麗軍は熾烈に抗戦したが、ついに九月に城内に投降者があり、城主を縛って降伏し陥落した。[20]新城を陥落させた後、新城には高侃などを置いて守らせて、司令官・李勣は主力軍を率いて遼東城方面に進撃した。これに対応して男建は、高句麗軍と靺鞨軍を派遣して新城奪還を試み、一方では、蘇子河流域の木底城、蒼岩城、南蘇城などを攻撃してふたたび中央政府に帰服させた。そうなると、新城の唐軍と連携が遮断された国内城地域の男生軍は孤立する。この作戦が有効に展開すれば、高句麗は国内城地域を回復し、新城を奪還して侵攻軍を北から圧迫し、補給線を脅かしながら持久戦を繰り広げることができ、戦争の展望は明るくなる。しかし、過去とは異なり、そのようには展開しなかった。

新城を攻撃した高句麗軍は唐軍に撃退され、さらに契苾何力と薛仁貴らは唐軍を率いて蘇子河流域に進出して高句麗軍を攻め破り、男生軍と再び遭遇した。こうして唐軍は、新城を中心として、東には国内城にいたる広い空間を確保して、鴨緑江以北の高句麗領域を南北に両断する形勢を構築した。唐軍はこの軸を中心として占領地の幅を拡大しながら、高句麗の頸を絞めていった。

李勣が率いる唐の本軍は、新城を発って一六城を攻略した後、大行城に向った。大行城は、鴨緑江河口にある(21)。新城を発ってここに向った李勣軍の進軍路は、具体的に伝わっていないが、おおよそ新城―遼東城―烏骨城―大行城というルートであると思われる。また、李勣軍の進撃に呼応して国内城方面に進軍した契苾何力の唐軍も、桓仁方面から烏骨城―大行城に出て李勣軍と合流した(22)。

唐軍の進撃に呼応して、新羅軍も北進を準備した。当時、新羅と唐は、対高句麗戦で共同作戦を行なっていただけに、相互の情報交換と軍事要員の交流があった。六六七年李勣の唐軍が遼東を攻撃するとき、新羅は波珍飡・智鏡と大阿飡・愷元を遼東戦線に派遣した。唐から平壌城攻略戦に新羅軍が合流することを要請された(23)時、唐軍は概括的な作戦計画を通報して、平壌城で両軍が合流する軍事日程(軍期)を定めたであろう。この時、遼東の唐軍陣営から戦況を記述した文言が新羅に伝えられ、それが新羅朝廷で保管され、後日『三国史記』編纂の時に一部が掲載された。『三国史記』地理志四にある「目録」が、それである(24)。

新羅朝廷は、約束した軍期に合わせて、文武王が六六七年八月に金庾信ら将軍三〇名を率いて都を離れ、九月に漢城停に到着し、兵力を集結して唐軍が平壌に到着するのを待った(25)。同じ時期、唐将・劉仁軌と新羅将・金仁泰は、それぞれ百済地域に駐屯していた唐軍と新羅軍を率いて卑列道によって北進した。一〇月二日、李勣軍が平壌城の北二

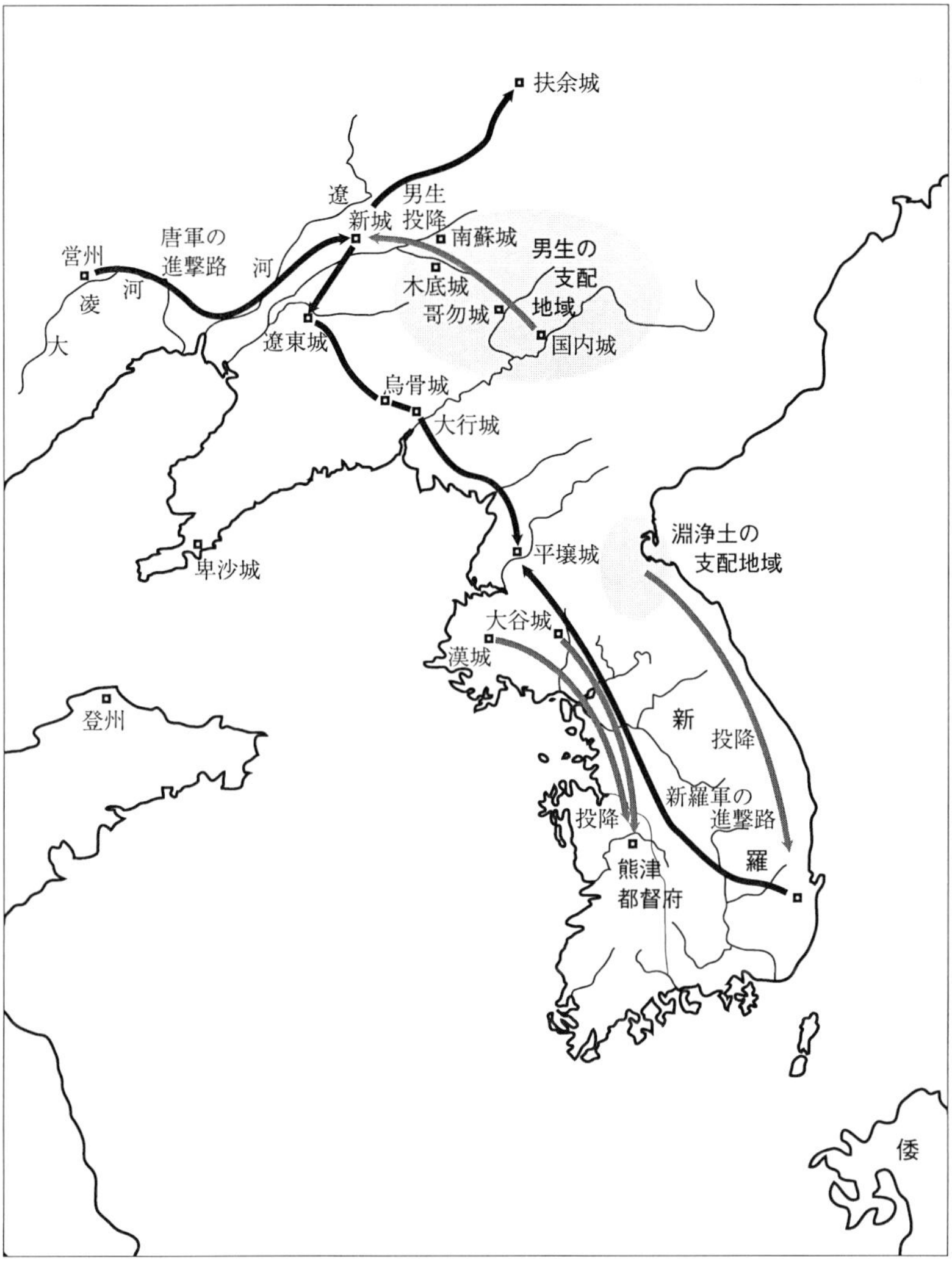

図 **33**　高句麗滅亡直前，666－668 年の戦況図．男生軍投降路，唐軍の進撃路，新羅軍の進撃路，熊津都督府に投降した漢城と大谷城，淵浄土投降地域

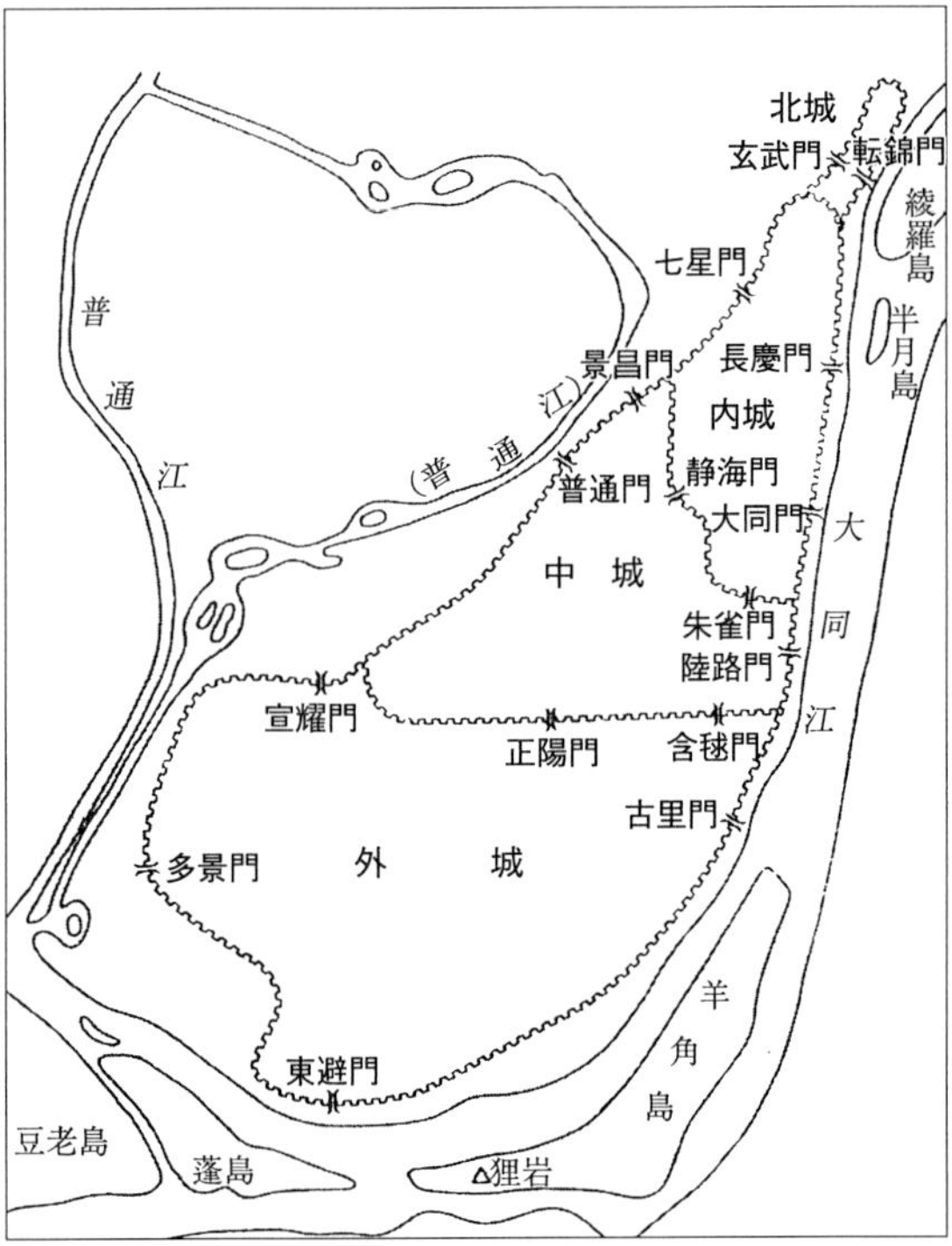

図 34　平壌城平面図

〇〇里地点に到着し、村主大奈麻・江深を契丹兵八〇騎とともに漢城(現在の黄海道新院群)に派遣して、約した軍事期日に合わせて進撃することを促した。文武王はこれに応じて北進し、一一月一一日、獐塞に至ると、李勣の唐軍が撤退したという報せに接した。新羅軍も撤収して帰った。

ところで、六六七年一一月初め、平壌城一帯から唐軍が退却したが、唐本土に撤収したのではないようだ。唐軍の越冬地に関する具体的な記述はみられない。もし、唐本土に帰還したのならば、翌六六八年の作戦開始は、ふたたび遼東に進撃するところから始めねばならない。ところが、六六八年二月、薛仁貴は唐軍を率いて北に進撃して現在の長春・農安地域にあった北扶余城を攻略して、扶余川一帯の三〇—四〇城余りを占領した[26]。唐はこの作戦で、遼西の燕郡—通定鎮—新城とつながる唐軍の主たる補給線を北から脅かしうる高句麗勢力を除いた。これは、薛仁貴の唐軍が、新城方面に駐屯していた唐軍本営から出発して北に進軍したことを物語る。唐軍は、六六七年一一月以降、唐本土と連絡が容易な遼東の新城と遼東城一帯に戦線を縮小して、国内城一帯の男生軍と連携して防禦に努めながら越冬したのである。この唐軍の本営に六六八年初め、新羅朝廷が大監・金宝嘉を海路から派遣して、唐側と作戦を協議させた(27)。

高句麗の領域で唐軍が越冬できたことは、高句麗の抵抗力が大きく弱体化したことを意味する。十分に休息して補給を受け、戦力を再整備した唐軍は、六六八年夏、再び平壌城侵攻に出た。新羅軍も六月二一日、平壌城に向って都

図 35　陰密台と平壌城(30)

を出立した。今回は、金庾信は都に残り、後方の重要な問題を総括した(後述)。六月二五日、高句麗の大谷城(現在の平山)と漢城など二郡一二城が、熊津都督府の劉仁願に投降した(28)。漢城は、国内城とともに当時高句麗の副都であった。大谷城と漢城は、臨津江から平壌に至る道の中間に位置する重要な拠点である。これらが降伏したならば、漢江下流から大同江までは門が開いたことになる。七月一六日、文武王は漢城州に行き、督戦した。ついに九月一二日、新羅軍と唐軍が合して平壌城を包囲した。すでに高句麗は、物理的な軍事力が枯渇し、精神的な抵抗力も、度重なる支配層の分裂と投降・背信で尽きている状態であった。平壌城防禦の任務を総括する将軍である僧侶・信誠が、唐軍に内応して城の門楼に火を放って投降したことにより、最後の防禦壁も崩れた。最後まで抵抗した男建が自刃を試みたものの、失敗して捕虜となった。

平壌城は半月の形をしており、道教の道士が大同江の龍に命じて満月様に城を増築させたといい、名付けて「龍堰堵」といって千年の間保たれるであろうという内容の讖語が、淵蓋蘇文が執権していた時に流布した(29)。淵

蓋蘇文が平壌城の防禦力増強をしながら、事業の効用を神秘化するために道士を動員したことによる讖語とみられる。それからわずか二〇年余り後である六六八年九月二一日、「千年宝蔵堵」の門楼と城壁にそって龍がもだえるように炎が広がり、火炎に照らされた大同江の水は龍の血のように真っ赤であった。平壌城はついに最後の日を迎えた(31)。

一方、平壌城陥落の直前に、高句麗が最後の息を切らしている頃、南方ではまた異なる新たな動きをするための密かな動きが展開されていた。これをみる前に、まず、高句麗滅亡後の高句麗遺民の行方をみてみる。

第四節　遺民の行方と靺鞨族の動向

(1) 高句麗遺民の恨《ハン》と涙

高句麗滅亡後、遺民はいくつかに分かれて苦難の生を生きねばならなかった。まず、平壌城の陥落後、唐軍司令官・李勣は、宝蔵王以下の高句麗支配層を捕虜として生け捕りにして軍を返した。宝蔵王らは唐に連れて行かれた後、唐軍の戦勝記念儀式として、まず、太宗李世民の墓である昭陵に捕虜として捧げられ、高宗に謝罪する儀礼を行なわねばならなかった。高宗は、宝蔵王に官職を与えることでさらに屈辱を与え、勝者の喜びを満喫した。淵氏三兄弟のうち、男生は「軍功」により右衛大将軍の職を得て、彼の息子・献誠も官職を得た。平壌城でいち早く降伏した男産は、司宰少卿を与えられた。最後まで抵抗した男建は、中国南部に流された。淵蓋蘇文が死んだとき、兄弟が争えば他人の笑いものになるだろうと憂慮した通り、三兄弟はその父を辱め、国を滅ぼした者たちとして、愚かさと卑劣さが歴史の嘲弄の対象となった。彼らの行為は、自分たちの運命を誤っただけでなく、数多くの高句麗人の涙と恨を生んだ。

高句麗を滅亡させた後、唐は平壌城に安東都護府を設置して、薛仁貴に二万の兵を与えて駐屯させた。そうしてから、五部・一七六城・六九万戸の旧高句麗国を九都督府・四二州・一〇〇県に再編して、高句麗人のうち、唐に投降したり協力したりしたものを都督・刺史・県令などに任命して表に立たせ、唐国人の官吏が実際的に統治するように措置して、安東都護が彼らを統括するようにした。新たな行政単位を区画するなどのことには、長安に留まった男生が深く関与した。(32) 唐の安東都護府は、高句麗人の反発を源泉から弱めて唐の支配を円滑にするための方策として、富裕で力のある高句麗人を唐の内地に大挙して強制移住させる政策を敢行した。高句麗中心部地域に居住していた有力な民戸二万八二〇〇戸余りを強制移住させた。それは、高句麗人社会を根本から揺るがし、すぐに高句麗人の強力な反発を招いた。

高句麗遺民の反発は、二つの形で噴出した。一つは、積極的な形態として、唐の支配に対する武力抵抗である。もう一つは、唐の支配網から抜け出るために、他の地域に移住することである。前者の場合としては、平壌一帯を中心とした剣牟岑らの蜂起がその例である。遼東地域でも高句麗遺民の蜂起が相次いだが、六四五年に太宗が率いた唐の侵攻軍を阻止したことで有名な安市城が、今回も対唐蜂起の重要な根拠地であった。遺民の武力蜂起は、復興運動軍が相互に連帯する組織性の不足と、優勢な唐軍の武力に押されて、六七三年頃までに鎮圧された。一度国家が崩壊すると、それに代る組織体を構成するということは至難の業である。征服者が行なう抑圧と略奪による苦しい現実は、高句麗人の抵抗を触発したが、七〇年にわたる長期間の戦乱により疲弊した民力と、最高支配層の背信的行為を経験した彼らに、国家やそれに準ずる組織体に対する信頼と、相互の信頼感を回復させるには、さらに多くの時間を要した。何よりも、自分と自分の家族の安全と明日を保証してくれるという確信を構成員個々人の胸深くに植え付けるには、長期間の献身と勝利に対する実際的な経験が必要であった。しかし、強力な敵軍は、時間的余裕を与えてくれず、押しよられた。

一方、反唐抵抗運動の過程で、多数の高句麗遺民が他の地域に移住していった。彼らの移住は、おおよそ小規模単位でなされ、相当な期間進められた。

全体的にみて、高句麗遺民の行方は、地域によっていくつかに分けることができる。第一は、新羅に合流した人々である。これには、彼らの原住地が新羅に併合されたことによってともに帰属した集団があり、六六八年以降の一連の激動で、淵浄土一派や安勝らのように、集団で新羅へ来投してきたものもいた。戦争捕虜として捕まえられて来た人々もいたであろう。高句麗復興運動に参与した人々のうち相当数は、唐軍に押されると新羅に渡って新羅軍に合流した。新・唐戦争が一段落した六七六年以降にも、唐の支配に抵抗した高句麗遺民が、散発的に小規模単位で新羅に渡ってきた。高句麗遺民として新羅に合流した彼らの数が、どの程度になるか正確には分からない。

第二に、渤海建国とともに渤海人になった人々である。彼らは、高句麗滅亡後も継続して現住地である中東部満州地域に居住していた集団と、大祚栄集団のように、遼西地域の営州方面に移されて住んでいたが後に東方に脱走した集団、そして、遼東方面から東部満州地域に移ってきた人々である。

第三に、日本列島に移住した人々である。『日本世記』の著者である僧侶・道顕のように、六六八年以前に日本にいき、高句麗滅亡後に帰化してそこに留まったものもいるが、ごく少数である。大多数は、六六八年以降に日本列島に渡った人々である。彼らは、険しい海を渡ったボートピープルのような難民であり、日本列島の様々な場所に定着して生き延びた。関東地域の神奈川県にある高麗寺址は、この地域に定着した高句麗遺民の存在を証言している。ここは、日本朝廷から高麗王という姓をもらった若光の一族が定着した地域である。

第四に、唐の内地に強制的に移住させられた人々である。彼らは、遼西の営州地域に定住することになった人々、関内・隴右道方面など辺境地帯に移された人々、淮河流域など江・淮方面に流された人々に細分できる。まず、関内・隴右道方面をみると、高句麗遺民が移された場所は、現在の陝西省西部と甘粛省地域である。この地域は、チベットの吐蕃とモンゴル高原の遊牧民勢力の連携を遮断する長い回廊地帯であり、農業と牧畜がおこなわれ、西域に出るシルクロードの要地である。唐は、高句麗人の軍事力を活用するためにこの地域に定着させて、彼らで構成された団結兵を編成した。団結兵は、地域の自衛のための一種の地方兵であった。唐の軍司令官としてパミール高原を越えて征服活動を行なった有名な将軍・高仙芝は、まさにこの地域に定着させられた高句麗人の後裔である。江・淮方面に移された人々は、淮河流域の事実上見捨てられた地に定着して生活した。

第五に、モンゴル高原の遊牧社会に移住していった人々である。彼らは、唐の支配を避けて集団的に移っていったが、その中には高文簡のように突厥の黙啜可汗の婿となり、「高麗王莫離支」と称した者もいた。彼らのうち、高文簡、高拱毅、高定傅らがそれぞれ率いた集団は、突厥で内紛が起きるとモンゴル高原を離れ、唐に来投して内モンゴル地域に定住した。

第六に、遼東地域にそのまま留まった人々である。彼らは、六六八年以降、唐の安東都護府の統治を受けたが、何度も抵抗と唐内地への強制移住を経験して、数多くが東部満州やモンゴル高原および新羅に移住していき、安東都護(督)府には弱くて貧しい少数のみ残ることとなった。彼らに関しては、後に再び言及する。

唐の内地に連れて行かれたり、突厥に行ってから唐に流れたりした人々の運命は、様々な形態をみせた。六七六年、唐は朝鮮半島から撤収した後、遼東地域に対する支配力を再建するための一連の措置をとった。その一環として、宝蔵王を遼東都督朝鮮郡王に封じて、六七七年、唐の内地に移されていた高句麗遺民とともに遼東に帰還させ、高句麗遺民を安定させる役割を委ねた。そして、男生を安東都護府に派遣して、高句麗遺民の結束を監視して、この地域に唐の支配を確立するために努めさせた。宝蔵王は、遼東に帰還した後、いくらも経たないうちに、旧服属民であった粟末靺鞨と連携して唐に反旗を翻そうと図った。しかし、発覚して再び唐の内地に流され、帰還措置となった高句麗遺民も、再び内地に強制移住させられた。一方、しばらくして男生は、安東都護府の官舎において病死した。宝蔵王と男生は、最後まで互いに異なる道を歩む運命を選んだ。しかし、数世代が流れた後、二人の子孫は、結局類似した姿を見せている。

男生の息子である献誠は、武将として唐の朝廷で高い官職に昇進したが、叛逆するという讒言によって処刑された。献誠の孫である毖は、墓誌銘に出自を長安付近の「万年県人」と記されるほど漢族に同化した。高蔵(宝蔵王)の孫である高震は、安東都護になるなど相当な官職をもっていたが、墓誌銘に宝蔵王の孫であることを明らかにしながらも、出自を「渤海人」と記している。この時の「渤海人」は、山東地方の蓚の地を本拠地とする漢人名門閥族である渤海高氏を意味せず、渤海国と同じ系統であるという意味である[33]。これは、彼が高句麗人としての自意識をもっていただけでなく、渤海国が高句麗の継承国であることを意識していたことを物語る[34]。ところで、漢人に嫁いで高震よりも一年早く亡くなった彼の娘は、墓誌銘で出自を渤海人としながら、山東の斉の後裔としている[35]。すなわち、渤海高氏というのである。すでに漢化した姿を見せている。

このほかに、唐の内地に連れて行かれた高句麗人のなかで、高仙芝、王思礼らは、個人的能力によって武将として大きく出世した。百済人・黒歯常之、砂吒(宅)忠義なども武将として頭角を現した。一方、王毛仲は、政治的機敏性があり、玄宗の一等功臣となって大いに出世した。彼らの活躍は、唐帝国の国際性と開放性によって一層容易であった。しかし、外見上の開放的雰囲気とともに、唐社会の内面に流れる漢族の排他性のため、妬みや侮蔑がひどく、不安と恐れが常に付き従った。男生の息子・献誠は、弓の名手として名高く、則天武后の御前弓術大会に推薦されたが、漢人の妬みを恐れて辞退した。高仙芝は、西域征伐で大功を立て勝利の報せを送ったが、朝廷に直接報じたといって上官である節度使から「犬糞喰らいの高麗の野郎」「犬の腸を喰う高麗の奴」と激しい侮辱を受けた。これら高仙芝・黒歯常之ら高句麗や百済遺民出身の将たちは、たとえ唐帝国に忠誠を尽くして出世したとしても、ほとんどが叛逆などの嫌疑により悲惨な最期を迎えている。

唐帝国の国際性と排他性という二律背反的両面性の中で、高句麗遺民の自意識世界をみると、唐の臣民として唐で好待遇を受けた高氏と淵氏は、家門に高い自負心がありこれを誇示することもあった。しかし、亡国貴族の出自に対する自負というものも、現実的には高句麗遺民と新羅に対する政策に活用できるという唐朝廷の政策的配慮に対応した自己保存と誇示の手段に過ぎず、異国の圧倒的漢族社会の隔絶された生活で持つ、華麗な過去の残映に対する憐憫と郷愁以上のものではありえなかった。平壌城陥落の直前に降伏して、唐から遼陽郡開国公に封じられ、厚い待遇を受けた男産の墓誌銘に表現された次の文章は、彼らの内面意識の一断面を反映したものといえよう。

邸宅で朝を迎え、皇帝に拝謁し、恩寵をうけて勲績により公侯に封じられた。しかし、山川が絶たれたので、どうして遼陽の地が与えられようか。故国への思いに傷ついた心は、鍾儀の永遠の恨であり、荘舄の悲痛な詩である。旗を靡かせて玉を身に付け金を帯びても、太鼓の音や鐘の音に心配のみ深くなる。過ぎた日の追憶は深い林のようで、秦の地に一人座り済水と洹水を恨む。(甲第朝啓、承明旦謁、勲懋象胥、寵均龍卨、遽開青社、山河内絶、遼陽何許、故国傷心、鍾儀永恨、荘舄悲吟、旍旆啓戟、珮玉腰金、鼓鍾憂眩、逾憶長林、留秦独思、済洹為咎)(36)

そうした内面の葛藤も、数世代が流れると弱くなり消滅して、献誠の孫や宝蔵王の曽孫のように漢化した。百済王孫の運命も同様であった。義慈王の息子として熊津都督となった扶余隆と、彼の息子・扶余敬、最近墓誌銘が発見された扶余隆の孫娘・扶余太妃など、百済王族の一部は、唐でも継続して栄華を誇ったが、新羅を圧迫するための政策上の利用価値を考慮した唐朝廷の配慮に過ぎなかった。その価値が消滅すれば、すぐに歴史の裏面へと消え去る運命であった。

一方、辺境地域に居住することになった高句麗遺民は、集団的に定着して、周囲には相対的に低級な文化をもつ北方種族が居住し、漢族文化の圧迫が相対的に少なかったため、比較的後代まで高句麗人のアイデンティティを維持しえた。彼らは、時によって独自勢力として登場することもあった。営州地域に定着した大祚栄集団がそうであった。継続して営州地域にとどまった李正己家門の場合は、安禄山の乱以降、頭角を現して、山東地域に移って数代にわたり独自の軍閥として君臨した。

このように一部の高句麗遺民は、さまざまな足跡をわずかながら残しているが、唐に連行された高句麗遺民の大多数である一般の民は、将卒たちに戦争捕虜として与えられ奴隷として処分されることもあって、辺境地帯や荒蕪地に集団で定着して、困難と冷遇のなかで孤立した生活をしているうちに、跡形もなく同化していった(37)。馴れない異国の地に連れて行かれ、苦難の中で音もなく消えていった数多くの高句麗遺民の存在は、長い間ほとんど注目されなかったが(38)、近頃関心の対象となっている。皮肉にも「中国高句麗史論」が提起されて、高句麗史が中国史であることを主張する主要論拠として挙げられてからである。その主張については、本書の第Ⅰ部で論じた。

(2) 靺鞨族の動向

六六八年以降、高句麗住民の状況として論じる必要があるのが、靺鞨族の動向である。靺鞨族は、種族系統上、高句麗人とは違いがある。ところが、多数の靺鞨族は、長い間高句麗国の支配下にあったため、相当数は様々な経路で高句麗化した。七世紀代、高句麗中心地域の高句麗人と、高句麗勢力圏の外にいた黒水靺鞨のような奥地の靺鞨人の間には、文化的に大きな差があった。しかしながら、高句麗の支配下にいることで高句麗化された靺鞨人と、靺鞨族と隣り合って暮らす辺境の高句麗人の間には、生活様式に大きな違いはなかった。そのため、第三国の人が両者を明確に区分することは難しかった。渤海国を建てた大祚栄は、出自が「高麗別種（高句麗人の一支族）」と「粟末靺鞨として高句麗に服属していた者」とそれぞれ伝わっているのも、こうしたことに起因する。そのため、大祚栄は「辺境の高句麗人」(39)、または「靺鞨系高句麗人」(40)と規定されている。

靺鞨族は、高句麗支配下で高句麗軍に多く動員された。彼らは、牧畜と狩猟が大きな比重を占める複合経済を営んで、厳しい条件でも耐える野性と機敏な機動性をもち、高句麗軍の斥候兵や別働隊となり、偵察や敵の背後の奇襲、補給線攻撃などで大いに活躍した。高句麗軍で靺鞨系兵士が占める比重は、相当高かった。時には、数万人を動員することもあった(41)。六四五年、唐との戦争の際、安市城郊外で繰り広げられた大会戦で、高句麗軍は一五万を投入したが、敗れて司令官・高延寿以下、三万六八〇〇人が投降した。そのうち、靺鞨兵が三三〇〇人であったが、唐軍は彼らを全て生き埋めにして殺した。靺鞨兵は高句麗軍の一〇%程度であった。もちろん、一般的基準にはならないが、おおよその程度を推測することができる。

高句麗の滅亡は、靺鞨族に深い影響を与えた。隋代の靺鞨七部が、六六八年以降、どのようになったかについて、次のように伝わる。

白山部は、本来、高句麗に服属してきたが、平壌城が陥落した後、多くの人々は唐に入った。汨（伯）咄、安居骨、号室などの部もまた、高句麗の滅亡後、奔散して微弱となり、どのようになったか分からない。残った人々は、みな渤海の編戸となった。ただ、黒水部のみがそのまま盛んであった。（其白山部、素附於高麗、因収平壌

之後、部衆多入中国、汨咄、安居骨、号室等部、亦因高麗破後奔散微弱、後無聞焉、縦有遺人、並為渤海編戸、唯黒水部全盛[42]

靺鞨族社会は「邑落ごとに酋長が存在し、一つに統合できなかった(邑落倶有酋長、不相総一)[43]」という表現が物語るように、村落ごとに自治を営んでおり、諸村落を糾合して統制しうる一定の常設支配体系をもっていない状態であった。『隋書』靺鞨伝が伝える「靺鞨七部」の部も、構成員全体に対する統合力をもつ政治的単位ではなかった。七部は、地域的要件や方言・風俗などによって少しずつ異なる靺鞨族の諸集団を、中国人が地域別に区分して把握したもの以上ではない。七部の名称をみると、粟末水、(長)白山、黒水などのように、固有地域の代表的な山や川の名前で住民を分類したものがあり、ある方面の靺鞨族のうちもっとも大きかったり知られたりしている部族または村落の名称によって、地域住民全体を代表するものとして把握した場合もある。すなわち、七部は、靺鞨族の確定された七つの部族を意味するものではなかった。

ともかく、高句麗滅亡以降、靺鞨七部の動向をみると、上の引用文でみたように、白山・汨咄、安居骨、号室部などは、すべて分散して微弱になった。そのほかに粟末部は、粟末水流域に居住した突地稽集団などの一部はそれ以前に隋に投降して、唐軍に従軍した。対新羅戦争で靺鞨兵部隊を率いて参戦した唐軍司令官・李謹行は、突地稽の息子であり、粟末靺鞨出身である。粟末部の他の多数は、高句麗に服属して対唐戦に参加した。大祚栄とともに営州から脱出した乞四比羽集団などが後者の例である。靺鞨族の諸部が、六六八年以降、分散・弱体化したことは、つまり靺鞨族の既存の秩序が崩壊したことを意味する。すなわち、高句麗が有力な村落勢力をその地域の靺鞨族の代表に任命して、それを中心として一帯の諸村落を集団的に羈縻隷属させて支配秩序を構築したが、高句麗滅亡によりこれが崩壊した。その地域の靺鞨族を代表していた村落は、地位を保証していた力が消滅すると、その地位を維持することができなくなり、むしろ高句麗に忠誠を尽くしていたために戦乱の被害を受けて弱まり、下位村落の離脱と抵抗を受けて分散したり弱体化したりした。実際に六六八年以降、鉄利部・越喜部などのような新たな集団が出現して、高句麗勢力圏の外にいた黒水部が盛んになったのは、そうした面を伝えている。

このように高句麗滅亡以降、靺鞨族社会は大きく動揺した。しかし、新たに盛んになったとされる黒水部も、大酋長がおらず一六部落に分かれて自治を行なった。[44] 全体的にみると、他の靺鞨族も同様であった。こうした状態で、高句麗遺民が小規模単位で継続して東部満州地域に流入して、各地に分散定着した。歳月が流れ、戦乱の傷跡が回復すると、彼らがもつ高い生産力と文化は、この地域の社会の新たな活力素となった。

一方、新・唐戦争の結果、六七六年以降、中・東部満州地域は、唐・新羅・突厥などどの国家も勢力を延ばせない国際的な力の空白地帯になった。対内的にも、高句麗人と靺鞨族の諸集団が小規模単位に散在して自治を行なう状態が持続した。こうした集団を糾合する新たな政治的求心力の形成は、七世紀末、遼西地域から脱走してきた大祚栄集団の登場を待たねばならなかった。[45]

それでは、再び高句麗滅亡直前に戻り、平壌城が陥落するころ、南方で試みられた乾坤一擲の新たな動きについてみてみよう。

第四章　新・唐戦争と日本、吐蕃[1]

第一節　新・倭国交の再開と新・唐戦争の勃発

(1) 六六八年九月、新羅使臣の倭国訪問

六六八年九月一二日(癸巳)、新羅の使臣として沙喙部級湌・金東厳が倭を訪問した[2]。この年は、六五七年に新羅と倭の外交が断絶してから一一年、六六三年の白村江の戦いがあってから五年目の年である。九月一二日は、『資治通鑑』によると高句麗滅亡の当日であり、『三国史記』によると平壌城陥落の九日前である。突然訪れた新羅使に対する倭国の対応を、『日本書紀』は次のように伝える。当時、倭の朝廷の重臣であった中臣鎌足が、二六日(丁未)、僧侶・法弁と秦筆を金東厳に送り、新羅の上臣・金庾信に贈る船一隻を与えた。続いて二九日(庚戌)には、倭王・天智が、布勢臣耳麻呂を金東厳に送り、新羅王に贈る船一隻を与えた。そして、一一月一日(辛巳)、新羅王への贈り物として絹五〇匹、綿五〇〇斤、韋一〇〇枚を金東厳に与えており、金東厳らにも物を賜った。そして、一一月五日(乙酉)、金東厳が帰国したが、小山下・道守臣麻呂と吉士・小鮪を送使として送った。

この時、金東厳の倭国訪問の目的が何であり、具体的に何を語ったのか、それについて倭朝廷の反応がどのようで

あったのかについては、全く伝わっていない。しかし、倭朝廷の金東厳に対する応対をみると、金東厳を通じて提示した新羅の提案に、倭朝廷が非常に好意的な反応を示したことが確認できる。それが何であるかを推断することは難しいものの、少なくとも、新羅と倭が国交を再開するということにたいし、倭が同意したことだけは確認できよう。実際に、これ以降、両国の間には国交が再開されて、使臣が頻繁に往来した。

これとともに注意される事実は、金東厳が倭国を訪れた時期が、高句麗滅亡の直前であるという点である。金東厳が倭の送使とともに帰国の途についたのが一一月五日(乙酉)であり、一一月末頃には都に戻ったであろう。その後、新・唐間に戦争が勃発したことが、もう一つの留意されるべき点である。

こうした点をつなぎ合わせると、金東厳の使いの目的を推定することができる。すなわち、今後予想される唐との対決に備えて、背後にある倭と和平関係を樹立する布石として、金東厳を派遣したと推定される。当時、倭は六六三年の白村江の戦いの敗北以降、唐と新羅の同盟軍が日本列島を侵攻する可能性を大いに憂慮して、莫大な力を注いで西部各地に百済亡命貴族の力量を活用していわゆる朝鮮式山城を築くなど[3]、防禦策の樹立に集中していた(第Ⅱ部第二章図**30**–**32**参照)。そして、六六八年七月に救援を要請する高句麗使臣が倭に来たことで高句麗の苦境を知り、百済遺民集団を通じてもこれに関する情報を聞き[4]、遅かれ早かれ高句麗が滅亡することを予測できる状況であった。そうした時に、平壌城陥落に続いて迫ってくる事態を憂慮せざるをえない状況であった。こうした客観的情勢のため、金東厳を通じた新羅朝廷の提案に、倭が迅速に応えて好意的反応をみせたと推定できる。実際に、これまで金東厳の使行をそのように推定するものもあった[5]。すなわち、新羅の反唐を前提とした両国の和平と国交回復の提議と、それに対する倭の同意であったという解釈である。

ところで、こうした見解は、あくまでも新・唐戦争という後日の事実から演繹した推論であり、金東厳の使行だけをもってみれば、異なった想定の余地があるという反論が提起されうる。これも、次のようないくつかの状況に基づいている。

第一に、六六八年九月は、高句麗滅亡の直前である。この時は、唐帝国の威勢が絶頂に達しており、新羅軍数万が長い同盟関係にあった唐軍と肩を並べて平壌城で戦闘中であった。そうした時に、新羅が、反唐の策動を画策したということ、そして、倭がそうした提案を新羅の真意と考えて同意したということに対しては、これを裏付けるさらに具体的な証拠がない限り首肯しがたい。

第二に、六六三年、白村江の戦い以降、唐(熊津都督府を含む)が倭に何度も使節を派遣して交渉しており、六六五年に倭朝廷が守君大石らを唐に派遣するなど、両国の間に交渉があった。そうした交渉で議論された具体的内容は分からないにしても、交渉の事実自体は新羅も認知したであろうにも拘わらず、新羅が唐突に倭に反唐メッセージを送り和解を請うだろうか。そうするには、それまでの両国間の反目と対立の溝は、あまりにも深かったのではないか。六六三年の敗戦に続いて六六四年以来、数度の交渉を通じて受けた唐の圧力と新・唐同盟軍の優勢な軍事力という現実に照らして、倭朝廷は六六六年正月と六六八年七月の高句麗使の救援要請を無視するなど、対唐協力路線をとった。その延長線上で六六八年九月に「唐の同盟国」である新羅の使節を優遇したとみるのが合理的であるという主張(6)が可能である。

第三に、反感がいくら深いといっても、大唐帝国に新羅が国運をかけて挑戦するには、さらに大きな国際的契機が必要であったという見方がありえる。吐蕃(チベット)の登場によって唐が軍事力の中心を西側に移さざるをえなかったという事実に、新・唐開戦の契機を求める主張がそれである。(7)そうした視角からは、金東厳の使行の際に、倭へ反唐を提議したとみるのは、新・唐戦争の結果から演繹したものであり、当時の新羅朝廷をあまりに単純にみているか、反対にあまりに英雄視する見解であると批判できる。

こうした三つの状況のうち、第一と第三は、結局同じ論理である。すなわち、大唐帝国の威勢と、それまでの新・唐同盟の状況をみると、六六八年九月は新羅が倭に反唐を提議する状況ではないというのである。第二の場合、唐と倭の間には何度も交渉があり、六六六年一月の泰山で開かれた高宗の封禅儀礼に倭の使いが参加したことは事実である。しかし、その倭の使いが、倭の朝廷から派遣された遣唐使であるかは議論が多く、正式な使臣であるとしても、倭の朝廷が唐に心服して協調路線を取ることにしたことを必ずしも意味しない。

こうしてみると、六六八年九月の新羅と倭の接触が、反唐を媒介にした両国和解と国交再開とみる見解と、それとは逆に、絶頂に達した新・唐同盟の威勢を背景にした新・倭の国交回復とみる視角、どちらも蓋然性に関する推論の域を出ないといえる。そうであれば、金東厳の使行に込められた新羅朝廷の意図は何だったのか。これに関しては、具体的記録がどちら側にも伝わっていないので、続いて起きた事実を通して答えを探すしかない。新・唐間の開戦時期の検討がそれである。もし、六六八年九月末、平壌城陥落の後いくらも経たずに新・唐間の開戦があったならば、その年九月の新羅と倭の交渉と国交再開は、反唐を共通点としたものである可能性が高い。新羅が長期間にわたり敵対的関係にあった背後の倭と和解することなく、面前の唐と開戦する可能性は、想定しがたいからである。

(2) 新・唐戦争の開戦時点

新・唐の軍事的衝突に関する具体的な記録として、『三国史記』新羅本紀文武王一〇年条に次の記録が伝わる。

三月、沙飡・薛烏儒と高句麗太□□延武がそれぞれ精兵一万を率いて鴨淥江を渡り、屋骨□□□に至ると、靺鞨兵がまず皆敦壌でこれを待っていた。四月四日にこれと戦い我が軍が大いに勝利して殺害した数は数え切れないほどであった。つづいて唐兵が到着すると、我が軍は退いて白城を守った。(三月、沙湌薛烏儒与高句麗太□□□延武各率精兵一万度鴨渌江、至屋骨□□□、靺鞨兵先至皆敦壌待之、夏四月四日対戦我兵大克之斬獲不可勝計、唐兵継至、我兵退保白城)

すなわち、文武王一〇年(六七〇)三月に新羅軍と高句麗遺民軍が合同で鴨緑江以北の烏骨城方面に進撃し、四月四日に靺鞨兵を撃破したというのである。(8) ところで、新・唐の軍事的衝突は、これより早い時期にすでに始まっていた。文武王九年(六六九)五月、新羅は級湌・祇珍山らを唐に送って磁石二箱を捧げ、また「謝罪使」として角干・金欽純と波珍湌・金良図を派遣した。(9) この年の正月、唐が僧侶・法安を送り磁石を要求してきたことに応じたものである。当時、磁石は止血剤として使用され、戦場での鉄器による金瘡の治療に利用された。(10) この時、新羅朝廷が金欽純と金良図のような高位貴族を送り「謝罪」しなければならない原因が何だったのかについての言及はないが、次の記録はそれを推測させる。

(文武王一〇年)正月、高宗が金欽純の帰国を許した。金良図はそのまま抑留されて、終に監獄で死んだ。これは、王が百済の土地と遺民を勝手に取ったために、皇帝が責め怒って、再び使者を抑留したのである。(正月、高宗許欽純還国、留囚良図、終死于円獄、以王擅取百済土地遺民、皇帝責怒、再留使者)(11)

この記事が伝える「使者を再び留め」た件と、はじめに金欽純などが「謝罪使」としていくことになった件が、同じ種類の事件であったのか、あるいは異なる性格の事件であったかは、明確に伝えるものがない。しかし、六七〇年一月、高宗に報告された事件は、新羅が百済地域を攻略したことであり、それに対する報復が上の措置であった。そうであれば、唐朝廷に報告されるまでの時間を考慮すると、百済地域に対する新羅の攻撃は、遅くとも六六九年後半には始まったことが明らかである。そして、先にみた六七〇年三月の薛烏儒と高延武の鴨緑江以北地域における作戦も、六六九年終盤にはすでに準備に入っていたとみて良いだろう。こうしたことを考慮すると、六六九年五月、金庾信の弟であり文武王の母方の叔父にあたる角干・金欽純と、唐に六度も使行したことのある高位貴族の波珍飡・金良図を、命の保証のない「謝罪使」として唐に派遣しなければならないほど重大な事案は、百済地域に対する新羅の攻略に関する事件のほかには想定しがたい。おそらく、百済地域攻略のための探索戦闘を繰り広げたが、唐が抗議するとこれをなだめるために、言い換えれば唐の迅速な反撃を遅らせるために、また、情勢の急変による新羅人自身の衝撃も緩和しつつ本格的な攻略戦を行なうための時間を稼ぐために、金欽純・金良図らを六六九年五月に「謝罪使」として派遣したようである。使行にでた彼らも、事の重大さと無事の帰還の約束されないことを知りつつ出発したことであろう。大唐帝国に挑戦するという途方もない事実が与える重圧感の中でも、新羅朝廷が取った臨機応変の柔軟性と、乾坤一擲の大事の助けになるのならばどんな犠牲でも甘受するという金欽純らの決然たる意思を感じさせる。実際に彼らの派遣は、唐朝廷の激した反応を緩和するのにかなり有効であったようである。

金欽純らを派遣した後、新羅軍の動きが継続すると、熊津都督府の唐人らが再び唐朝廷に緊急事態を報告した。すると、高宗は、そのとき唐の都に留まっていた新羅の使臣を再び抑留した。そして、六七〇年正月には金欽純の帰国を許したが、高宗は彼に新羅が行なわねばならない具体的な改善措置を命じて、新羅朝廷が忠実に執行するときまで金良図を監獄に閉じこめ続けた。金欽純は帰国して、高宗の命令を六七〇年七月に復命しているが、その内容は、文武王がすぐに薛仁貴に送った書簡に伝えられる。すなわち、新羅が占領した旧百済領を全て百済(熊津都督府)に返せというものである[12]。

こうしてみると、六六九年四月頃には、新羅軍の一部が百済地域に侵入して作戦を行なっていたということになる。これは、六六八年一一月五日、対高句麗戦で勝利した文武王が都に凱旋してから、わずか五カ月後である。その間に、新羅が唐に対する攻撃を試みるしかないほどに深刻な紛争や葛藤が、両国の間に露呈したということはなかった。そうだとすると、新羅朝廷は、唐に対する攻撃を平壌城陥落以前から準備していたということになるのである。

次に、新・唐開戦の具体的契機として、吐蕃による唐西部地域への攻撃を挙げる説を検討してみる。確かに、この時期に盛んとなった吐蕃と唐の戦争は、かつて陳寅恪が述べたように、唐の軍事力の中心が東から西へと移ることになる契機であり(13)、六七六年に唐が朝鮮半島から撤収することになる遠因の一つであることは、明らかな事実である。しかし、新・唐開戦の原因としては作用しなかった。

吐蕃が唐攻撃を本格的に敢行したのは、六七〇年四月であった。この時、吐蕃は、唐の西域一八州を攻略した。これに対し唐は、河西四鎮を廃止して、薛仁貴を行軍大総管とした一〇万の遠征軍を派遣した(14)。薛仁貴は、この年八月、青海の大非川で大敗した。

薛仁貴は、高句麗滅亡の直後である六六八年一〇月に安東都護に任命され、二万の軍隊を麾下に率いて平壌に駐屯した(15)。そうした彼が選ばれて吐蕃戦に投入されたことは、唐の軍事力の中心が西側に移動したことを象徴的に物語る。しかし、吐蕃の台頭が新・唐開戦の原因とはみなしがたい。上でみたように、薛仁貴が吐蕃戦に引き抜かれる前の六六九年上半期から新・唐戦は始まっていた。

一方、この点を異なる観点からみる見解がある。すなわち、唐は、平壌城に設置した安東都護府を六六九年に遼東の新城に移した(16)。これを吐蕃の勢いに対する対応策とみて、すでにこの時から吐蕃の勃興による余波が朝鮮半島に駐屯する唐軍に影響を及ぼし、安東都護府の移転に伴う唐軍の移動によって引き起こされた軍事的空白が、新羅が唐に対する攻勢を取らせたという主張である(17)。そのため、吐蕃の唐攻撃が、新・唐戦争開始の主要な原因であり、新・唐戦争の勃発時点は、具体的な新・唐戦闘の記録である上の引用文で伝える六七〇年三月以降とみなければならないというのである。

しかし、これは事実と符合しない。吐蕃と唐は、六六〇年代に入って天山南路とタリム盆地にあった西突厥の諸部族の支配権をめぐって対立し、[18]吐谷渾も葛藤の要素であった。しかし、唐と吐蕃の本格的な武力衝突は、六七〇年四月に入ってからである。唐は、吐蕃の勢いを警戒はしていたが、六七〇年四月以前には具体的な軍事的攻撃を加えず、吐蕃も同様であった。吐蕃の唐攻撃の事例として挙げられる[19]次の事件も、実際にはそうした内容ではない。六六九年九月、高宗が、吐蕃に逐われて唐に来附していた吐谷渾をふたたび涼州の南山地域に移せというと、唐朝廷で議論が紛糾した。すなわち、吐谷渾を涼州に移住させれば吐蕃に再び侵奪されると予想され、それを防ごうとすれば、まず、吐蕃を攻撃しなければならないという主張が提議された。しかし、この主張は、軍隊の動員に凶作を理由として反対する見解にあって実行できず、吐谷渾を移そうという案も廃棄された。[20]安東都護府を新城に移したことが吐蕃と関連づけて論じられることがあるが、安東都護府が平壌城にあろうが新城にあろうが、その軍事力を吐蕃戦争に投入しようとすれば、距離上で大きな違いはない。また、唐の行軍制度では、薛仁貴が吐蕃戦に移されたからといって、安東都護府の駐屯軍二万がすべて彼に従って投入されたのではない。[21]都護府を新城に移したのは、他の理由によるものと思われる。

唐は六六九年二月以降、旧高句麗の地に府・州・県編成を試みた。[22]それを推進しながら、予想される高句麗遺民の反発に対する根本的対策として、唐は六六九年四月に富強な高句麗遺民三万戸余りを強制的に唐の内地に移住させることを決定して、五月に実行した。[23]安東都護府を新城に移したことも、強制徙民に関わる措置であった可能性が大きい。新城は、遼西と遼東をつなぐ交通路のうち、北路の要衝に位置し、北に扶余地域および靺鞨族居住地と通じる要地である。こうした戦略的拠点に都護府を移すのは、高句麗遺民の強制移住作業にも便利で、同時に唐が靺鞨部族を制圧して高句麗地域を統括するのにも有利だからであった。ところが、安東都護府を新城に移したことと、強制移住政策に対する高句麗遺民の抵抗のため、平壌をはじめとする朝鮮半島西北地域一帯に対する唐の支配力が大きく揺らいだ。こうした状況は、新羅朝廷が新たな挑戦の成功の可能性を確認させる要素になった。

こうしてみると、吐蕃は、少なくとも新・唐戦争の「開戦」とは、具体的になんら関係なかったことが分かる。新・唐開戦は、他の第三の国際的変数がないなかで、一次的には新羅朝廷の情勢判断と戦争の意志により進められた。新・唐の戦端は、金良図と金欽純が「謝罪使」として派遣された六六九年五月以前に開かれたとみられる。この時に新羅が唐と開戦したならば、準備はそれ以前から行なっていたであろうから、六六八年九月に金東厳が倭国を訪問した目的は明白となる。新羅は、平壌城攻略戦の後、唐と衝突することを予想して、倭がどのような態度を取るかを打診することと合わせて、倭と和解して国交再開を模索したのである。それでは、長い間対立していた新羅と倭が、どのような理由で和解することになったのか。具体的に新羅は、倭に何を提示して説得しようとしたのか。

(3) 新・倭和解の背景——新・唐戦争の原因

両国の和解の具体的契機や要因は、何よりも両国がどちらも唐の脅威に直面していたという客観的な事実、そして、両国支配層がそうした点をよく認識していたことにある。

新・唐戦争の間に薛仁貴に送った文武王の書簡で、新羅が唐に対抗して戦争を行なったことを弁護しつつ、最も強調した部分が、唐に服属させられた百済と新羅とを対等な存在として扱う唐の政策を非難することであった。言い換えれば、百済の領域を唐が独占して、さらに、新羅まで唐の羈縻州として編成しようとすることに対する抗弁であった。白村江の戦いの後、唐は扶余隆を熊津都督に封じ、文武王を鶏林州大都督に冊封した後、両者を唐の将軍の主宰により会盟させた。これは新羅を非常に刺激して、さらに、新羅に根本的な安全を憂慮させることになった。実際に唐は、近隣国家と種族をすべて服属させて、羈縻州体制に編成しようとした。こうした唐の政策の究極的志向点を新羅が悟ると、両国間に深刻な葛藤を避けることはできなかった。そして、高句麗滅亡の直後に、熊津都督府下の百済から「唐が船舶を修理して、表向きは倭国を征伐するというが、実際には新羅を攻撃しようとしている」という知らせが伝わり、新羅の人々が不安になるという事件があったという(24)。

その点は、新羅が対百済戦と高句麗戦を唐とともに行ないながら抱いた領土的欲望を唐が無視したことと結びついて、新羅の不満を増幅させた。すなわち、六七一年、薛仁貴に送った書簡で文武王は、先王である武烈王金春秋と太宗李世民の間での戦後処理の約束を、唐が無視したことに深い不満を表明した。この約束の存在を中国の学者は否定するが、先に述べたようにその可能性を否定することはできない。答薛仁貴書でこの点を特記して強調したことは、唐に新羅が戦争を選んだ理由を開陳するという側面とともに、新羅軍の作戦半径を明らかにして、鴨緑江以北に侵出して唐帝国の覇権に本質的脅威を加えようという意図のないことを伝えるためであった。つまり、新羅の領土欲が朝鮮半島に限定されていることを陳べて、唐をなだめて両国間の妥協の余地を提示したということである。

ところで、七三四年に唐が、新羅に大同江以南地域の領土権を承認する措置をとった。六七六年、安東都護府が遼東の新城に退却した後、事実上、新羅は礼成江以西地域に積極的な措置をとらなかった。この地域を唐との衝突に備えた一種の緩衝地帯に設定したのである。唐も事実上、鴨緑江以南の地域を空白地として放任した。ところで、唐がそうした地域のうち、強いて平壌以南を新羅に与えるという形式を採ったのは何故だろうか。文武王が薛仁貴に送った書簡を通じても、それ以前の金春秋－李世民の約束を通じても、唐が平壌以南の地に対する新羅の要求を認識していたことがわかる。文武王の書簡も中国史書には伝わらない。そうした面を考慮すると、金春秋－李世民協約が中国史書にみえないからといって、その実在を否定することのみが客観的とはいえない。

このように、唐と同盟を結んで戦争をおこなった新羅が、唐の攻撃の可能性に脅威を継続して感じていたのであるから、唐および新羅と敵対的な関係にあり、戦争までおこなって敗れた倭は、さらにそうであっただろう。それまで、新・唐連合軍の侵攻に防波堤の役割をしていたのは高句麗であったが、高句麗の命脈の尽きることが明らかな状況になった。倭は、高句麗の切迫した救援要請を無視したまま、事態の進展を鋭意注視していた。次の順番は倭であるという仮定が、徐々に現実性を帯びて圧迫してくることにより、倭の朝廷では危機意識が高まったのである。そうした時に、新羅の使者が倭国に訪ねてきた。

問題は、新羅使が反唐で共同するための和解を倭の朝廷に提案したとすれば、何を具体的な論拠としたかである。これに対しては、唐の日本列島侵攻という脅威に関する情報であるという説が留意される。すなわち、六六三年の白村江の戦いで唐軍に捕まり捕虜となった筑後国上妻郡出身の大伴部博麻ら倭人五人が、唐に連行されて暮らしていたが、六七〇年に知った唐の「倭征伐計画」を本国に知らせるために、大伴部博麻が自らを奴隷として売って経費を準備して、他の四人を帰国させようとした事実がある(25)。この事実が、上で述べた文武王が薛仁貴に送った書簡で伝わる「唐が船舶を修理して表面的には倭国を征伐云々」という言及に通じる内容があることをもって、実際に唐が倭遠征計画を樹立して(26)、その情報を新羅が倭に伝えると同時に、唐の脅威に共同で対応する必要性を披瀝したのではないかという主張である(27)。唐が倭を征伐しようという計画があったのか、断定は出来ない。しかし、唐が倭を征伐しようとしているという風聞と諜報は、非常に広く流布していた可能性がある。白村江の戦い以降にも、熊津都督府に駐屯していた唐軍の交替兵力や物資の輸送、官員の往来などで、唐と熊津都督府の間には相当な数の船舶の往来があった。そして、六六四年以降、唐および熊津都督府と倭との間にも使者の往来が何度もあり、六六五年に派遣された唐の使臣・劉徳高の一行は、二五四名に達した。[28] こうした大規模な人的・物的往来は、不安な状況で様々な風聞を生むものであり、そうした風聞は、様々な理由で唐に留まった倭人や百済人と新羅人の間に容易に広がりえた。そうした状況で六六八年九月、倭と国交回復を図った新羅が、そうした風聞を活用した蓋然性は十分に想定できる。

新羅使の和解の提議に、倭朝廷の重臣である中臣鎌足が積極的にでて応じようとすると、一方ではこれに反対する者たちもいた。[29] おそらく新羅使の提議を、倭の警戒を緩ませようという謀略とみなして、拒否しようとしたようである。それでも、倭朝廷が新羅の提議に積極的に応じたことには、いくつかの要因があったようである。第一に、新羅の提議は、倭にとっては非常に魅力的であった。新羅が大唐帝国と交戦するとすれば、この上なく良いことであり、そこまでいかないとしても、新羅が唐に敵対的姿勢を取ろうということに倭が反対する理由はない。第二に、新羅使が伝えた提議は、新羅朝廷の合意が裏付けされたものと判断したようである。その点で、倭朝廷が最初にとった処置は、中臣鎌足が金庾信に船一隻を贈ることであったことが留意される。これは、金庾信が文武王の母方の叔父であり、新羅朝廷の中枢であったことを重視したことを意味するが、同時に、実際に金庾信がこの計画を推進したためと思われる。六六八年六月、対高句麗戦の最終攻略戦に自ら出陣する時に、文武王は大総管・金庾信が「風病」を患っていることを心配して都に留まらせた。[30] 七四歳の高齢であるだけに、厳しい戦場で健康に問題が生じることもありうる。そうした場合、全軍の士気に影響を与える可能性があるので、文武王の処置は理解される。ところが、出陣に先立って、新羅軍の主要な将軍であり金庾信の弟である金欽純が、金庾信の出陣を王に強く要請した。つまり、金庾信の風病が深刻であれば、彼の弟が対高句麗戦勝利の栄誉をいくら重視したとしても、彼の出陣をそれほど強く望まなかったであろう。事実、一生を戦場で過ごしてきた金庾信としても、最終的な平壌城攻略をおこないたいという欲望が強かったであろう。それでも、王は「守国」すなわち後方を守らせようと、彼を都に留まらせた。[31] 都に残った彼は、九月初めに倭に使臣を派遣することを主管した。表面的には「風病」を掲げていたが、文武王が彼を都に留めた本当の理由は、ここにあった。いってみれば、金東厳の倭国派遣は、すでに六月の対高句麗戦出陣よりも前に、文武王と金庾信ら少数の新羅最高位の人々が決定した事項であり、使臣は王命で派遣されて、それに具体的に金庾信が関わったのである。すなわち、金東厳の提議は、王と重臣金庾信の合意と指示によるものであったことを意味するのであり、これによって倭の朝廷がその提議を信頼することになったのである。

新羅の反唐和解の提議は、倭には「不敢請固所願(敢て請わざるも、固より願うところ)」にほかならなかった。そうした倭の立場を把握していたので、新羅は意表を突く政策を能動的に推進できた。実際に、その後の新・日関係はそうした方向で展開した。

第二節　新・唐戦争の推移と新・日関係

(1) 対唐戦争期間中の新・日関係

倭と和解して後顧の憂いをなくした後、新羅は翌六六九年から唐を攻撃するための探索戦をおこなった。六六九年九月、倭に使臣を送った。新羅の立場を伝えて、倭の意思を再確認するためであったと思われる。そうした後、六七〇年に入ると本格的な対唐作戦をおこなって、新・唐の間に全面戦が展開した。

六七〇年三月、鴨緑江を渡って作戦をおこなった新羅軍と高句麗復興軍は、唐軍に押されて後退した。唐軍は、さらに大同江流域を圧迫して、水臨城で蜂起した高句麗復興運動軍の剣牟岑一派に大同江以南への後退を強いた。剣牟岑一派は、載寧方面に南下する途中で、安勝を西海の史冶島で迎えて王に擁立した後、新羅に救援を要請した。安勝は、淵蓋蘇文の弟である淵浄土の息子であり、宝蔵王の外孫であった。ところが、しばらくして高句麗復興軍の内部で進路を巡る葛藤が起きた。葛藤の具体的要因は伝わらないが、前後の動きをみると、剣牟岑らは、高句麗の地に根拠地をおいて遺民を中心に復興運動を行なうことを主張したのに対し、安勝は、強力な唐軍の鋭鋒を避けて新羅の地に移り、新羅軍と協力して戦闘を展開することを強調したようである。両者の意見対立は、唐軍の圧力が強くなるにつれ先鋭化して、ついに六月、安勝が剣牟岑を殺して新羅に渡った。六七〇年三月、新羅軍とともに鴨緑江を渡って烏骨城地域で共同作戦を行なった太大兄・高延武は、安勝を支援したようである(32)。こうしてみると、その年の初めから進められた新羅軍の作戦と高句麗復興軍の動きは、すべて失敗に終わったようにも思われる。

しかし、上で言及した朝鮮半島西北と鴨緑江以北地域に向った新羅軍の作戦の目的は、この方面に勢力を拡大したり、防禦線を構築したりするためではなかった。これは、一種の陽動作戦のようなものであった。すなわち、新羅朝廷が力を注いだ作戦の焦点は、旧百済地域の掌握であった。このために、満州の新城にいる安東都護府を中心とする唐軍の主力を縛り付けようと、その年三月、鴨緑江を渡って作戦を行なったのである。この作戦に投入された新羅軍と高句麗軍の出現は唐軍を混乱に陥れ、動揺していた遼東地域の高句麗遺民を刺激して、復興運動を促す役割を果したであろう(33)。新羅軍と高句麗復興軍の奇襲的攻撃を受けて大いに狼狽した唐軍は、状況を把握して戦列を整えた後、攻勢をとって新羅軍と高句麗復興軍を鴨緑江以南に押し出した。つづいて唐朝廷は、高侃と李謹行がそれぞれ率いる漢軍と蕃軍(靺鞨)四万を新たに投入した(34)。しかし、唐軍にとっては、遼東地域で起きた高句麗復興運動軍の鎮圧が優先的な課題であって、本格的な南進はその後とするほかなかった。唐軍は、六七一年七月、高句麗復興軍の安市城を攻略し(35)、高侃と李謹行の率いる唐軍が再び平壌に進駐して八つの軍営を設置したのは、六七二年七月のことであった(36)。そうする間に、文武王が直接指揮する新羅軍の主力は、旧百済領域を集中的に攻撃した。ここに窮地に陥った熊津都督府は、唐朝廷に緊急に救援を要請した。

このころ、唐は、二方面で戦争を行なわねばならない状況であった。西方では、六七〇年四月、吐蕃討伐戦に薛仁貴を大将とする一〇万の軍隊を投入した。しかし、吐蕃征伐戦に動員された唐軍は、六七〇年八月に大敗して(37)、逆に唐の心臓部である関中地域が吐蕃の脅威を受ける形勢となった。東方では、六七〇年春、遼東方面で高句麗復興軍と新羅軍の攻撃と、この地域における高句麗遺民の蜂起に直面した。そこで、戦略的に重要で危急な局面に置かれた遼東地域を確保するために、高侃と李謹行が率いる四万をまず投入した。そうしたところに、熊津都督府からの救援要請にも応じなければならず、唐は緊急対応策として、薛仁貴を再び登用して鶏林道行軍総管とし(38)、六七一年初めに海路を通って熊津都督府を支援しようとした(39)。こうした唐の情報を入手した新羅軍は、錦江河口の甕浦に兵力を駐屯して、唐の救援軍進入を阻止しようとした。しかし、唐軍はこれを突破して、熊津都督府に救援軍を投入した。これに対して六月、将軍・竹旨らの率いる新羅軍が、泗沘城南方の錦江のあたりにある加林城一帯に設置された唐軍の屯田を蹂躙して、近隣の石城(現在の忠清南道林川東方の石城里)で百済人を含む唐軍五二〇〇を斬首するなど、唐軍を大いに撃破した(40)。いまや軍事的に絶望的状況になった薛仁貴は、七月二六日に文武王に書簡を送り、外交的に難局を打開しようとしたが、無駄に終わった。さらに、一〇月に新羅海軍が唐軍の軍糧運搬船七〇隻余りを撃破するなど唐軍を圧迫すると(41)、唐軍は百済地域から全面退却せざるをえなかった。これによって、百済地域を巡る新羅と唐の争覇戦は、事実上終結した。未平定地域の攻略は、翌六七二年春にも継続した(42)。つづいて六七二年、文武王は、泗沘城に所夫里州を設置した(43)。これは、事実上、新羅が百済地域を掌握したことを公式宣言したものといえる。新羅朝廷は、百済地域の民心を収拾して支配力を強化するために力をつくした(44)。

以上で見たように、新羅は、新・唐戦争序盤に機先を制して、目覚ましい戦果を挙げた。また、六七〇年八月に安勝集団を今の全羅北道益山である金馬渚に定着させて、安勝を高句麗王に冊封し、高句麗遺民の包摂にも確実な成果を挙げた。

一方、日本は、六六九年の終り頃、唐に河内直鯨らを派遣した(45)。高句麗平定の祝賀を名目とした使臣派遣であったが、実際は、高句麗滅亡後の唐の対外政策、特に日本と新羅に対するそれを探るためであっただろう。そして、六七〇年九月には、新羅に阿曇連頰垂を使臣として派遣した(46)。新たな情勢を把握するためであったと思われ、新・唐戦争の様相を見聞していったであろう。新羅を訪れた阿曇連頰垂と、唐にいった日本の使臣の帰国報告は、日本朝廷の国際情勢認識に大きな影響を与えたであろう。そこには、新・唐間で実際に血戦が繰り広げられており、新羅の戦争遂行が優勢に進められている点などが含まれていたであろう。

一方、孤立無援となった熊津都督府の唐勢力は、活路を見出すための方案として、対日交渉に力を注いだ。それに関する『日本書紀』の記録をみると、次の通りである。六七一年正月一三日、熊津都督府から日本に「李守真らを派遣して表を上《たてまつ》った」。二月一二日には、「百済が台久用善らを遣わして、調を進《たてまつ》った」。六月四日には日本王が「百済三部使人が要請した軍事に対して宣した」。一五日、「百済が羿真子らを送り、調を進った」。七月一一日、「唐人李守真らが、百済使人とともに帰った」。

以上の記録にみえる「百済」は、反唐的な百済復興運動勢力ではないようである。熊津都督府の「唐人李守真」と「百済使人」がともに帰ったということは、そうしたことを物語る。この百済は、熊津都督府に帰属していた百済人集団とみられる。唐は彼らを動員して、日本の軍事援助を得ようと努力したのである。しかし、すでに新・唐戦争の進行状況を知っていた日本としては、唐に協力して新羅との戦争に介入する意思はなかった。だからといって、強いて唐への敵対的態度を標榜しようともしなかったようである。

そうした状態で、一一月一〇日、再び唐の大規模な船団が日本を訪れた。唐人・郭務悰が率いる六〇〇人と、百済人・沙宅孫登ほか一四〇〇人余りの合計二〇〇〇人余りが日本に来た。彼らの性格については、議論が分かれているが、沙宅孫登ほか一四〇〇人は、百済滅亡時と白村江の戦いの際に唐軍の捕虜となった百済人と日本人とみる説に説得力がある。彼ら一四〇〇人のうちの相当数は、唐から送還された人々であるので、唐朝廷は、熊津都督府を救援する軍隊を派遣することのできない状況で、彼ら捕虜を日本に送る代わりに軍事援助を得ようという意図であったようである。この時、ちょうど日本朝廷は、日本王天智が死んで、紛争(壬申の乱)をへて天武が即位する王位交代期であったため、解決に時間がかかり、翌年五月に捕虜の送還を受ける代価として物資を支給する線でけりがつけられた[47]。すなわち、軍隊を支援するのではなく、物資を支援する線で唐との交渉を決着したのである。その後、郭務悰一行の去就に関するこれ以上の記録は伝わらない。ともかく、この後、七〇二年にふたたび遣唐使を派遣するまで、日本と唐の公式の接触は途絶した。

一方、六七一年正月、高句麗の使臣が日本に行った。これは、金馬渚に位置する安勝の小高句麗国であり[48]、六八四年に消滅するまで日本と交渉を持続した。金馬渚にやってきてから一年も経たない時期に日本に使臣を派遣したことは、小高句麗国の意思と能力だけで可能とはみられない。これは、新羅朝廷の要求によるものとみなければならないだろう。このころ、先にみたように熊津都督府は、「百済」を動員して日本に外交的努力を傾けていた。こうした唐の動きに対応して新羅は、高句麗遺民集団を通じて新・唐戦争の状況と高句麗遺民の新羅支持を知らせて日本を新羅に傾けようと、少なくとも日本が唐と連携することを防ごうとした。六七一年六月と一〇月には、新羅使臣が日本を訪れた。小高句麗国と新羅の使臣が伝える新・唐戦争の戦況は、日本に唐の外交攻勢に沈着に対応させる資料となったであろう。一一月二九日に日本王天智は、新羅使臣を通じて新羅王に絹五〇匹、真綿一〇〇〇斤、韋一〇〇枚を贈った。[49] 日本が新羅に信義を表する意味として贈られたものとみられる。すなわち、この月一〇日に、郭務悰等二〇〇〇人を乗せた唐の大規模な船団が日本に到着して、日本朝廷と交渉と折衝をしていた。この事実は、日本に留まっていた新羅使臣にも知らされたであろうから、新羅使臣は相当な恐れをもっていたであろう。そうした状況で、新羅側の恐れをなだめるために贈られたのである。この時期、日本は、唐との交渉には応じるが、唐に軍事的支援を行なって新・唐戦争に直接介入する可能性を避け、その過程で唐の要求を拒否して唐との衝突を起こすことも避けようという慎重な姿勢を取った。そして、唐の交渉要求に応じる一方、新羅と友好的関係を維持しようという、言ってみれば新羅が唐と抗争することを阻害しないようにする姿勢を堅持した。六七一年終わりに唐の郭務悰一行と交渉、折衝する一方、新羅使臣を通じて新羅王に物資を贈り、翌年には、長い交渉の末に郭務悰一行に物資を支援して無難に帰国させたことは、この時期における日本の対外交渉の断面を物語る。

このように新・唐戦争の展開とともに、六七一年に新羅と小高句麗、唐と「百済」が、互いに自らに有利な方向で日本に働きかけようという外交戦を繰り広げて、日本は、注意深く情勢をみながら、自国の安全に有利な方策を模索する様相であった。そうしたなか、次第に明らかになったことは、白村江の戦い以降続いていた不安の束縛から、日本が抜け出ることになったという点である。すなわち、朝鮮半島で展開した新・唐の血戦は、両国関係を後戻りの出来ない段階に進ませて、日本列島への唐軍または新・唐連合軍の侵攻という悪夢を消し去った。いまや日本は、一歩引いたところから朝鮮半島で展開する戦争の推移を見守りながら、内政の整備に注力した。そうしたなか、継続する新・唐戦争は、新羅と日本の関係に大きな影響を及ぼした。

一方、六七二年以降の新・唐戦争の推移をみてみると、六七二年七月、平壌に進駐して八つの軍営を構築した後、唐軍は攻勢にでた。黄海道方面に唐軍が南進すると、白水城(載寧)で新羅軍と高句麗復興軍がこれを攻撃して勝利した。しかし、退却する唐軍を追撃したところ、石門の戦いで唐軍の逆襲を受けて大敗した。当時の戦闘を伝えるところによると、新羅軍は帯方(載寧)地域の平野に陣をおいた。そのうち長槍幢が別に陣営を設置したが、ちょうど唐軍三〇〇〇名余りと遭遇してこれを撃破し、生け捕りにして大功を立てた。この情報を聞いた新羅軍のほかの部隊(幢)も、功を立てようとそれぞれ散らばって軍営を置いて行動した。それによって新羅軍全体の陣営がばらばらになった隙を逃さず、唐軍が攻撃したところ、新羅軍の隊伍が崩れて大敗した。載寧一帯の平野地帯は、唐の騎兵隊が作戦行動するのに有利な自然条件であった。これを制御するためには、長槍幢のような長い槍をもった歩兵の密集隊形で敵の速い騎兵の突破を阻止することが非常に重要であった。ところが、新羅軍が部隊別に散らばって行軍したことによって、密集隊形の構築がうまくいかない状態で唐の騎兵隊の攻撃を受けて敗北した(50)。金庾信の子、元述も部隊長として参加しており、辛くも戦死は免れたものの、戦闘で取るに足らない命を拾って家門を辱めたといって両親に追放された。

新・唐戦争の開戦以降はじめて経験する大敗に、新羅朝廷は大いに慌て、唐軍を防禦する対策の模索に集中した。さらに、凶作となって穀物が貴重となり、困難が増した(51)。そこで軍事的には、平原の野戦を避け、退いて要衝地防禦に力を注ぐことにした(52)。一方で、唐に「謝罪使」を派遣して、唐軍の捕虜を一部送還し、銀三万三五〇〇斤、銅三万三〇〇〇分、針四〇〇枚、牛黄一二〇分、金一二〇分、四十升布六匹、三十升布六〇匹などの物資を朝貢して、外交的に唐軍の攻勢を緩和しようとした(53)。当時、金は、主に神経安定、高熱、咳、肺損傷による喀血などに金屑として使用され、そうした用途に合うように精錬された。牛黄と針も医薬品として使われた(54)。

一方、六七二年、新羅は日本に使者を派遣した。天武天皇は、一二月に新羅使臣・金押実に船一隻を与えた。この時、新羅が日本に対唐戦争の状況をどの程度知らせ、また、日本が新羅の石門戦闘の敗戦をどの程度把握していたのかは分からない。日本はこの年五月に唐の郭務悰一行に物資を供給したものの、新羅使に船一隻を与えることを通じて、依然として新羅と友好的関係を維持しようという意思を表したようだ。日本は、郭務悰一行に対応する際にみられたように、唐を軍事的に直接支援することはなかったが、それはまた、新羅にも同様であった。新・唐戦争に巻き込まれることを避けようという注意深い立場を継続して堅持した。

ところで、新羅の低姿勢な外交的努力にも拘わらず、唐軍は、六七三年に入っても攻勢を強めた。唐軍は南下して高句麗復興軍と新羅軍を圧迫し、九月に臨津江流域で血戦を繰り広げた。この戦闘を唐と新羅は、それぞれ自国の勝利と記している。これについて、戦闘に参加した唐軍司令官・高侃に関する記録では、この戦役に彼が参加したという事実自体に沈黙しており、この戦闘は、唐軍の敗北であったという説がある。[55][56][57]一方、高侃ら新・唐戦争に参戦した主要な将軍に関する記録が粗略なのは、その後、唐朝廷で進められた各種の政治勢力の対立と葛藤による結果、彼らに関する記録自体が少なくなったためであり、戦闘は唐の勝利であったという反論も提起された。[58]戦争の勝敗に関しては、当事国が互いに異なる主張をすることは、古今を通じて少なくないことであり、この場合に限られる特別なことではない。とりあえず戦闘の結果をみると、この後、唐との戦争で高句麗復興軍が戦列の前面から消えている。そうしたことから、唐としては、『新唐書』高麗伝で伝えるように、この戦闘で四年にわたる高句麗遺民の反乱を平定することになったという面で勝利ということもできる。反面、『三国史記』で伝えるように、新羅軍は臨津江を越えて漢江下流地域に進出しようという唐軍を撃破して、これによって唐軍はこれ以上南進できなかった。新羅の立場からは、唐軍の大攻勢を臨津江の線で阻止したので勝利といえる。

一方、唐軍の攻勢が強まるにつれて危機が高まれば高まるほど、新羅朝廷は、唐との政治軍事関係の他にも、対内的に貴族の動向に細心の注意を払わねばならなかった。このころ、各貴族は、麾下の兵士に対する掌握力が強かった。

長期間継続する戦争の緊迫した状況で有力貴族の動員力を最大化するために、まだ、こうした面に改善策を準備することは難しかった。ところで、いまやそうした面を王室と中央政府が新たに憂慮の目でみることになった。

新羅は唐と長い間同盟関係にあり、新羅貴族の相当数は、自分自身や息子が使臣や留学生などの身分で唐において生活したり、または、唐軍とともに戦闘に参加したりした経験を持っているなど、さまざまな契機で唐と密接な関連を結んでいた。唐側も、新羅貴族を各種の契機を通じて包摂しようとした(59)。そうしたなか、あまりに強大な唐の力をよく知っている新羅貴族の間に、親唐の流れが少なからず形成された。

こうした点のほかにも、実際的な面で、唐との長期間の戦争においては、物資と人力の動員を極大化する必要があり、それは貴族の犠牲と協力を強要することであった。何よりも王室や一般庶民と異なり、唐軍が勝利した場合でも、唐が新羅を統治するためには彼らの協力が必要であったため、唐の支配下で彼らは富貴を継続して享受する可能性が高かった。自ずと一部の新羅貴族には、唐との戦争が誤った選択と感じられた。

実際に、一部の貴族は、対唐戦争に反対して、戦争遂行から一歩引いたまま傍観する消極的姿勢をみせたこともあり、積極的に唐が差し出す誘惑の手を握ることもあった。こうした雰囲気が蔓延すれば、戦争遂行に致命的影響を及ぼしうる。そのため、新羅王室は、彼らの動向を鋭意注視しながら、さらに戦争を督励していった。協力者には惜しみなく賞を与え、離反者には容赦のない刀を振り向けた。時には、論理的な説得よりも恐怖が、人を動かすのにより力を発揮した。

六七三年七月には、阿飡・大吐が謀反して唐に付こうとしたが、発覚して処刑されて家族は奴隷にされた。これに先だって、文武王九年(六六九)頃、漢城州都督・朴都儒が、唐の美人計におちて叛逆を図ったが処刑された(60)。文武王一〇年(六七〇)一二月には、漢城州総管・藪世が、唐軍と内通したことが発覚して処刑された(61)。藪世や朴都儒が、どちらも唐軍と対峙していた漢城州地域の軍司令官である点が注目される。それだけ彼らに対する唐の工作と誘惑も多かったろうが、それに比例して朝廷の疑いと監視の目も厳しかったであろう。つづいて高位貴族である大幢総管・金真珠と南川州総管・真欽が、病と称して国事を疎かにしたという名目で処刑された[62]。その後、金真珠の息子で唐に留学していた宿衛学生・金風訓が、唐の侵攻軍の道案内として帰ってくるということがあった[63]。これも新羅朝廷と真骨貴族と唐の関係の一面をみせる。

当時、将軍の麾下には、自らの親族や奴婢および門客が従軍していた。特に、三国末期の急迫した軍事情勢で、金庾信の例にみられるように、有力な将軍は緊急な兵力需要に当てるために募兵を行なうこともあった。したがって、手下の兵と将軍の間には、私的結束力が強く維持された。もちろん、中古期を通じて王権が強化され、軍事徴発と訓練および軍団編成と維持には、王権によって付与される軍令権と軍政権が強く作用した。具体的には、法幢軍団が編成され、村落民を徴兵して一定規模と兵種に編成して訓練した部隊を編成して、中央貴族出身の将帥を指揮官に任命した。それによって、将軍の軍事的自律性は次第に統制されていった。そうした趨勢は認められるが、一方で、各将軍と指揮下の兵の間に私的結束力が一部維持される面があった。対百済戦に参戦した新羅軍の父子と主奴が同じ部隊で参戦しており[64]、有力貴族部隊には彼の門客や旧郎徒が参戦した[65]。こうしたことを念頭に置くと、王室は各将軍の動静をさらに監視したであろう。

六七三年には、西兄山城(現在の慶州西岳山城)などを増築して王都防衛を補強し、地方の主要山城を築いたり増築したりした。そして、外司正制度を施行して、地方に派遣された官吏と地方勢力家の動態を把握し、戦争遂行を督励する監察制度を強化した。さらに、百済地域の安定を図るために、それまで廃止していた戍兵をふたたび置いた[66]。一方、百済の旧官人に、百済官位を考慮してそれに相当する新羅官位を付与する基準を設けて、百済支配層を新羅体制に包

図 **36**　癸酉銘阿弥陀三尊仏四面石像

摂していった。[67] 六七三年に一連の措置をとったことには、石門の戦いで敗れた衝撃に対応するための意図も作用したようである。忠清南道燕岐郡で発見された「癸酉銘阿弥陀三尊仏四面石像」「癸酉銘三尊千仏碑像」には、六七三年の石像制作事業に参与したこの地域の有力者の名が羅列されている。彼らは百済の支配層に属した人々で、彼らのうち一人だけ百済の官位である「達率」を称していて、そのほかは全て新羅京位を帯びている。[68] これはすなわち、六七三年ころには、新羅朝廷による百済支配層の包摂が、かなり進捗していたことを具体的に伝えるものである。これに先だって六七二年には、百済人で構成された軍団である白衿誓幢が編成された。[69]

六七四年正月、唐は、劉仁軌を鶏林道行軍大総管、李謹行と李弼を副総管とした遠征軍を再び投入し、一方では、文武王の冊封を取り消し、金仁問を新羅王に封じて彼を新羅に送ろうとした。[70] ところで、このころ唐朝廷は、則天武后が政治に深く関与し始めていたが、彼女は「息兵論」を主張して東方膨張に反対した。[71] さらに、吐蕃の脅威に対処することが唐朝廷の当面の課題として浮上した。したがって、朝鮮半島での新羅との争いは、相対的にあまり急を要さない課題と認識された。そうしたなかで、劉仁軌の率いる唐軍が再び朝鮮半島で攻勢に出たのは、次の年に入ってからであった。[72]

唐軍の攻勢や、文武王冊封の取り消しと金仁問の新羅王任命のような政治的圧迫は、新羅朝廷を苦況に陥れた。文武王は唐に「謝罪使」を派遣して、唐軍の鋭鋒を避けようとした。その一方で、日本に使臣を派遣した。唐軍に押される状況であればあるほど、日本の動向にさらに神経を使わねばならないのが、新羅の立場であった。

六七五年初め、新羅は日本に破格的に、王子・忠元、級飡・金比蘇ら大監二名と大奈麻・朴武摩ら弟監二名らを使臣として派遣した。それまで日本に送った使臣の官位は、主に級飡であった。ところが、今回は、王子を送り、武官である大監と弟監をそれぞれ二名ずつ送ったのは、新羅朝廷が感じる危機感を反映したものである。つまり、唐の政治軍事的攻勢に対応して、日本の動静を探って変わりなく新羅を支持するよう説得しようというものであった。同時に軍事的援助を要請した可能性も排除しがたい。この年の三月に新羅が再び級飡・朴勤修と大奈麻・金美賀を派遣して、(小)高句麗国からも大兄・多武らを日本に派遣した。急迫した状況展開を感じさせる。これは、六七五年二月、劉仁軌の唐軍が七重城地域で新羅軍を撃破するなど気勢を上げて、攻勢を強化する状況に関連する。

一方、新羅使臣を迎えた日本朝廷は、特に反応を表さなかったようである。傍観の姿勢を継続して維持した。そうしながら、七月、新羅に使臣を派遣し、情勢探索をおこなった。結局、事態を決定づけるのは、朝鮮半島における新羅軍と唐軍の戦況であった。究極的にそれに依拠して日本の向背を決定する政策決定がなされるためである。

臨津江を間においた新羅軍と唐軍の対決で、劉仁軌の唐軍が六七五年二月に攻勢に出て、七重城地域で新羅軍を撃破する勝利を収めたというものの、情勢に大きな変化をもたらすことはできなかった[73]。つづいて劉仁軌は本国に帰り、代わりに靺鞨族出身の将軍・李謹行が安東鎮撫大使となって唐軍を統率したが、そうした状況で文武王が「謝罪使」を派遣すると、唐はこれを受け入れて、文武王が王位に復帰する措置をとった[74]。このように互いに自国に有利な方向で相手国を懐柔しようとする外交的努力が進められた。

図37 四天王寺址と望徳寺址

(2) 戦争期間中の新・唐の外交関係様態

実際に、新・唐戦争期間で注目される事実は、熾烈な戦争が進められる中でも、両国間の外交関係が全面的には途絶しなかったという点である。戦争前のように周期的に使節を派遣することはなかったが、両国関係が「冷凍状態」[75]になったのではない。両国は間歇的に使節を交換した。新羅は公式的使者の往来だけでなく、非公式的な民間ルートでも唐と交流したようである[76]。たとえば、戦争期間に唐が頻繁に年号を変えても、新羅で唐の年号を比較的正確に把握して使用していることや[77]、新羅が日本に贈った物品に、鸚鵡、孔雀、香薬のような南海産の物品や北方草原地帯の駱駝などが含まれていた事実(次章参照)は、そうしたことを物語る。こうした物品は、新羅が唐を通じて購入したのであろう。そして、唐との既存の朝貢・冊封関係は、新羅の対唐政策を駆使するのに障害になったわけではなく、むしろ、この枠組みを能動的に利用することによって唐との交渉を有利に導いた。唐軍の攻勢が強くなると、臣礼をとって朝貢し、時には「謝罪使」を送って唐の朝廷をなだめた。今日にいたるまで慶州に残っている、明朗法師が密教の文豆婁の秘法を行なって風浪を起こして西海で唐の遠征艦隊を沈没させたという護国寺院たる四天王寺と、この消息に接した唐が抗議するために送った使者をなだめようと新羅朝廷が唐皇帝の徳を称えて建立したと標榜しながら急造した望徳寺の址と、それに関わる伝説は新羅の対唐関係の裏面を無言のまま伝えている。

新羅は、戦争期間中、朝貢・冊封関係に立脚した外交的関係を断絶しなかった。これは、対唐政策に有効であっただけでなく、唐との関係を維持することは、日本の動きを牽制する意味もあったと思われる。少なくとも、結果的な面からそうであったと思われる。すなわち、新羅は唐と戦争をしているが、両国が朝貢・冊封関係を継続して維持しているので、日本が下手に動くと、新羅が唐と再び結んで日本を攻撃するという可能性が常に残る。したがって、朝鮮半島の問題に介入する場合に起こりうる状況を日本としては予測しがたく、日本が不介入政策を固守する要素になった可能性がある。唐としても、新羅と全面的に外交関係を断絶することなく戦争を行なった。当時、唐の西部国境方面では、吐蕃の勃興により情勢が非常に流動的であったため、兵力供給に困難があった。それゆえ、状況によって朝鮮半島での戦争遂行の緩急を調節しながら、柔軟に対処しなければならなかった。そのために、新羅と外交関係を維持する必要があった。

このように両国は、外交関係を維持しながらも、他の一方で軍事的対決を熾烈に展開した。六七五年、現在の京畿道楊州地域である買肖城方面に本拠を置いた李謹行の唐軍は、漢江下流に向って圧迫を続けた。唐軍の圧迫に対する新羅軍の抵抗という形で展開した戦争の様相は、六七五年九月二九日、買肖城の戦いを境に反転した。買肖城の戦いで唐軍は敗北して退却した。先般の辱めを雪ぐために元述が参戦して、大きな功績を立てた。しかし、彼は父母に許されなかったことを恨んで、その後も官職に就かずに一生を終えた(78)。

一方、『三国史記』によると、六七五年九月、薛仁貴が唐にいた新羅宿衛学生・金風訓を道案内として泉城に侵攻したが、新羅軍がこれを防いで大破すると薛仁貴が逃げ去ったという。そして、六七六年一一月には、沙湌・施得が海軍を率いて薛仁貴の唐海軍と錦江河口である伎伐浦で戦闘を行なって、はじめは敗れたが、再び進撃して二二回戦って大勝利したという。特に伎伐浦海戦は、新・唐戦争を終結させる決定打として、これまで広く言及されている。ところで、この二つの記事で、唐の将軍が薛仁貴だったという記録を疑問視する説が、一方で堅持されている。すなわち、薛仁貴は、上元年間（六七四年八月—六七六年一一月）に象州に流されている[79]。薛仁貴が上元年間に釈放されたという記事は確認されない。そのため、彼が六七五年九月や六七六年一一月に朝鮮半島の戦線に従軍したはずがないというのである。そこで、薛仁貴が朝鮮半島の戦線に従軍した六七一年にあった戦闘の記録を、『三国史記』編纂者が誤って挿入したものとみる見解がある[80]。問題は、薛仁貴が象州に流されたのがいつかということである。『旧唐書』薛仁貴伝では上元年間とするが、これとは異なる記録もみられる。『旧唐書』魏元忠伝によると、吐蕃がしばしば唐に侵攻すると儀鳳年間（六七六年一一月—六七九年六月）に魏元忠が上訴して、根本的対策として信賞必罰による国家の綱紀確立を強調して、薛仁貴が吐蕃を討伐する戦争に出て大敗したのに、寛大な赦しをえて除名する懲罰に留まり、再び登用されて海東に出征したが、功が全くなく賄賂を受けるなど腐敗行為が甚だしいので、今彼を殺さなければ悪行がさらにひどくなるだろうと弾劾した[81]。薛仁貴伝と魏元忠伝の間に若干の時間的な違いがある。魏元忠伝にしたがえば、薛仁貴は上元年間に朝鮮半島で戦っていた可能性がある。具体的に薛仁貴の行跡をみると、六七一年、鶏林道行軍総管として新羅戦線に投入されたが敗退した後、唐に戻っている。その後、薛仁貴の去就がふたたび記録に登場するのは、洛陽の龍門山に造成された仏像に刻まれた次の造像記である。

薛仁貴が皇帝と皇后のために阿弥陀仏と二体の菩薩像を造り、普く法界の蒼生が均しくこの福を得んことを願う。咸亨四年五月に造る。（薛仁貴奉為皇帝皇后敬造阿弥陀像一軀並二菩薩、普共法界蒼生同得此福、咸亨四年五月造）[82]

ここでみられるように彼は、咸亨四年(六七三)五月には洛陽にいた。戦場を転々とした将軍が、のんびりと都で仏像を作って皇帝と皇后の福を願っているのは、彼の置かれた境遇を物語る。すなわち、六七一年新羅に出征して敗北した後、高宗と則天武后の歓心を買って再起しようという意図から仏像を造営したのである[83]。この記録と魏元忠伝の記事をつなげると、次のような推論が可能である。すなわち、薛仁貴は再び登用されて六七五年朝鮮半島に投入されたが、ここでも敗退して帰国した後、儀鳳年間に魏元忠の弾劾を受けて象州に流されたという解釈である[84]。このように六七〇年の対吐蕃戦と六七一年の対新羅戦で敗北したものの再起できたのは、薛仁貴が万年宮の洪水の際に高宗と則天武后を危機から救出したことがあり、高宗の信任が厚かったためである。象州に流されてからも、数年後に赦免されて再登用されたときも、万年宮事件での功績を大いに考慮したと高宗が述懐している[85]。こうしてみると、薛仁貴伝に伝わる象州に流された年代を根拠として、先に言及した六七五年九月と六七六年一一月の『三国史記』記事を否定することはできない。もちろん、そのようにみることに全く問題がないというわけではない。何よりも、六七五年に薛仁貴が新羅戦線に派遣されたというどのような言及も唐側の記録にみられないという点が問題である。この点をさらにみていく。

六七五年、新羅戦に投入された唐軍が作戦行動した地域は、臨津江を中心とした礼成江と漢江の間の地域であった。ところで、『三国史記』によると、薛仁貴は六七五年九月、泉城で新羅軍に敗退した。泉城は、現在の京畿道交河面に比定されるが[86]、李謹行軍の作戦区域である。まさにこの時、李謹行の率いる唐軍が、京畿道北部地域である買肖城方面で新羅軍と対決していた。それだけに、薛仁貴が別の作戦をおこなう空間はなかったとみられる。これに関して、『三国史記』が伝える泉城戦闘に関する記述が留意される。この戦闘で新羅軍が唐軍一四〇〇を殺害して、兵船四〇隻と馬一四〇〇を獲たという。薛仁貴軍は、主力軍である李謹行部隊を支援する軍需補給部隊であって、補給線崩壊が買肖城戦闘で唐軍が敗北した主要因であったという解釈も可能である[87]。これはつまり、薛仁貴は別途に編成された戦闘部隊を率いた行軍総管ではなく、李謹行軍の麾下に配属されて参戦したことを意味する[88]。したがって、彼の参戦に関する具体的記録が伝わらない理由も、こうしたことに起因しているのかも知れない。そして、薛仁貴を撃破したという泉城地域に隣接する紺岳山の山神として薛仁貴が祀られているという伝承がある[89]。これは、薛仁貴が漢江と臨津江下流地域で作戦を繰り広げたという事実と関連するものと思われる。ただ、そうした事実がいつあったのかが問題であるが、可能な時期としては、まず、六七一年を想定できる。さきに言及したように、この年に薛仁貴が鶏林道行軍総管として唐の救援軍を率いて参戦した。ところで、この時、薛仁貴の主たる目的は熊津都督府の救援にあって、先に述べたように実際に錦江流域で新羅軍と交戦している。当時、高侃と李謹行が率いるもう一つの唐軍は、遼東地域に留まっており、彼らが平壌に進駐したのは六七二年二月である。それだけに、薛仁貴の補給部隊が臨津江下流地域に浸透する状況ではなかった。こうした点は、ほかならぬ六七五年に薛仁貴が臨津江下流地域に参戦したことを傍証する。

伎伐浦の戦いの記事も、簡単に否定するよりは、薛仁貴があまりにも有名であったために、他の唐将との戦闘が薛仁貴との戦闘として誤って伝わった可能性もある。特に、郷伝に依拠した場合がそうである。ただ、海戦の性格を考慮すると、二二回の戦いがあったという伎伐浦の戦いは、両軍の主力の会戦ではなく、孤立していて退却を図る唐軍とそれに同行する百済人残余勢力を追撃して掃蕩する性格の戦闘ではなかったかと思われる。

新・唐戦争における決定的な転機は、六七六年であった。このころの唐帝国を巡る新たな軍事的局面と関連する。すなわち、この年の春、唐朝廷は、吐蕃の内紛状態に乗じて大規模な遠征軍を組織しようとした[90]。そのまま実行することはできなかったが、六七五年九月以降、朝鮮半島中部地域の買肖城で敗北して退却した李謹行が、六七六年に吐蕃戦に投入された[91]。唐と吐蕃の戦いは、唐と新羅の戦いと互いに関係し合いながら動くという面があった。唐朝廷にとっては、吐蕃との戦争がより深刻で重要であった。したがって、吐蕃との戦争に力を注ぐために、新羅との戦争から撤収する方策をとった[92]。もちろん、こうした点を認めることが、新・唐戦争での新羅の勝利は、吐蕃と唐の戦争という第三の変数により与えられた偶然の産物にすぎないとか、引き分けの終戦であった[93]ということにはならない。それは、新羅が世界帝国唐の一方的な覇権追求に正面から抵抗して、八年余りにわたる厳しい戦争を繰り広げた結果として得た、価値ある勝利であった。喩えるならば、ベトナム軍はアメリカ本土を一度も攻撃できなかったが、ベトナム戦争の勝者がベトナムであることは明白である。

一方、六六八年以降、新羅はほとんど毎年、日本に使臣を送った。新羅にとっては、唐との戦争において、日本の存在が非常に重要な要素であった。背後で何か起きはしないかと気をもむしかなかったのが、新羅の立場であった。反面、日本は、新・唐間の血戦の現場から一歩離れており、熊津都督府が消滅した後は、唐とどのような形でも接触する契機すらなくなった状況が継続しただけに、新羅より戦争の危険がずっと少なかったのが事実であった。それによって、新・日交渉の再開初期にみられた、新羅王と金庾信に贈り物を贈るなどの配慮と注意深い姿勢などは、これ以降はみられなくなった。反面、時間が経つにつれて、新羅に高圧的な面をみせた。六七六年、新・唐戦争が一段落付いた後にもそうした面は続いた。

第五章　戦争の余震——六七六年以降、新羅の対外関係

第一節　唐との潜在的対立関係の持続

六七六年、唐軍が朝鮮半島から撤収した後、新羅と唐の間に和平関係が回復されたわけではなかった。唐は、六七六年に安東都護府を満州の遼東故城に撤収したが、依然として朝鮮半島への再侵攻の意図をもっていた。長い戦乱により大きく弱体化した遼東地域と住民に対する唐の支配力構築に力を注いだ。まず、唐の人々で安東都護府の官吏であった者たちを解任した。六六八年当時とは異なり、安東都護府の支配領域が大きく縮小したので、不必要な官吏を整理し、高句麗遺民の恨みの対象になるものを交替して刷新しようとしたようである。そして、淮河流域に移住させた百済遺民を遼東の建安城にふたたび移住させて、ここに熊津都督府を僑置した。(1) 翌六七七年、熊津都督・扶余隆を帯方郡王に封じて、唐に連行されていた高句麗最後の王である高蔵(宝蔵王)を遼東都督朝鮮郡王に封じ、六六九年唐の内地に強制移住させた高句麗遺民とともに遼東に帰還させた。高蔵を遼東地域の統治の前面にたてて、高句麗遺民を懐柔しようという緩和した支配策を取ったようである。そうしながら、一方では、安東都護府を遼東故城から戦略的拠点である新城にふたたび移し、高句麗社会の事情に明るいものを安東都護府に派遣し、遺民の動向を監察して統

制力を補強した。今回も反逆者男生は、唐のよい道具になった。彼は、安東都護府の官吏として派遣され、遼東地域の統治に大きな役割を果たしたが、六七九年安東都護府の官舎で病死した(2)。

このころ、唐の遼東支配策は、安東都護府と遼東都督朝鮮郡王府を両軸とする二元的なものであった。後者で象徴される高句麗遺民の自治と、安東都護を長とする唐人官吏の監督と統制により、この地域の統治を行なうという構図であった。ところで、両者の関係は二律背反的であり、じきに紛争を引き起こす要素を初めから持っていた。

ひとまず遼東地域の支配体制を再整備した後、六七八年に大規模な新羅遠征計画を立てた。しかし、吐蕃が安西四鎮を攻撃すると、唐の朝廷で吐蕃と新羅を同時に征伐しようという計画に宰相・張文瓘が、「吐蕃が辺境を侵犯し、国境に軍隊を駐屯するのに比べると、新羅はたとえ帰順しないとはいっても、唐の領土を侵攻してはおりません。ところが、東西両方面で征伐戦を繰り広げれば、百姓がそれに耐えられないのではないかと恐れます。願わくは、兵士を休ませて徳を積み、百姓を安らかになさってください」と反対し(3)、新羅遠征計画は、破棄された。

こうしたなか、遼東地域内部でも、現状を打破するための動きが試みられた。すなわち、遼東都督朝鮮郡王・高蔵が、旧服属民である粟末靺鞨と密かに連絡して、唐の支配に対抗する計画を図っていたが、安東都護府に発覚した。これに脅威を感じた唐は、高蔵を流配して、彼とともに帰還していた高句麗遺民をふたたび唐の内地に強制的に移住させたことは、すでに言及した(4)。

高句麗復興のための蜂起が挫折した後、一連の政治的波動の中で、遼東地域の遺民は唐の支配に反対する消極的抵抗として小規模単位で他地域に移住した。それによって多くの遺民が、新羅や東部満州地域およびモンゴル高原の遊牧民社会に移住して、遼東地域には「弱くて貧しいもののみ残ることとなった(5)」。それによって、唐の朝鮮半島と満州地域支配の拠点である安東都護府は、大きく弱体化した。いまや、旧高句麗領域のうちで唐の支配力が及ぶところは、事実上、遼東半島一帯に限られた。新羅の力も、大同江と元山湾を結ぶ線以南にとどまった。それによって、中・東部満州地域は、唐、新羅、突厥など、いずれの国も力を延ばせない、一種の国際的な力の空白地帯になった。それは、後日新たな勢力が登場する好条件になった。渤海の勃興過程が、そうした面を物語る(6)。

ともかく、情勢が変化したものの、唐は依然として新羅の大同江以南地域の領有を認めなかった。相変わらずこれを否定して、それを象徴するように、高句麗王孫と百済王孫をそれぞれ高麗朝鮮郡王と百済帯方郡王に封じて、唐の都に留まらせた(7)。新羅としては、唐は時がくれば彼らを先頭に立たせて再び遠征軍を投入するという露骨な脅威と感じられただろう。しかも、文武王の弟・金仁問が、唐の長安に留まって官職に就いていた。彼は諸刃の剣の存在であり、状況によって唐が彼を再び活用することも十分にありうると予想された。

唐が新羅の朝鮮半島統合を認めない状況で、六七六年に戦闘が一段落したといっても、唐に対する警戒を緩めるわけにはいかなかった。新羅は唐を刺激しないようにしながら、防禦力の強化に努めた。六七六年以降にも新羅が大同江以南である今日の黄海道地域に郡県を設置せず、一種の緩衝地帯としておいたことも、唐との衝突に備えて防禦力を集中するためであった。対内的には、軍備拡充にひたすら邁進した。王直属の中央軍団である九誓幢のうち五つが六七六年以降に編成されたのは、そうした面を端的に物語る(8)。

対外的緊張状況は、それに対応する対内的動員力の極大化と、それを裏付ける行政力の拡充を要した。これは、軍事組織と官署組織の拡大をもたらして、律令に立脚した行政の効率的運営を促進し、政治的には王権と中央集権力の強化に帰結した。その過程で、貴族勢力と王権の摩擦を伴った。すでに、統一戦争期間を通じて新羅王は、一部の貴族勢力を排除した。唐との水面下での対立が持続する状況で、内部離脱を防いで戦列を維持するためには、敵に対する恐怖を絶えることなく喚起することが有効であり、継続的に内部の敵を犠牲として探すことが具体的な方法である。

王に対する忠誠が、重ねて要求された。王権に挑戦するおそれのある勢力は、粛清された。神文王元年（六八一）、王妃の父である金欽突をはじめ興元、真功ら高位真骨貴族が粛清された。彼らは、真骨貴族の威勢で親族と門客などを集めて勢力を養って横行していたが、新秩序と衝突したのである。つづいて、上大等を歴任した元老貴族である兵部令伊飡・金軍官が、金欽突の逆心を知りながら告発しなかったという不告の罪により、息子一人とともに自決を強いられた。神文王は、金欽突の乱後に下した教書で、「上に仕える規範は、忠誠を尽くすことを根本とし、官職にあるものの道理は、二心を抱かないことを旨とする（事上之規、尽忠為本、居官之義、不二為宗）」といって、貴族に絶対的な忠誠を要求した。

一方、これとともに九州五小京制の地方統治組織を整備した。六七〇年、安勝が率いる高句麗遺民を金馬渚（益山）に定着させて自治を行なわせていた高句麗国（報徳国）の場合、対唐戦争の終結後、六八三年に安勝を王室の女子と結婚させた後、金氏の姓を与えて真骨に編入し、都に移住させた。これは、彼を金馬渚の高句麗遺民から離して、報徳国の無力化を図ったものであった。これに反発して六八四年に将軍・大文らが起こした報徳国人の叛乱を鎮圧した後、その住民を各地に分散移住させ、報徳国を解体して金馬郡に編成した。そして、六八六年には、報徳国人で九誓幢の一員である白衿誓幢と赤衿誓幢を組織した。これにより、全国を州・郡・県に編成して、中央から派遣した地方官が統治した。ただ、海を間においた耽羅国は、六六二年以来、新羅に服属して朝貢する「属国」であったが、依然として耽羅人が自治を行なっていた。

中央集権体制の確立とともに、文武官人に対する報酬体系に一大革新が図られた。神文王九年（六八九）、民に支配力を直接行使できる禄邑を廃止して、官人達に対する報酬として租を代わりに支給した。一連の改革を進めることができたのには、統一戦争の産物として旧百済地域のような新たな租税収入源の拡充が可能になったという点とともに、対外的緊張関係という外的要素が一定程度作用したことを見逃してはならない。すなわち、六七六年以降、継続する唐との対立関係は、危機意識を持続させる作用となり、王室主導で中央集権的国家体制を構築するための体制整備作業と改革推進に肯定的に作用した。(9)

もちろん、唐との関係が悪化していた間、新羅と唐の間に公的な接触が全くなかったわけではない。神文王六年(六八六)二月、新羅が使臣を派遣して『礼記』『文章』を請うと、これに応じて則天武后は、関係書籍から抜粋した本五〇巻を送った。(10)この時、唐の正朔、すなわち暦を受け取って、新羅で施行したようである。(11)孝昭王八年(六九九)には使臣を送り朝貢した。(12)六八一年と六九二年に神文王と孝昭王が即位した直後、唐が使臣を送ってきて新王を冊封した。これはすなわち、新羅朝廷から前王の死と新王の即位を知らせる使臣を派遣したことによって、唐皇帝の冊封が行なわれたとみなければならない。(13)すなわち、記録に伝わらない使者の派遣があったことになる。こうして新羅は、唐の正朔を使用して冊封を受けるなど、唐中心の国際秩序に順応する一面をみせた。しかし、それが即、両国の関係が円満になったことを意味するわけではなかった。

神文王代に唐の使臣が、武烈王の諡号である「太宗」が唐皇帝李世民の廟号である「太宗」と同じであることを非難して、すぐに改正せよと圧力を加えると、神文王が拒否して反発したことであるとか、(14)冊封を受けた後、謝恩使を派遣しなかった事実などは、両国の関係が依然として対立的であったことを物語る。そうした点を証言するように、実際に六七六年以降七〇〇年までの間、両国の使臣往来の頻度は、他の時期と比較すると非常に少ない。そうしたなかでも、両国の対立と葛藤が進展して武力衝突にまでなることはなかった。唐は吐蕃問題が深刻で、則天武后の執権に対する唐皇室の宗親と貴族の反発が続く状況で、敢て新羅を圧迫する余力がなかった。新羅も唐をこれ以上刺激する必要がなかった。それによって新羅と唐の間では、互いに対立しながらも、表面的には平穏な現状を維持するという関係が、七世紀末の渤海の登場という新たな変数が出現するまで持続した。

第二節　日本との関係――「隣国」と「蕃国」の同床異夢

一方、唐との対立関係が持続する状況は、新羅朝廷に日本との関係にそれだけさらに留意せざるをえなくさせた。この時期の新羅は、文武王が死んだ後、東海の龍になって倭兵を防ぎ国家を鎮護するという文武王海中陵説話と感恩寺創建説話が物語るように、日本に対する警戒心を解いてはいなかった[15]。その一方で、日本に使者を頻繁に派遣して、密接な関係を結んだ。

日本も六七二年に郭務悰一行が帰ってからは、七〇二年に遣唐使の派遣を再開するまで、唐との交渉を途絶して新羅と緊密に交流した。七世紀の終り頃、新・日間に緊密な交流が行なわれたことは、日本列島で出土する新羅土器からも確認される。新羅土器が、奈良など近畿地方のこの時期の宮殿や寺址、古墳などから出土しており、特に新羅においても中央で特別に管理した主要品目である緑釉土器が多い。このような新羅の緑釉土器が、日本に流入したことは、両国の国家的交渉の産物とみられる[16]。

この時期の新・日両国は、内的体制の整備に力を傾けた。新羅は、すでに進めていた中央集権体制構築に拍車を掛け、六八六年の例作府設置を最後に中央官署の整備を終え、先にみたように六八四年の報徳国解体とともに全国を州郡県制に編成する作業が終了した。また、軍事制度も神文王代に拡大改編を完了した。日本は、天武天皇即位以降、唐の制度を典範とした律令体制の構築に尽力し、唐との外交関係が途絶した状況で、これを遂行する規範になる必要な文物の知識を新羅から多く導入した。この時期の新・日両国は、どちらも、戦争経験と唐との潜在的な対峙状態という対外的緊張が、中央集権的体制構築と王権強化に有効な外的要素として作用した。

このように両国は、同じような時代的課題を果しながら、相互に密接に交流した。この時期の両国の使臣往来は、**表1**にみられるように、非常に頻繁であった（様々な形態の送使はこれに含まない）。ところで、これほど表面的に緊密な交流にもかかわらず、両国の交渉が終始友好的であったということはできない。一方では、相互の葛藤と対立の要素が育っていた。何よりも、両国の関係に対するそれぞれの認識の差がその原因であった。それを考察する前に、**表1**にみられる外形的様相をみていこう。

図38　感恩寺址

表1は、新・日間に国交が再開された六六八年から七〇〇年までを対象としている。七〇〇年を下限としたのは、七〇二年に日本が、七〇三年に新羅が、唐に使者を派遣して、それ以降、両国は遣唐使を持続的に派遣し、それ以前とは異なる様相を示すためである。

表1をみると、六六八年以降、新羅から日本に使者を派遣した回数は二二回、日本から新羅に派遣した回数は一〇回である。安勝の小高句麗国が日本に使者を派遣した回数は八回であり、日本が小高句麗国に使者を派遣した回数は

三回である。小高句麗国の対日使者派遣は、先に述べたとおり、新羅朝廷の意思と無関係なものではなかった。特に、六七三年と六七六年以降の小高句麗国の使者は、新羅が日本に護送した。戦時中のため、可能性のある唐海軍の脅威から使者を保護するという意味もあるが、戦争が終結して以降でも継続して送使をつけていることをみると、小高句

表1　668-700年における新羅と日本の使者往来

	新羅から日本へ	日本から新羅へ	小高句麗から日本へ	日本から小高句麗へ
668	○			
669	○			
670		△		
671	○　○		☆	
672	○		☆	
673	○		☆	
674				
675	○　○	△	☆	
676	○	△	☆	
677				
678	○(海難)			
679	○	△	☆	□
680	○		☆	
681	○	△		□
682			☆	
683	○			
684		△		□
685	○			
687	○	△		
689	○			
692	○			
693	○	△		
695	○	△		
697	○			
700	○	△		

麗国の対日外交を新羅朝廷が統制しようという意図とみられる。新羅朝廷は、高句麗と倭の伝統的友好関係を活用して、小高句麗国使臣を通じて新羅と日本の関係を円滑にすることを図り、新・唐戦争の戦況を小高句麗国の使者を通じて伝達して、この戦争において新羅に友好的な姿勢を日本から引き出そうとしたのである。六七六年以降にも、唐との潜在的対立が持続したために、小高句麗国は新羅の対日外交において依然として一定の効用をもっていた。ただ、小高句麗国の外交が新羅朝廷の意図から逸脱した場合に備えて、統制を継続したことはもちろんである[17]。

六六八―七〇〇年の間の両国の使者往来をみると、新羅側(小高句麗国を含む)が三〇回派遣している。ほとんど毎年、使者を派遣したことになる。それに比べて、日本は新羅に一〇回派遣したのみである。新羅のほうが使者をずっと多く派遣している。これは両国の交渉で、唐と直接対峙していた新羅がより積極的であり、関係維持の必要性がより切実であったことを物語る。

七―八世紀の新羅朝廷と日本朝廷の間で物品が贈与された状況は、**表2**の通りである[18]。これをみると、新羅から日本に贈った物品の種類は、六七一―六八九年の期間がもっとも豊富である。

もちろん、贈与した物品の種類が多いことが、物品の質と量が多くて優れていたことを意味するわけではない。しかし、他の期間でも主に物品の種類のみ記録されている同じ史料的条件で、おおよその趨勢を把握することは可能である。これはすなわち、この時期の新羅朝廷が、日本との友好関係を維持することに傾けた熱意の表れである。特に、新・唐間の戦闘が終わった六七六年以降にも、そうした面が持続していることを確認できるが、これもやはり唐との潜在的対立を新羅朝廷が依然として深刻に捉えていたことを物語る。

ところで、八世紀に入ると、これとはっきり異なる様相をみせる点も留意される。**表2**に反映された八世紀以降の状況は、『続日本紀』に依拠した。『日本書紀』とは異なり、『続日本紀』では詳細な物品項目が言及されておらず、

表 2　新羅－日本間の贈与物品

新羅紀年 /西暦 /日本紀年．月	新羅→日本	日本→新羅	典拠
真平王 20 /598 /推古 6.8	孔雀		『日本書紀』
真平王 38 /616 /推古 24.7	仏像		『日本書紀』
真平王 45 /623 /推古 31.7	仏像，金塔，舎利，大観頂幡，小幡		『日本書紀』
真徳女王 元年 /647 /大化 3	孔雀，鸚鵡		『日本書紀』
文武王 8 /668 /天智 7.9		－新羅王に絹，綿，韋 －新羅王と金庾信に各々船 1 隻	『日本書紀』
文武王 11 /671 /天智 10.6	別献物：水牛，山鶏		『日本書紀』
文武王 11 /671 /天智 10.10	袈裟，金鉢，象牙，沈水香，栴檀香，諸珍財(推定)(19)	新羅王に絹，絁，棉，韋を贈る	『日本書紀』
文武王 12 /672 /天武 1.12		新羅使臣・金押実に船 1 隻	『日本書紀』
文武王 19 /679 /天武 8.10	－金，銀，鉄，鼎，錦，絹，布，皮，馬，狗，騾，駱駝 －別献物：金，銀，刀，旗		『日本書紀』
神文王 元年 /681 /天武 10.10	－金，銀，銅，鉄，錦，絹，鹿皮，細布 －別献物：金，銀，霞錦，幡，皮		『日本書紀』
神文王 5 /685 /天武 14.5	馬，犬，鸚鵡，鵲，種種物		『日本書紀』

神文王 6 /686 /朱鳥 1.11	ー細馬,騾,犬,鏤,金器,金,銀,霞錦,綾羅,虎豹皮,薬物 ー別献物：金,銀,霞錦,綾羅,金器,屏風,鞍,皮,絹,布,薬物		『日本書紀』
神文王 7 /687 /持統 1	金,銀,仏像,珍宝		『扶桑略記』
神文王 8 /688 /持統 2.2	ー金,銀,絹,布,皮,銅,鉄 ー別献物：仏像,種種彩絹,鳥,馬 ー金霜林　所献：金,銀,彩色,種種珍異之物 80 種余		『日本書紀』
神文王 9 /689 /持統 3.4	金銅阿弥陀像,金銅観世音菩薩像,大勢至菩薩像,彩帛,錦,綾		『日本書紀』
孝昭王 7 /698 /文武 2.1	貢物		『続日本紀』
孝昭王 9 /700 /文武 4.10	孔雀,珍物		『続日本紀』
孝昭王 10 /701 /大宝 1.1		ー新羅使臣・金所毛の死に絁,綿,布を下賜 ー水手以上に禄を賜与	『続日本紀』
聖徳王 2 /703 /大宝 3.10		錦,絁 (使臣には衾,衣を賜与)	『続日本紀』
聖徳王 5 /706 /慶雲 3.1	貢物	使臣に禄を賜与	『続日本紀』
聖徳王 8 /709 /和銅 2.3	貢物	絹,美濃絁,糸,綿 (使臣には禄を下賜)	『続日本紀』
聖徳王 14 /715 /霊亀 1.3		綿,船 (使臣には禄,綿を下賜)	『続日本紀』

聖徳王 18 /719 /養老 3.7	貢物，騾馬	禄	『続日本紀』
聖徳王 25 /726 /神亀 3.6,7	貢物	－使臣に禄を賜与 －金順貞の賻物として黄絁，綿贈与	『続日本紀』
聖徳王 31 /732 /天平 4.5	種種財物，鸚鵡，鴝鵒，蜀狗，猟狗，驢，騾	新羅王と使臣に禄を与える	『続日本紀』
景徳王 11 /752 /天平勝宝 4.7	－貢物 －金泰廉の私献物：土産物	使臣に絁，布，酒肴を下賜	『続日本紀』
恵恭王 6 /770 /宝亀 1.3	貢物	新羅王と使臣に禄として絁，糸，綿を与える	『続日本紀』
恵恭王 16 /780 /宝亀 11.1	貢物	－新羅国王：答信物 －使臣：禄，当色，履	『続日本紀』
哀荘王 5 /804 /延暦 23		黄金	『三国史記』新羅本紀
憲康王 8 /882 /元慶 6		黄金，明珠	『三国史記』新羅本紀

包括的に「調物」「方物」などと記録されている。この点を考慮すると、それ以前の時期と対比して論じることはできない。しかし、相互の物品贈与回数において、それ以前の時期と大きく異なることは確認できる。これは、八世紀に入り、新羅が唐との交流を頻繁に行なうようになったことと関連する。すなわち、新羅が日本との関係にそれほど重きを置かなくてもよいほどの状況の変化による結果とみられる。

あわせて、**表2**でみられるように、新・唐戦争開戦前後の時期、まだ戦争への展望と、それに対する日本がとる立場が不確実な時点にあった三回を除くと、日本の新羅に対する物資供与はない。反面、新羅は、多様な品目を提供している。対唐戦争期間はもちろん、戦後復旧と唐の侵攻に備える軍備拡張に莫大な経費を投与しなければならなかった時期に、日本に提供したこうした物品は、新羅朝廷に非常に大きな負担になったことは明らかである。『三国史記』職官志が伝える内省傘下の様々な手工業品を担当する工房は、日本に贈る物品調達業務と深い関連があったであろうという推定が可能である。[20]

日本は、唐の膨張を防いでくれる新羅の防波堤の役割によって侵攻を被る危機を免れられ、また、律令国家体制を構築する時間的余裕を得られたことで、新・唐戦争の最大の受益者になった。ところで、日本は、この戦争で新羅が困難な時期を送っている間、新羅に軍事的支援はもちろん、経済的側面からもこれといった支援をしていないことが分かる。もちろん、新羅が起こした戦争であり、その戦争の果実である領土拡張も新羅が独占するだけに、それを得るための犠牲も新羅が負わねばならない。しかし、この戦乱で莫大な利益を得た日本は、むしろ新羅の困難な状況を利用して新羅が提供する物資を享受し、同時に両国の交渉儀礼を上下関係で固定化する契機とした。こうした点を新羅人が意識しなかったとは思われない。当面は反発する立場ではないので甘受したが、心服したはずがない。

こうした面で、新羅が日本に贈った物品がもつ意味を考察した見解が注目される。すなわち、金属容器、仏像、屏風、朝霞や綾羅などの高級絹製品、香薬などは、唐が周辺国に贈った物品と同じ種類であり、新羅朝廷が安勝の高句麗国(報徳国)に贈った物品とも類似する。実際に新羅が日本に贈ったこうした物品は、様々な経路で唐から入手したものの一部である可能性があり、南海貿易の所産である孔雀・鸚鵡、そして駱駝なども唐を通じて購入したものと思われる。これはつまり、新羅人が、文化的先進性と交易権の広大であることを誇示する優越意識を込めて、こうした物品を日本に贈ったというのである。[21] 言い換えれば、国家間の物品贈与は、自国の権力と文化を見せつける表象であり、両国間の王権の通有性を確認するものとみなした。すなわち、こうした物品を通じて、大唐帝国の体制と意識を模倣して皇帝国を標榜しようという日本に対して新羅人が持っていた深層意識の断面を読み取ることができる。[22] そうした深層意識は、実際に政治的状況が変わることで表面に表れ、両国の新たな紛糾の種になった。この点を簡単にみていく。

七世紀後半、新羅と日本の交渉様態について、『三国史記』は言及がほとんどなく、[23] 八世紀半ばの両国の外交的摩擦と、それによる葛藤を簡略に伝えるのみである。それに対して『日本書紀』は、両国の交渉に関して具体的に伝えるが、この性格を上下・朝貢関係として記述している。この時期だけでなく、『日本書紀』が伝える古代韓日関係史のすべての時期をそのように記述している。これは、八世紀初めの『日本書紀』編纂者の史観、その背景になった当時の日本支配層の歴史意識が遡及されて投影された叙述といえよう。こうした『日本書紀』の史観形成に決定的影響を及ぼしたのが、七世紀後半の歴史的状況と、この時期の新・日関係と思われる。

七世紀後半、日本は天皇を頂点とする中央集権体制と理念を構築した。その一環として、中華意識と唐の儀礼を受容して、皇帝国としての意識と儀式を整えようとした。日本を皇帝国と想定することは、自ずとその対称点として蕃国の存在を必要とする。後者を通して前者は、その存在の正統性が証明されるためである。当時の日本が持続的に交流すべき国は、事実上、新羅の他にはなかった。したがって、新羅を蕃国として想定するようになり、それを前提に儀礼と制度を整えようとした。大宝令の注釈書である『古記』に記された次のような内容は、そうした意識の断面を伝える。

古記に云う、「御宇日本天皇詔旨」という文言は、隣国と蕃国に対する詔書の形式である。問う、隣国と蕃国はどのように異なるか。答えるに、隣国は大唐であり、蕃国は新羅である。

(古記云、御宇日本天皇詔旨、対隣国蕃国而詔之辞、問、隣国与蕃国、何其別、答、隣国者大唐、蕃国者新羅也)[24]

すなわち、新羅は下位の蕃国であり、唐は対等な隣国であるというのである。これに従った場合、新羅との交渉儀礼は、蕃国とのそれと規定される。蕃国の存在は、日本の臣民に天皇家の正統性と尊厳を誇示する基底になるため、日本朝廷は新羅との交渉儀礼を非常に重視した。大宝元年(七〇一)、春正月にあった日本朝廷の儀式を叙述した内容をみると次の通りである。

天皇が大極殿で朝会をうけると、正門に烏模様の旗(烏形幢)を立て、左側には日像、青龍、朱雀の旗を、右側には月像、玄武、白虎の旗を立てて、蕃夷の使者が左右に並んだ。これで文物儀式は全て整った。(天皇御大極殿受朝、其儀、於正門樹烏形幢、左日像・青龍・朱雀幡、右月像・玄武・白虎幡、蕃夷使者、陳列左右、文物之儀、於是備矣)[25]

すなわち、日本朝廷の元日儀礼で、蕃国使臣の参席が不可欠の要素になったことを物語る。おおよそ、こうした新しい儀礼と制度は、七〇一年と七二三年に完成した大宝令と養老令に反映されたようである。**表1・2**で伝える時期の新羅と日本の交渉の形式は、いまだ大宝令や養老令に伝わる儀礼様式に立脚したものではなかったであろうが、それに向っていた日本の主張が強調された時期といえる。

以前、七世紀前半に、新羅や百済に倭国を大国とする意識があった[26]。当時、倭国は客観的に新羅や百済より大きい国であった。そして、百済と新羅が争っていた状況で、互いに倭の支援を受けようとか、または、倭を自国に非敵対的な勢力にしようと試みながら、倭を大国として礼遇した可能性がある。そうしたなかで、倭国も百済や新羅に比べて自国を大国と考える意識を持っていたであろう。しかし、それは、定形化された儀礼と儀式によって規定されたものではなかった。王よりも上位の称号として天皇という称号が使用されたのは、七世紀後半、天武朝(六七三―六八六)以降と思われる。倭の大国意識は、六六〇年以降の歴史的状況からさらに強まったようである。

倭王天智は、六六一年に百済復興軍を支援して扶余豊を帰国させる際に、彼を百済王に封じた[27]。白江口の戦いでの敗北によって、倭王が冊封した「諸侯」である百済王は消滅したが、六六四年に扶余豊の弟である善光が百済王の称号を使用しており[28]、この称号は持統代（六八七—六九六）には「百済王」という姓として成立した。「百済王」という姓をもつ者は、その後も継続して日本朝廷で仕官した。そして、八世紀初め、若光に「高麗王」という姓が与えられた[29]。「百済王」や「高麗王」という氏をもつものが朝廷に臣下として仕官していることによって、日本王は皇帝としての位相をもつことになるのである[30]。七世紀後半に日本に亡命してからは天皇の権力に寄生して生き残りと明日をかけた百済と高句麗の亡命貴族、朝貢国の位置に立って日本と交渉したという金馬渚の「高麗（小高句麗国）」の存在[31]、唐と戦争中か対立を持続する状況で日本との交渉においては相対的に劣勢な立場になるほかなかった新羅の位相などがからみあった現実で、日本の支配層の大国意識はさらに鼓舞された。同時に、そうした大国意識は、対内的には律令制に基づいた中央集権体制の確立によって裏付けられた。いまや日本の天皇は、対内外的に超越的な存在として想定された。それにより、新羅との交渉でも、上下関係の儀礼が要求された。『日本書紀』は、この時期の両国交渉の性格を「進調」「請政」「奏請国政」などと表して、上下宗藩関係として記述している。『続日本紀』でもそうした面は続けられる。

もちろん、これは、両国間に行なわれた交渉の内容を、日本の立場から一方的に性格規定して表現したものに過ぎない。ところで、この時期、日本に行った新羅使臣は、こうした日本朝廷の規定と、それによって付加される儀式を公式的に拒否しなかったようである。しかし、新羅朝廷がこれを承認したり心服したりしたという痕跡も見あたらない。むしろ、日本朝廷の一方的主張に対する新羅朝廷の反応は、否定的であったことを表す面が見られる。

この時期、新羅は、日本との交渉で公式の外交文書を送ったことがない。口頭で意思を伝達するのみであった。新

図39　文武王海中陵

羅の中で文書行政が一般化しており、中国王朝との交渉では国書を送ることが常例となっていた時期であるにもかかわらず、日本との交渉ではそうではなく、使臣が口頭で奏上する形式であった。そうしたことは、八世紀にも同様であった。さらに、これを不満に思った日本天皇が、使臣は「表文」を必ず持参することを要求したが[32]、その後も新羅の使者は依然として応じなかった。

一方、六六八年以降の日本と密接な関係を維持していた時期、唐との対立関係が持続していた時期に新羅で使用した年号をみると、唐のものであったという事実が注目される。雁鴨池で出土した「調露二年(六八〇)銘塼」や、蘿井遺跡址と望星里瓦窯址などで出土した「儀鳳四年(六七九)皆土銘瓦」、川前里書石の「上元二年(六七五)銘」と「上元四年(六七七)銘」などがそうしたものである。これは、新羅が唐に対し武力抗争したり厳重に警戒したりしながらも、他方では、唐の頻繁な改元を把握しているほどに、公式の使者往来はなくても、様々な経路で唐と交流しつつ[33]、唐の事情に注意を傾けていたことを意味する。さらに、新・唐戦争の間、唐の年号を継続して使用したということは、新羅が唐中心の国際秩序そのものは基本的に認めていたことを意味する。新羅は、唐との戦争中でも、唐との交渉で事大の礼をとった。そして、六七六年以降にも唐の年号を継続して使用したことは、戦後にもそうしうることを物語るものである。ただし、冊封国が朝貢国の安全を脅かしたり、内政に干渉したりしない範囲においてであった。新羅朝廷が認めた朝貢・冊封関係は、こうしたものであった。唐がこの点を認定しないことに、新・唐の戦争と葛藤の動因があったのである。

いずれにせよ、唐中心の国際秩序を認めるということは、つまり、日本が要求した両国間の関係を宗蕃関係とする認識を、新羅が承服しないことを意味する。ただ、唐との対立状態が持続する状況で、日本朝廷の要求を正面から否定することは難しい状況であるため、日本に行った新羅使臣には、状況によって日本朝廷の儀礼規定に受動的に応じるようにさせたのが実像であると思われる。新羅朝廷が想定して志向した両国関係は、交隣関係であった。両国は、表面的には相互に密接な関係を持続しながらも、その性格については同床異夢であった。両国の相異する相互認識に基づいた独特の関係は、すぐに新たな情勢進展によって摩擦と葛藤を生み出すことになる。

六七〇年代以降、現実的必要により日本と緊密な関係を維持した新羅支配層の内面では、日本に対する警戒と不信が次第に深く根付いた。文武王が死んだ後、火葬した遺骨を撒いたという大王岩と、大王の恩徳を称える感恩寺（本来の名称は、倭兵を防いで国を安定させる鎮国寺）[34]遺跡は、当時の新羅支配層の日本に対する意識を物語る。

八世紀に入ると、七〇二年六月、日本が六七二年以降はじめて唐に使者を派遣した。[35]新羅は七〇三年、遣唐使を派遣し、その後、唐に毎年一回以上使者を派遣するなど[36]、新・唐間に緊密な関係が結ばれた。新羅が唐と再び緊密な関係を追求することになった背景には、日本の頻繁な遣唐使派遣と唐・日両国の関係進展が刺激剤になったこともあろう。それとともに、六九八年に建国した渤海が、八世紀に入って急速に成長した事実も、新・唐関係を緊密にする要因として作用した。こうした情勢進展とともに、新・唐戦争期を経て形成されたそれまでの新・日関係を再定立する問題を巡って、新羅と日本の間に本格的に亀裂が生じ始めた。

このように新羅は、七世紀後半を通じて唐や日本との間で、友好と戦争の両極端を行ったり来たりしながら関係を結び、その過程で新・唐関係と新・日関係は逆方向に連動した。そうした激烈な変化と陣痛の過程を経験した後、輪郭を表わした新羅の対外政策の基本軸は、事大交隣として具体化した。すなわち、中国王朝とは事大関係を結び、日本とは隣国として交隣関係を維持するというものである。

このうち、唐との「事大」の部分では、新羅はすでに七世紀前半から唐と朝貢・冊封関係を結んできた。しかし、唐が追求する対外政策は、天下のすべての異民族集団を自国に隷属する羈縻州にしようというものであった。そのため、唐と新羅の間における安定的関係として朝貢・冊封関係が位置づけられえなかった。言い換えれば、被冊封国が冊封国の恣意的な武力侵略を阻止しうる時に、はじめて両者の関係が安定的でありえた。持続性をもつ朝貢・冊封関係は、一方的関係ではなく双方向的関係であり、その成立は、両者の力による駆け引きを基本とする。朝貢国は、上下形式の典礼を承服して冊封国中心の国際秩序を認める反面、冊封国は、朝貢国の「自治と自主」を認める線で均衡をさがす駆け引きであった。

一方、新羅と日本の関係では、相手をそれぞれ隣国と蕃国とみなす認識は、その後の時期を通じて両国支配層意識における基底を貫流しており、それは時によって表面に浮上して、激烈な摩擦を引き起こした。

終わりに——三国統一戦争の歴史的意義

以上で三国統一戦争の展開過程とその余震をみてきた。六四〇年から七〇〇年にいたる期間に起こった激動は、当時の人々には甚大な苦痛と損害を与え、後代の人々には多大な結果をもたらした。この戦争が残した遺産は、いくつかに分けてみることができ、それはこの戦争の歴史的意義を語ってくれるだろう。

三国統一の民族形成史的意義

まず、統一戦争の意義について多くの人々が言及しているのが、韓民族の基本的枠組みを形成したという点である。かつて孫晋泰は「高句麗による民族統一が成し遂げられず、新羅によって民族と領土の半分的統一がなされたことは、民族的に大きな不幸」であるが、「しかし、それはともかく、新羅の統一により朝鮮民族はここに決定された」と述べた(1)。李基白は、「新羅の統一は不完全なものにも拘わらず、重大な意義を持つ理由は、それが韓国民族の形成のための土台になったためである」という(2)。こうした評価は、その後も各種の概説書に受け継がれた。

一方、北朝鮮では、一九五六年版『朝鮮通史』でリムゴンサン(림건상)が、「新羅の三国統一は、朝鮮歴史の発展に画期的な事変であった。朝鮮地域と人民の統一は、単一的な朝鮮準民族(ナロードノスチ)の急速な形成とその発展

に繋がった」として、その意義を高く評価した。[3] しかし、その後、六〇年代以降の歴史書では、第Ⅰ部で検討したように、新羅の三国統一に対して否定的になり、民族の形成はそれ以前に成し遂げられたものと規定して、高麗を最初の統一国家と設定した。

民族を構成する要素には、客観的な要素として、共通の地域、文化、言語、血縁などがあり、主観的な要素としては、先の要素に基づいた共通の心理的状態がある。後者は、同族意識、帰属意識に集約される。客観的な要素は、三国時代を経て三国の住民の間で共通性が強くなっていたが、新羅統一以降二〇〇年余りの間、一つの王朝の統治下に置かれたことによって同質性が確固として形成された。主観的な要素としての同族意識は、三国統一戦争の終盤である新・唐戦争期と、続く戦争の余震で表面に浮上して、統一新羅期の二〇〇年余りを経て拡散した。もちろん、三韓一統意識には両面性があり、同族意識とともに三国別の分立的継承意識をもつ三国遺民意識が、当時の人々の意識の基底に残っていたが、三韓一統意識は、三国の住民を包括する最初の同族意識であり、これは三国統一戦争の産物であった。そうした面で、統一戦争は、民族形成史で画期的な意義をもつ。

統一期新羅と同じ時期に渤海が別に存在し、高麗初めに人口の少なくとも五%以上に該当する数の渤海人が高麗に合流することになったので、高麗が初めての統一王朝であり、高麗初期に韓国民族が形成されたとみることができる。しかし、高麗を構成する様々な要素の大部分は、統一新羅のそれを継承したものである。それだけに、高麗初めに韓国民族が形成されたといっても、基本的な枠組みは新羅統一の産物であることは明らかである。[4] 三国統一戦争の歴史的意義も、その主たる部分がこの事実にある。

国家発達史における意義

統一戦争の歴史的意義として挙げられるもう一点は、中央集権的な領域国家体制の確立に大きな影響を与えたという事実である。三国は連盟体的な性格をもつ部体制の城邑国家として出発し、時差を置きながらそれぞれ郡県制的な中央集権体制の領域国家として発展した[5]。高句麗は、五世紀に書かれた中原高句麗碑の「大王国土」という表現が物語るように、すでに領域国家的な面貌を表していた。大王国土に属する各地域には、守事などの地方官を派遣して統治した。百済と新羅も、遅くとも六世紀代には、服属地域に地方官を送って統治した。これら地方官は、初期には在地有力層を媒介として地域民に対し租税の徴収と力役徴発を行なったが、時代が進むにつれて国家権力が村落社会内部まで浸透した。軍事的な緊張はこれを促進した。

新羅の場合、法幢軍団は在地有力層を媒介にして地方農民を徴発して編成した部隊であり、六世紀以降、各地域に設置された[6]。そして、真平王二六年（六〇四）、軍師幢を設置した。軍師幢は、新羅軍の主力である六停所属の部隊であり[7]、地方有力層出身である軍師が、自らの影響力の下にある村落民を組織した部隊を率いて、中央官である軍師幢主の指揮の下、下級武官として服務した[8]。この時、新たに軍師幢を作ったのは、増加する兵力需要に充当するために、村落民を組織的に再編して動員する必要性が大きくなったためである。いまや、在地有力者は、中央で組織した軍団に所属して、軍師という職名を付与されて軍官として命令を遂行する存在に変貌した。それだけ中央権力の地方掌握力が強くなったことを意味する。こうした面は、『三国史記』に小さい行政単位である県が七世紀以降に登場し、国境地帯で県令の指揮下で行なわれる戦闘の記事が多くなったことと通じる[9]。そうした趨勢は、莫大な兵力と物資動員が必要であった統一戦争を遂行することで、さらに進展した。その結果、七世紀終わりの神文王代に九州五小京制度が完備され、全国が整然とした州郡県制で編成された。これを通じて、全国の戸口と土地が調査され、中央政府が把握できるようになった。そして、中古期に地方社会の強者であった村主の位相も、村落文書で村主位畓が民受有畓に分類されるほどに低落し、行政組織の末端に寄生する存在に変わった。ここに至って、高度に整備された中央集権的な国家体制が確立された。人々の労働力(人丁)に主たる収取基盤をおくこの国家は、韓国古代国家発達史で頂点を成すものであった。この確立に統一戦争は、主要な要素として作用した。

対外関係史における意義

長期間にわたる国際戦でもあった三国統一戦争は、対外関係の面でも大きな影響を残した。高句麗は、早くから中国王朝を牽制するために北方遊牧民国家と交流した。統一戦争期においても、唐帝国に対抗するために高句麗は、薛延陀など遊牧民国家、そして、中央アジア地域の国家とも協力を模索する政策を堅持した。

ところが、三国統一戦争の結果、新羅の領域が大同江以南に限られたことによって、新羅は遊牧集団との連携が現実的に困難になった。もちろん、渤海が登場すると、渤海は突厥と連携するなど高句麗の対外政策を継承する様子をみせた。しかし、そうした試みが不可能になった新羅は、中国王朝との関係では相対的に不利な位置に立つことになり、こうした点はその後も、朝鮮半島の王朝に引きつがれていった。北方遊牧民集団および彼らを通じた中央アジア国家との交流は、ただ軍事的な面だけでなく、文化的な面でも中国文明以外の異なる文明と接触しうる契機となり、それは、バランスの取れた対外意識と文明意識をもたせる役割を果した。高句麗人の天下観や対外政策は、そうした側面をよくみせてくれる。ところが、それが遮断されたことによって、朝鮮半島の諸王朝は中国に一方的に傾く様相が不可避になった。新羅人には、唐や日本との関係をどのように設定するかだけが対外関係の基本課題となった。

唐との関係は、統一戦争の余波で長い間対立的であったが、新羅の朝鮮半島統合が安定した状況で渤海が登場し、新羅と唐の関係に新たな変数として作用したことによって、新羅と唐の外交関係が改善された。ここに新羅と唐の間に安定した朝貢・冊封関係が持たれるようになった。朝貢・冊封関係はそれ以前からあったが、それが持続的に維持されるためには、冊封国は、被冊封国に内政の自治と外交の自主を認め、一方的に圧迫したり支配を貫徹したりしようとすることを放棄して、被冊封国は、冊封国中心の国際秩序に根本的に挑戦しないことで、両者が儀典上での上下関係の礼を認定して平和共存を合意する必要がある。両者、特に唐がそれを認めるには、唐の膨張策に対する新羅の長期間の抗争を経ねばならなかった。三国統一戦争は、三国間の統合戦争であり、唐の三国侵略戦争であった。新羅と唐が力の対決を通じて、言い換えれば、中国天子の徳を万民に及ぼすといういわゆる徳化論を掲げて、三国を併吞して唐の郡県や羈縻州に編入しようという策動を、最終的に新羅が斥けたことによって、力の限界を感じた唐と、唐の現実的な優越性を認めた新羅が、共存の道を求めて妥協がなされた。ここに新羅と唐の安定した朝貢・冊封関係が定立した。これは、朝貢・冊封関係の性格をよく物語っており、統一戦争は、朝鮮半島の王朝と中国王朝の間に安定的な朝貢・冊封関係が定立する過程をみせる顕著な事例である。

一方、統一戦争に日本も介入して一翼を担った。唐との戦争期間、新羅は、背後の安定を図るために日本と友好的関係を維持しようと尽力した。三国時代末期、三国間の争いが熾烈な状況で、『隋書』倭国伝が伝えるように、百済と新羅は、倭国を物資が豊富な大国とみて自国に有利な方向に引き入れるために尽力した。しかしながら、当時、三国と倭国は、いずれも均しく「大王」の称号を使用していたため、倭国との交渉で儀礼上でも観念上でも倭国を上国として仕える関係ではなかった。しかし、新・唐戦争期間中や、その後における戦争の余震が継続する急迫した状況で、新羅は、臣礼を強要する日本の要求を正面から拒否できなかった。当時、日本は、唐を模倣した国家体制を構築し、王は天皇と称して天子国としての儀礼と観念を形成した。このためには蕃国の存在が必ず必要なだけに、新羅にそうした地位を強要した。新羅朝廷は、外交的・経済的犠牲を甘受しながら、これを受動的に黙認する姿勢を取った。

しかし、新羅人の内面には、日本はどこまでも隣国であって、潜在的敵国として認識された。
しかし、七世紀末から八世紀初めに渤海が登場して唐との関係が改善すると、新羅は日本との関係を再定立しようと試みた。新羅としては、対日関係は対唐関係を前提としたものであった。唐との安定的な朝貢・冊封関係を結ぶようになった新羅としては、今や現実的に安全のために日本の動向にこれ以上神経を使う必要がなくなった。日本は隣国として同じ唐の朝貢国であるので、当然、両国は対等な隣国として関係を結ばなければならないと考えた。この点に日本が反発したので、両国の関係は次第に悪化した。新羅の対外政策は、唐とは事大関係、日本とは交隣関係と設定された。こうした対外政策の基調は、その後、高麗・朝鮮を経て、朝鮮半島諸王朝の対外政策の基本的枠組みとなった。

一方、日本は、引き続き新羅を朝貢国とみなそうとしたため、両者の間に摩擦と不信が積み重なっていった。新羅としては、日本との関係は交隣関係であるほかなく、現実的に日本もそれを受容するほかないと考えたが、日本朝廷が拒否する姿勢を堅持したことによって、両国の関係は事実上断絶へと向った。それが現実に武力衝突として具体化することはなかったものの、相互不信が持続した。唐と国交を再開したことによって外部の脅威がなくなった日本としても、強いて新羅との交流を通じて先進文物を受容する必要性は小さくなった。新羅としても、唐との円満な関係を維持することによって、安全が確保されて必要な文物を獲得できた。外交儀礼上の問題が契機となり、ついに両国は、八世紀後半以降、事実上公式の交流を中断することになった。以降、両国が間歇的に行なう公式的接触で、外形上は交隣関係の形式を取ったが、朝鮮半島の王朝を蕃国とみなす意識が、日本支配層の内面に貫流した。

三国統一戦争は、古代の朝鮮半島と日本列島の住民と国家の間にあった頻繁な人的交流と深い政治的相互関係が、最終的に整理される過程であった。戦後、両国とも強力な中央集権国家体制が成立したことによって、両国の住民や地域勢力の間の交流は統制された。国家間の交流も、両国が互いに相手に対する認識が異なったため、非常に制限的であった。両国支配層が想定する相手国の性格は、それぞれ隣国・蕃国であった。これは、統一戦争の終盤である新・唐戦争を歴史的背景として形成されたもので、その後も両国関係に影響を与え、ある面では、今日でも両国人の意識に作用していると思われる。

要するに、対外関係の側面から三国統一戦争がもつ意義は、「事大交隣」という朝鮮半島王朝の対外政策の基本的枠組みを形成することに、この上なく大きな影響を与えたところにある。

原注

（序言）

（1）第Ⅱ部第四章注（2）参照。

（第Ⅰ部第一章）

（1）『三国史記』地理志一「遂置九州、本国界内置三州、……於故百済国界置三州……於故高句麗南界置三州……」。この記事は、地理志一―三（新羅志）の序文に該当するもので、『三国史記』編纂者の手を経ている。ところで、新羅志に収録された内容を検討すると、これは景徳王一六年（七五七）の地名改正があったときの事実を記述したものを母体として、その後の新羅末までにあった変動の状況を加えた、新羅時代に整理された資料に依拠して編纂したものである（金泰植「三国史記地理志新羅条の史料的検討」『三国史記の原典検討』韓国精神文化研究院、一九九五年）。そして、具体的に漢州などの郡県は、本来高句麗の某地域であったとし、熊州などの郡県は、本来百済の某地域であったとしている。これは、新羅志が依拠した元々の資料がそのようになっていたのであり、おのずと上で引用した新羅志の序文内容のような叙述が可能であったのである。すなわち、九州の設置の背景として提示された上の引用文の内容は、『三国史記』編纂者がはじめて提起したものではなく、実際に新羅朝廷の意図がそうであったのである。

（2）崔致遠「謝不許北国居上表」（『崔文昌侯全集』成均館大・大東文化研究院、四七―四九頁）。

（3）盧泰敦「高麗に渡ってきた渤海人朴氏について――新羅と渤海間の交渉の一事例研究」（『韓国史研究』一四一、二〇〇八年）参照。

（4）『続日本紀』巻二五、天平宝字八年七月一九日甲寅条。

（5）「昔、我太宗大王、痛黔黎之塗□、□□海之□□、□戈三韓之年、垂衣一統之日……」、「月光寺円郎禅師大宝禅光塔碑」（『朝鮮金石総覧』上、八三頁）。

(6) 「昔之蕞爾三国、今也壮哉一家」(「智證大師碑」、李佑成校訳『新羅四山碑銘』亜細亜文化社、一九九五年、二一四頁)。

(7) 李康来「三国史記の靺鞨認識――統一期新羅人の認識を媒介に」(『白山学報』五二、一九九九年)。

(8) 盧泰敦「三韓に対する認識の変遷」(『韓国史研究』三八、一九八二年。『韓国史を通してみた我々と世界についての認識』プルピッ、一九九八年に再収録)。

(9) 韓永愚『朝鮮前期史学史研究』(ソウル大学校出版部、一九八一年、一八〇頁)。

(10) 『東史綱目』首巻地図、第四下・附渤海、第五上・附渤海。

(11) 韓永愚『朝鮮後期史学史研究』(一志社、一九八九年、三三〇頁)。

(12) 目次の章と節の題目で「新羅の三国統一」と「統一新羅」を採用した主要な概説書は、次の通りである。李丙燾『国史大観』一九五五年、李基白『韓国史新論』一九六七年、韓㳓劤『韓国通史』一九七〇年、辺太燮『韓国史通論』一九八六年、国史編纂委員会『韓国史』巻二、一九七八年、国史編纂委員会『新編韓国史』九、一九九八年、辺太燮・申瀅植『韓国史通論 改訂版』二〇〇六年などである。そして、「新羅の統一と渤海の建国」とした場合のように(李丙燾、前掲書)、「新羅三国統一論」を採りながらも、少なくとも目次では渤海を一緒に対等に言及していることは、上記の概説書で基本的に同様である。

(13) 韓百謙『東国地理志』「文武王以後百済高句麗統合為一」。

(14) 安鼎福『東史綱目』第四下、神文王五年条。

(15) 『与猶堂全書』第一集、巻八、詩文集対策地理策。

(16) 金正浩『大東地志』巻三一、方輿総志・渤海。

(17) 朝鮮時代の史書にみられる渤海に関する叙述については、宋基豪「朝鮮時代史書にみられる渤海観」(『韓国史研究』七二、一九九一年)を参照。

(18) 三国統一論と南北国論に対する申采浩の見解に対する整理は、金瑛河「丹斎申采浩の新羅三国統一論」(『民族文化研究』一七、一九八三年。『新羅中代社会研究』一志社、二〇〇七年に再収録)を参照。

(19) これらについての整理は、金瑛河「韓末日帝時期の新羅・渤海認識」(『泰東古典研究』一〇、一九九三年。前掲『新羅中代社会研究』に再収録)、李昊栄「「統一新羅」呼称問題」(『白山学報』五二、一九九九年)参照。

(20) 安廓『朝鮮文明史』(一九二三年、九〇頁)、『自山安廓国学論著集』第二巻(一九九四年、三六三頁)。
(21) 孫晋泰『朝鮮民族史概論』(一九四八年、一四一、一七五―一七六頁)。
(22) 金瑛河「三国統一論と南北国成立論」(『韓国古代史入門三 新羅と渤海』シンソウォン、二〇〇六年)。
(23) 金瑛河「新羅の百済統合戦争と体制変化」(『韓国古代史研究』一六、一九九八年。前掲『新羅中代社会研究』に再収録)。
(24) 金瑛河「北韓学界の後期新羅と渤海論」(前掲『新羅中代社会研究』に再収録)、趙仁成「南北国時代論――一九六〇年代初め北韓の古代史認識を中心に」(『韓国古代史研究』四七、二〇〇七年)。
(25) 盧泰敦「北韓学界の古代史研究」(前掲『韓国史を通してみた我々と世界についての認識』)。
(26) 韓永愚『取り戻す私たちの歴史』(経世院、一九九七年。邦訳は、吉田光男訳『韓国社会の歴史』明石書店、二〇〇三年)第三章「渤海とその文化」、第四章「後期新羅の社会と文化」。
(27) 古畑徹「後期新羅・渤海の統合意識と境域観」(『朝鮮史研究会論文集』三六、一九九八年)。
(28) 李成市「八世紀新羅・渤海関係の一視角」(『古代東アジアの民族と国家』岩波書店、一九九八年)、古畑徹「後期新羅・渤海の統合意識と境域観」(前掲誌)。
(29) 李鍾旭『民族か、国家か』(ソナム、二〇〇六年、二一〇―二一一頁)。
(30) 金瑛河「新羅の百済統合戦争と体制変化」(前掲書)。
(31) 盧泰敦『高句麗史研究』(四季節、一九九九年、二四九―二五一頁)。
(32) 白種五『高句麗南進政策研究』(ソギョン、二〇〇六年)第四章「漢江・錦江流域の高句麗遺跡」参照。
(33) 盧泰敦「高句麗の漢江流域併呑とその支配様態」(『郷土ソウル』六六、二〇〇五年)。
(34) 任孝宰・崔鍾澤『ハンウムル――虎岩山城および蓮池発掘調査報告書』(ソウル大学校博物館、一九九〇年)。
(35) 檀国大学校史学科・抱川郡『抱川半月山城一次発掘調査報告書』(一九九六年)、孫宝基ほか『抱川半月山城三次発掘調査報告書』(一九九八年)。「馬忽」と書かれた銘文瓦の判読とその性格を巡る議論については、徐栄一「抱川半月山城出土「馬忽受解空口単銘」瓦の考察」(『史学志』二九、一九九六年)、李道学「抱川半月山城出土「高句麗」瓦と銘文の再検討」(『高句麗研究』三、一九九七年)参照。
(36) 『三国史記』地理志二・漢州堅城郡。

(37)『三国史記』地理志二・溟州奈城郡。
(38) 徐大錫『韓国巫歌の研究』(集文堂、一九八〇年、四一―五四、八九―一一〇頁)。
(39)『三国史記』巻七、文武王一一年七月条。
(40) 黄約瑟「武則天与朝鮮半島政局」(『黄約瑟隋唐史論集』中華書局、一九九七年)、同『薛仁貴』(西北大学出版社、一九九五年、一四三―一四四頁)、拝根興「新羅文武王代の対唐交渉述論」(『新羅文化』一六、一九九九年。『七世紀中葉唐与新羅関係研究』中国社会科学出版社、二〇〇三年に再収録)。
(41)『三国史記』金庾信伝に、金庾信が若い頃、龍華香徒として「三国を併せんとする心(並三国之心)」で熱心に修練したという伝承は、そうした面を物語る。もちろん、金庾信伝は、彼の子孫である金長清の著述に基づいた後代の記録であるが、高句麗と百済から継続して攻撃をうけた当時の新羅の状況から、こうした意識をもったことは十分に想定される。
(42)『三国史記』文武王七年七月条。
(43)『三国史記』地理志四にある当時の遼東地域の状況を伝える「目録」は、一種の戦況表であり、この時新羅軍が入手したものと思われる(盧泰敦「五―六世紀高句麗の地方制度」前掲『高句麗史研究』)。
(44) 姜友邦「ヘッコル山磨崖石仏群と断石山磨崖石仏群――編年と図像解釈試論」(『李基白先生古稀紀念韓国史学論叢』一潮閣、一九九四年)。
(45)『旧唐書』百済伝。
(46)『隋書』巻七六、禹綽伝。
(47) 盧泰敦「三韓に対する認識の変遷」(一九八二年、前掲『韓国史を通してみた我々と世界についての認識』に再収録)。
(48)『漢書』巻一、高帝紀四年八月条「北貊燕人来致梟騎助漢」という記事に対する唐人顔師古の注。
(49)『隋東蕃風俗記』は、『翰苑』に部分的に引用されている。『隋書』経籍志に『諸蕃風俗記』二巻がみられる。そして、『太平寰宇記』巻七一、河北道燕州条に『隋北藩風俗記』が引用されていることからみて、おそらく隋代に著述された『諸蕃風俗記』二巻の一巻を『隋東蕃風俗記』と呼んだものと思われる。
(50)『日本書紀』巻二五、大化四年(六四八)二月壬子条「遣於三韓(三韓謂高麗百済新羅)学問僧」。

(51)盧泰敦「三韓に対する認識の変遷」(前掲)。

(52)これらについては、各主題に論文が数多く発表されているが、注を一つ一つ付けず、概括的にその論旨を批評する方式とする。今後、一つずつ詳細に検討するつもりである。

(53)『逸周書』巻七、王会解・第五九。

(54)王綿厚「高夷濊貊与高句麗」(『社会科学戦線』二〇〇二年五期)、同「高夷・句麗・高句麗と西漢玄菟郡の変化および帰属関係に対する歴史的位置と決定」(『高句麗与濊貊研究』二〇〇四年、東北亜歴史財団訳『高句麗と濊貊研究』二〇〇七年、九七―一〇七頁)。

(55)孫永鍾「楽浪郡南部地域(後の帯方郡地域)の位置――「楽浪郡初元四年県別戸口多少□□」統計資料を中心に」(『歴史科学』一九八、二〇〇六年)、同「遼東地方前漢郡県の位置とその後の変遷(一)」(『歴史科学』一九九、二〇〇六年)、同「遼東地方前漢郡県の位置とその後の変遷(二)」(『歴史科学』一九九、二〇〇六年)、尹龍九「新たに発見された楽浪木簡――楽浪郡初元四年県別戸口簿」(『韓国古代史研究』四六、二〇〇七年)。

(56)冊封国である中国王朝では、被冊封国を「属国」と命名して、これを朝鮮半島の王朝では否認しなかった。しかし、この時の「属国」という概念は、近代国際法で意味する属国概念、すなわち自主権がなかったり制限されたりする隷属国や保護国を意味する従属国ではなかった。内政と外交を被冊封国が自ら決定する自主国であり、中国王朝との外交儀礼で上下関係を認める程度の意味に過ぎない。こうした前近代の朝貢・冊封関係を、近代国際法で意味する属国概念で解釈することは、全く歴史的事実と異なる。

(57)盧泰敦「高句麗と北魏間の朝貢冊封関係に対する研究」(高句麗研究財団『韓国古代国家と中国王朝の朝貢冊封関係』二〇〇六年)参照。

(第I部第二章)

(1)金基興「補論――三国間戦争の社会経済的意味」(『三国および統一新羅税制の研究』歴史批評社、一九九一年、二一七―二三四頁)。

(2)朝鮮史で古代と中世の分岐の設定を巡る様々な議論に関する検討は、盧泰敦「古代社会性格論――古・中世分岐設定を巡る諸論議」(『講座　韓国古代史　第一巻　韓国古代史研究一〇〇年』駕洛国史蹟開発研究院、二〇〇三年。『韓国古代史の理論と争点』集文堂、二〇〇九年に再収録)。

(3)『朝鮮全史』巻三、中世編・高句麗（一九七九年）第五章「三国統一政策の実現のための闘争の本格化」。蔡熙国『高句麗歴史研究——高句麗建国と三国統一のための闘争、城郭』（一九八五年）第二章「高句麗による三国統一の成果的推進」。孫永鍾『高句麗史』一（一九九〇年）第五章「同胞と彊土を統一するための高句麗の闘争」。

(4) 盧泰敦「五世紀金石文を通してみた高句麗人の天下観」（一九八八年、前掲『高句麗史研究』に再収録）。

(5) ここでいう同族意識の「同族」は、nationを意味しない。民族の概念をめぐる論争を避けるために同族といっている。これは、近代的な民族意識と強いて区分すれば、前近代的民族意識ということができ、この時の「民族」は、nationではなくethnic groupを意味する。nationは国民と翻訳するのが原則的に妥当であると思われる（盧泰敦「韓国民族形成時期論——民族概念を中心に」（『韓国史市民講座』二〇、一九九七年。前掲『韓国史を通してみた我々と世界についての認識』に再収録）参照）。

(6) 李康来「三国の成立と領域拡張」（『韓国史』三、一九九四年、二二八—二三〇頁）。

(7) 李昊栄「三国統一」（『新編韓国史』九、一九九八年、一六頁）。

(8) 山尾幸久『古代の日朝関係』（塙書房、一九八九年、三五九—四二二頁）。近年、中国の東北工程の成果物として出版された劉矩・姜維東『唐征高句麗史』（吉林人民出版社、二〇〇六年。東北亜歴史財団訳『唐の高句麗征伐史』二〇〇七年）でも、そうした視角がみられる。この本の題目は、唐の高句麗遠征史であるが、百済滅亡と新羅・唐の戦争も扱っており、実際の記述範囲は三国統一戦争史に該当する。

(9) 李基白『韓国史講座　古代篇』（一潮閣、一九八二年、二八九—三〇一頁）。

(10) 鬼頭清明『日本古代国家の形成と東アジア』（校倉書房、一九七六年、一一三—一三六頁）。森公章『「白村江」以後』（講談社、一九九八年、二〇—五〇頁）、同『東アジアの動乱と倭国』（吉川弘文館、二〇〇六年、二一七—二三三頁）。

（第Ⅱ部第一章）

(1)『新唐書』巻一九九、高麗伝。

(2) これについて「大徳還奏、帝悦、大徳又言、聞高昌滅、其大対盧三至館、有加礼焉」（『新唐書』高麗伝）とある。この記事をみると、高昌国滅亡の報せを陳大徳が伝えたものと思われる。

(3)『資治通鑑』巻一九五、唐太宗貞観一四年九月条。
(4)『資治通鑑』巻一九三、唐太宗貞観四年三月戊辰条。
(5)『資治通鑑』巻一九三、唐太宗貞観四年八月甲寅条。
(6)『旧唐書』巻三、太宗貞観五年七月甲辰条。
(7)貞観五年二月「剗削京観詔」、貞観一九年四月「収葬隋朝征遼軍士骸骨詔」(『唐大詔令集』巻一一四、中華文史叢書第一輯、『唐大詔令集』巻五、台湾、華文書局)。
(8)『新唐書』芸文志に記載されている「奉使高麗記」がこの本と思われる(吉田光男「『翰苑』註所引「高麗記」について」『朝鮮学報』八五、一九七七年)。
(9)『資治通鑑』巻一九六、唐紀一二・貞観一五年八月己亥条。
(10)『日本書紀』巻二四、皇極紀元年正月乙酉条。
(11)『日本書紀』巻二四、皇極紀元年二月戊子条。
(12)『日本書紀』巻二四、皇極紀元年七月乙亥条。
(13)洪思俊「百済砂宅智積碑について」(『歴史学報』六、一九五四年)。
(14)『日本書紀』巻二四、皇極紀二年四月癸巳条。
(15)西本昌弘は、同一人物とみる説を主張し(「東アジアの動乱と大化改新」『日本歴史』四六八、一九八七年。「豊璋と翹岐」『ヒストリア』一〇七、一九八五年)、金鉉球はこれを否定する見解を発表している(金鉉球ほか『日本書紀韓国関連記事研究』三、一志社、二〇〇四年、一一九―一二一頁)。
(16)金寿泰「百済武王代の政治勢力」(『馬韓・百済文化』一四、一九九九年)、盧重国『百済復興運動史』(一潮閣、二〇〇三年、二九頁)。
(17)『三国史記』新羅本紀、文武王五年八月条「百済先王、迷於逆順、不敦隣好、不睦親姻云々」。
(18)朱甫暾「金春秋の外交活動と新羅内政」(『韓国学論集』二〇、一九九三年)。
(19)『三国史記』は政変が六四二年一〇月に発生したといい、『日本書紀』は九月とする。ここでは前者に従った。
(20)『日本書紀』巻二〇、皇極元年二月条。

(21) 安鼎福『東史綱目』附巻上、考異篇・泉蓋蘇文条、韓鎮書『海東繹史』巻六七、人物考・蓋蘇文条。「高句麗貴臣淵浄土」(『三国史記』文武王六年条)が新羅に降伏したが、彼を「蓋蘇文弟浄土」(『新唐書』高麗伝)と伝える。これによって、蓋蘇文の姓が淵氏であることが明確に確認できる。いまだに中国と日本の学者は、淵蓋蘇文を泉蓋蘇文と記している。これは、中国の記録で「泉」としていることに依拠している。たとえ、六六八年以降に男生らが泉氏を称したとしても、蓋蘇文が死ぬまでは淵氏と称したのであり、当然、彼の姓名を表記するときは淵蓋蘇文としなければならない。

(22) 「サツ(薩、殺、煞、設、察、sad)」は、軍政と民政を統括する最高の地方長官として、可汗の直轄領の他にもその左右翼に設置された。この「サツ」を漢字で「典兵者」「領兵者」と表記することもあった(「別部領兵者謂之設」『旧唐書』巻一九四上、突厥伝、「其別部典兵者曰設」『新唐書』巻二一五上、突厥伝)。そして、突厥第二帝国の有名な宰相である敦欲谷(Ton-Yuquq)を漢字で「元珍」と表記するが、「yuquq」は「珍貴な、高貴な」という意味と解釈する説がある。この説を援用すると、褥薩は「yuquq sad」すなわち「高貴な司令官」という意味と解釈できる。これは、軍主という漢字表記とも矛盾しない(護雅夫「突厥第一帝国における sad 号の研究」『古代トルコ民族史研究』一、山川出版社、一九六七年)。

(23) 武田幸男「牟頭婁一族と高句麗王権」(『朝鮮学報』九九・一〇〇、一九八一年)。

(24) 「良冶良弓」は、本来家業を継ぐという意味である。碑文の後に続く文で、淵氏家門が代々兵権を掌握したと述べており、「良冶良弓」は兵士をよく育てたという意味で解釈してもよいだろう。

(25) 李弘稙「淵蓋蘇文に対する若干の存疑」(『韓国古代史の研究』新丘文化社、一九七四年、三〇五―三〇七頁)。

(26) 『三国史記』巻二〇、高句麗本紀・栄留王二五年正月条。

(27) 以上の淵蓋蘇文の政変に関する叙述は、盧泰敦『高句麗史研究』(前掲、四五六―四八二頁)に依拠している。

(28) 盧泰敦『高句麗史研究』(前掲、四三一―四三四頁)。

(29) 唐建国後、六四二年まで、唐に使者を派遣した回数は、むしろ百済の方が新羅より多い。そして、六四四年、唐は高句麗遠征を決定して、契丹・奚・新羅・百済などに使者を送り、兵を出すよう要求した(『新唐書』高麗伝)。少なくとも外見上は、六四二年頃まで新羅が百済よりも特別に唐と緊密な関係を結んでいたとはいえない。

(30) 盧泰敦「淵蓋蘇文と金春秋」(前掲『韓国史を通してみた我々と世界についての認識』)。

(31)『三国史記』百済本紀、義慈王三年(六四三)一一月条、新羅本紀、善徳女王一一年(六四二)八月条に、百済と高句麗が党項城を攻撃したと伝えるが、この事件が六四三年にあったという百済本紀の記事が正しいであろう。
(32)『資治通鑑』巻一八一、隋紀五・煬帝大業七年一二月条。
(33)『資治通鑑』巻一八三、隋紀七・恭帝義寧元年条。
(34)『三国史記』新羅本紀、善徳女王一一年九月条。
(35)『新唐書』巻一〇〇、蔣儼伝。
(36) 盧泰敦「文献上からみた百済の住民構成」(『百済の起源と建国』忠清南道歴史文化研究院、二〇〇七年。『韓国古代史の理論と争点』集文堂、二〇〇九年に再収録)。
(37) 六一二年高句麗侵攻に先立ち、煬帝が出した教書で当時の高句麗の事情を「法律が過酷で税金が多くて重く、強臣豪族が国権を握って、互いに党派を造り、偏愛することが風俗をなし、賄賂の横行は市場のようであり、ひどい罪も糺せない(法令苛酷、賦斂煩重、強臣豪族、咸執国鈞、朋党比周、以之成俗、賄貨如市、寃枉莫申)」としている。隋軍が必勝を期する意味で、当時の高句麗の内政が乱れ、暴圧的な統治が行なわれていたことを強調した内容である(『隋書』巻四、煬帝大業八年正月辛巳条)。
(38) 劉矩・姜維東『唐征高句麗史』(前掲、八七―八九頁)。
(39) 李勣麾下の六万を超える兵力に総管が一四名であった(「破高麗賜酺詔」『全唐文』巻七)。おおよそ行軍総管一人の麾下に四千名ほどの兵力がいたようである。張亮麾下の四万に一〇名前後の総管がいたと想定される。唐太宗麾下の本軍には、長孫無忌が二六名の総管を統領した。総管数から推測すると、遠征軍は合わせておおよそ二〇万以上と推算できる(孫継民『唐代行軍制度研究』文津出版社、一九九五年、一二三頁)。これに張倹麾下の営州都督府の軍隊と契丹・奚などの遊牧民部隊を併せれば、その数はさらに増える。
(40)『文館詞林』巻三六四「貞観年中撫慰新羅王詔」。
(41)『文館詞林』巻三六四「貞観年中撫慰新羅王詔」。
(42) 王綿厚「唐営州至安東」陸路交通地理考実」(『遼海文物学刊』一九八六年一期)。
(43)『旧唐書』巻七七、章挺伝。
(44)『北周書』高麗伝、『冊府元亀』巻三六九、将帥部・攻取二・李勣条。

(45) 盧泰敦『高句麗史研究』(前掲、三六四―三六七頁)。
(46)『三国史記』巻三七、地理志四・目録。
(47) 盧泰敦「淵蓋蘇文」(『韓国史市民講座』三一、二〇〇二年、一八頁。前掲『韓国古代史の理論と争点』に再収録)。
(48) 李世民は、高句麗中央軍がとる方策として唐軍との対決を避けて遠く後方に後退する方策や、安市城と連携して防禦に専念する戦略をとる可能性をとても憂慮した(『旧唐書』高麗伝)。
(49)「破高麗賜酺詔」(『全唐文』巻七)によると、この日、李勣が馬歩軍一四名の総管を、長孫無忌が馬歩軍二六総管を指揮して戦闘に臨んだという。総管一名が四千名ほどを指揮したとするなら(本章注(39)参照)、おおよそ一六万になる。
(50)『三国史記』巻二一、高句麗本紀・宝蔵王八年四月条の史論。
(51)『資治通鑑』巻一九八、唐紀・貞観一九年六月条。
(52)『旧唐書』高麗伝「李勣以歩卒長槍一万撃之、延寿衆敗云々」。
(53) 歩兵長槍隊の戦術については、徐栄教「新羅長槍幢に対する新考察」(『慶州史学』一七、一九九八年)参照。
(54)『冊府元亀』巻一七七、帝王部・親征第二・貞観一九年条。
(55) 重装騎兵戦術については、チョンドンミン(정동민)「高句麗重装騎兵の特徴と運営形態の変化――古墳壁画資料を中心に」(『韓国古代史研究』五二、二〇〇八年)参照。
(56) 薩水の位置を清川江ではなく大洋河の支流である哨子河に比定して、それと関連して当時の烏骨城を岫巌に比定して「北平壌」を鳳凰城と想定する説が北朝鮮学界で提示された(『朝鮮全史』巻三、一九九一年、二二八―二三〇頁)。一方、これを批判して薩水の位置を清川江と再確認する論文が中国学界で提起された(劉永智「薩水究竟在何処」(『朝鮮史通訊』一九八一年三期))。薩水の位置は、清川江が妥当であろう。これについては別の機会に詳論する。
(57) 現存する文献で安市城主の名がはじめて確認されるのは、宋浚吉の『同春堂集』である。「召対講訖……上曰、安市城主名為誰、浚吉曰、楊万春也、上曰、此見於何処、浚吉曰、故府院君尹根寿聞於中朝而記之矣」(『同春堂先生別集』巻六、経筵日記・己酉四月二六日条)。
(58)『旧唐書』巻一九九下、鉄勒伝、『資治通鑑』巻一九九、唐紀・太宗貞観一九年八月甲辰条。

(59)『旧唐書』巻一九九下、鉄勒伝。

(60)『資治通鑑』巻一九八、唐紀・太宗貞観一九年一二月辛亥条、己未条。

(61) 宋神宗が王安石と対話するなかで、唐太宗が高句麗遠征で勝てなかった理由を聞くと、王安石は、淵蓋蘇文が非常の人であったためだと答えたことや（『三国史記』巻四九、蓋蘇文伝）、一二六〇年に高麗の太子が元に降伏に行くと、クビライが「高麗は唐太宗も親征したが勝てなかった国」であるといってたいへん喜んだという逸話や（『高麗史』巻二〇、元宗元年三月丁亥条）、清代の京劇の人気演目の一つが、淵蓋蘇文と唐将・薛仁貴の戦闘を内容とするものであったという点などが、そうしたことを物語る。

(62) 鄭鎮憲「朝鮮時代の高句麗認識」（『高句麗の正体性』高句麗研究会、二〇〇四年）参照。

(63)『朝鮮王朝実録』世祖三年一〇月丁未条。

(64)『朝鮮王朝実録』宣祖三三年三月甲午条。

(65)『朝鮮王朝実録』粛宗二九年一二月戊寅条。

(66) 遼寧省本渓県朴堡村以外に、遼寧省蓋県と河北省青龍県にも朴氏が集住しており、朝鮮族としての自意識を維持している（孫春日「関于遼寧省本渓県朴堡村調査報告」『朝鮮族歴史研究叢書』一九八九年一期。チョンスサン（천수산）「河北省青龍県朴氏家族に対する歴史調査」『朝鮮学研究』第一期、延辺大学出版部、一九八九年）。

(67)『文館詞林』巻三六四「貞観年中撫慰新羅王詔」。

(68)『三国史記』新羅本紀、善徳女王一四年五月条。『旧唐書』と『新唐書』新羅伝では、この時に新羅軍が五万を動員したというが、『三国史記』の記録通り三万が正しいだろう。

(69)『三国史記』百済本紀、義慈王五年五月条。

(70)『資治通鑑』巻一九八、唐紀・太宗貞観二〇年六月乙亥条、二一年六月丁丑条。

(71)『冊府元亀』巻九八五、外臣部・征討四・貞観二一年三月条。

(72)『資治通鑑』巻一九八、貞観二一年七月条。

(73)『旧唐書』巻六九、薛万徹伝。

(74)『旧唐書』高麗伝。

(75)『旧唐書』蘇瓌伝。
(76)『資治通鑑』巻一九八、唐紀・貞観二二年六月条。
(77)『新唐書』巻二二一下、西域伝下・康条。
(78) L. I. Alibaum, Zivopisi Afraciaba, Tashikent, 1975. 穴澤咊光・馬目順一「アフラシャブ都城址出土の壁画にみられる朝鮮人使節について」(『朝鮮学報』八〇、一九七六年)、金元龍「サマルカンドアフラシャブ宮殿壁画の使節団」(『考古美術』一二九・一三〇、一九七六年)、同「古代韓国と西域」(『美術資料』三四、一九八四年)、パクチンウク(박진욱)「ソ連サマルカンドアフラシャブ宮殿址壁画の高句麗使節について」(『朝鮮考古研究』一九八八年三期)、盧泰敦「高句麗・渤海人と内陸アジア住民との交渉に関する一考察」(一九八九年。前掲『高句麗史研究』に再収録)、権寧弼「アフラシャブ宮殿址壁画の「高句麗使節」に関する研究」(『中央アジアの中の高句麗人の足跡』東北亜歴史財団、二〇〇七年)。
(79)『旧唐書』巻七七、韋挺子待價伝。
(80)『旧唐書』安禄山伝で「吐護真水即北黄河也」とある。契丹地域のシラムレン河が潢河であるので、吐護真水は今の遼河上流のシラムレン河を意味する。
(81)『資治通鑑』巻一九九、高宗永徽五年一〇月条。
(82)『旧唐書』男生伝。
(83)『冊府元亀』外臣部・朝貢三、『文館詞林』巻三六四「貞観年中撫慰百済王詔」。
(84)『隋書』百済伝。
(85)『日本書紀』巻二五、孝徳紀即位前紀。
(86) これを当時のものと認める見解(関晃「改新の詔の研究」『東北大学文学部研究年報』一五・一六、一九六五・一九六六年)、詔文の潤色は認めるが、本来、詔文があっただろうとする見解(井上光貞「大化改新詔の信憑性について」『史学雑誌』七三-一・二、一九五二年)、後代のものとみる見解(原秀三郎「大化改新論批判序説」『日本史研究』八六、八八、一九六六年)などが提起されている。
(87)『旧唐書』高宗本紀、永徽五年一二月癸丑条。『新唐書』日本伝。
(88)『隋書』倭国伝。

(89) 鬼頭清明「七世紀後半の東アジアと日本」(『日本古代国家の形成と東アジア』校倉書房、一九七六年、一〇二―一四五頁)。

(90) 聖骨に関する理解で、骨族「降等」の側面より「生成」の側面を重視する見解をはじめて提示したのは、井上秀雄である。彼は、王族意識の変化が門閥貴族よりも一段階高い血統としての聖骨を成立させたのではないかと推測した(「新羅骨品制度」『新羅史基礎研究』東出版、一九七四年、三〇九頁)。これを受けて李基東は、太子銅輪系の系譜親族(lineage)を特化して聖骨と称したとみた(李基東「新羅奈勿王系の血統意識」『歴史学報』五三・五四、一九七二年。『新羅骨品制社会と花郎徒』一潮閣、一九八四年に再収録)。

(91) 丁仲煥「毗曇・廉宗乱原因考」(『東亜論叢』一四、一九七七年)、李鍾旭「新羅中古時代の聖骨」(『震檀学報』五〇、一九八〇年)、金瑛河「新羅発展段階と戦争」(『韓国古代史研究』四、一九九一年)、朱甫暾「金春秋の外交活動と新羅内政」(前掲誌)、鄭容淑「善徳王代の政治動向と毗曇の乱」(『李基白教授古稀紀念韓国史学論叢』上、一潮閣、一九九四年)、李晶淑「中古期新羅の中央政治体制と権力構造」(『新羅文化』二五、二〇〇五年)。

(92) 『三国遺事』巻一、王暦・第二七善徳女王。

(93) 辛鍾遠『三国遺事を新たに読む』(一志社、二〇〇四年、一三四―一四三頁)。

(94) 『旧唐書』新羅伝によると、六四五年五月高句麗に進発した遠征軍五万を「大臣」が指揮した。この「大臣」を上大等とすると、彼は水品ということになる。一一月に上大等を水品から毗曇に交代したのは、反発する貴族勢力をなだめるためのものとみられる。

(95) 善徳女王が正月八日に亡くなり、真徳が即位した後の正月一七日に毗曇が処刑されている。乱の鎮圧期間を考えると、真徳はすぐに擁立されたと思われる。そうした面から、善徳女王在位中にあらかじめ真徳が次の王位継承者として定められていた可能性が高い(朱甫暾「毗曇の乱と善徳王代の政治運営」前掲『李基白教授古稀紀念韓国史学論叢』上)。

(96) 善徳女王の死因に関する記録は、なんら残されていない。反乱軍に殺害されたならば、乱を鎮圧した後にその事実を伝えなかったはずはないという点を考えると、このころ病が重かったのではないかと思われる。

(97) 朱甫暾「毗曇の乱と善徳王代の政治運営」(前掲書)。

(98) 李基白「上大等考」(『歴史学報』一九、一九六二年)、丁仲煥「毗曇・廉宗乱原因考」(『東亜論叢』一四、一九七七年)。

(99) 『朝鮮通史』上(一九五六年、八三―八五頁)。

(100) 井上秀雄「新羅政治体制の変遷過程」、「新羅王権と地方勢力」(前掲『新羅史基礎研究』)。

(101) 李基東「新羅奈勿王系の血統意識」(前掲)。
(102) 申瀅植「武烈王系の成立と活動」(『韓国史論叢』二、一九七七年。『韓国古代史の新研究』一潮閣、一九八四年に再収録)。
(103) 高慶錫「毗曇の乱の性格問題」(『韓国古代史論叢』七、一九九五年)。
(104) 武田幸男「新羅「毗曇の乱」の一視角」(『三上次男博士喜寿記念論文集 歴史編』平凡社、一九八五年)。
(105) 朱甫暾「金春秋の外交活動と新羅内政」(『韓国学論集』二〇、一九九三年)、木村誠「朝鮮古代史における国際的契機」(『歴史学研究』一一号、二〇〇三年)。
(106) 李晶淑「真平王代の王権強化と帝釈信仰」(『新羅文化』一六、一九九九年)。
(107) 『三国史記』巻四七、裂起伝。
(108) 盧泰敦「羅代の門客」(『韓国史研究』二一・二二、一九七八年。前掲『韓国古代史の理論と争点』に再収録)。
(109) 「連携」は、連合や同盟より弱い意味として、強い結束力をもちえないまま相互連帯する形勢を意味するものとして使用した。この時期の高句麗・百済・倭は、互いに和合して連携したが、だからといって強く軍事的に結束したわけではなかったので、この用語を使用する。
(110) 『日本書紀』巻二五、孝徳紀・大化二年九月条、三年是歳条。
(111) 三池賢一「「日本書紀」〝金春秋の来朝〟記事について」(上田正昭・井上秀雄編『古代の日本と朝鮮』学生社、一九七四年)。
(112) 三池賢一「「日本書紀」〝金春秋の来朝〟記事について」(前掲書)、梁起錫「三国時代人質の性格について」(『史学志』一五、一九八一年)は、金春秋が倭に渡ったという記録について懐疑的である。
(113) 『日本書紀』は、六四七年当時の金春秋の官位を大阿飡とする。しかし、『三国史記』によると、金春秋は善徳女王一一年にすでに伊飡であった。後者がより事実に近いと思われる。たとえ、大阿飡であったとしても、それまで倭国に送った使臣に比べ高い官位であったことは変わらない。
(114) 関晃「大化改新」(『岩波講座 日本歴史』二、一九六二年)、山尾幸久『古代の日朝関係』(塙書房、一九八九年、三九二頁)。
(115) 金鉉球「日唐関係の成立と羅日同盟」(『金俊曄教授華甲紀念中国学論叢』一九八三年)。ただ、金鉉球は、この時、新羅に対して倭の軍事支援が約束されたとする。すなわち、両国間の軍事同盟が成立したとみるが、これは同意しがたい。

(116)『旧唐書』倭国伝「至(貞観)二十二年又附新羅奉表、以通起居」。
(117) 金鉉球「日唐関係の成立と羅日同盟」(前掲書)。
(118)『日本書紀』巻二五、孝徳紀・白雉四年五月壬戌条。
(119)『日本書紀』巻二五、孝徳紀・白雉五年二月条。
(120)『新唐書』倭国伝。
(121) 六四八年に死んだ善徳女王に対して唐が従二品光禄大夫を追贈したことと比較してみると、金春秋に対して格別に優遇したことが分かる。金春秋の帰国の際に、三品以上の官僚が参席して送別の宴を催したことも同じことである。
(122)『三国史記』巻七、文武王一一年七月二六日条。
(123) 黄約瑟『薛仁貴』(西北大学出版社、一九九五年、一四三―一四四頁)。韓昇「唐平百済前後東亜国際形勢」(『唐研究』一、一九九五年)。拝根興「新羅文武王代の対唐交渉述論」(『新羅文化』一六、一九九九年)、同『七世紀中葉唐与新羅関係研究』(社会科学出版社、二〇〇三年、七八―七九頁)。
(124)『旧唐書』新羅伝。
(125)『旧唐書』百済伝。
(126)『新唐書』日本伝、『唐会要』巻九九、倭国。
(127)『旧唐書』倭国伝。
(128) 井上光貞「大化改新と東アジア」(『岩波講座 日本歴史』二、一九七五年)。
(129)『日本書紀』巻二五、白雉二年是歳条。
(130)『日本書紀』巻二六、斉明三年是歳条。
(131) この後、六五八年に倭の僧侶・智達と智通が新羅を通って唐に行ったが、そうした形態も一度に終わった(『日本書紀』巻二六、斉明四年七月条)。
(132)『日本書紀』巻二六、斉明五年七月戊寅条所引・伊吉連博徳書。

（1）『新唐書』巻八三、蘇定方伝。この時期の西突厥の状況については、内藤みどり『西突厥史の研究』（早稲田大学出版部、一九八八年）第四章「滅亡後の西突厥」参照。

（2）『資治通鑑』巻二〇〇、唐紀一六・高宗顕慶三年六月条。

（3）『唐書』巻一六一、薛仁貴伝。

（4）大唐平百済国碑によると、当時、唐の将帥として嵎夷道行軍副総管・曹継叔、行軍長史・杜爽らがいた。唐の将帥・曹継叔が副総管である嵎夷道方面軍が、嵎夷道行軍総管である武烈王の軍隊と異なる別の部隊とは思われない。おそらく、唐の将帥を新羅軍に送り、共に作戦に臨むようにしたようである。杜爽も同様であったようである。逆に、新羅軍の将帥も唐軍に送られ、作戦に臨んだ。大唐平百済国碑にみられる「右武衛中郎将・金良図」の例がそれである。拝根興『七世紀中葉唐与新羅関係研究』（社会科学出版社、二〇〇三年、四八―四九頁）。

（5）李熙真「百済の滅亡過程に表われた軍事状況の再検討」（『史学研究』六四、二〇〇一年）。

（6）当時、階伯が達率であったことを考慮すると、佐平・忠常と常永が階伯の指揮下に配属されたとみるよりは、三人がそれぞれ一部隊ずつ率いて合同作戦を行なった蓋然性が高い。百済軍が黄山の原の要所に建てた三つの軍営が、それであった可能性がある（李文基「泗沘時代の百済の軍事組織とその運用」（『百済研究』二八、一九九八年）。

（7）『東国通鑑』巻七、義慈王一八年条。

（8）本章注（4）参照。

（9）『三国史記』新羅本紀、武烈王七年七月条。

（10）『三国史記』百済本紀、義慈王二〇年条。

（11）『新唐書』百済伝。

（12）『三国史記』新羅本紀、武烈王七年七月条。

（13）『旧唐書』巻八三、蘇定方伝「其大将祢植、又将義慈来降」。

（14）盧重国「百済滅亡後復興軍の復興戦争研究」（翰林科学院編『歴史の再照明』小花、一九九五年、一九六頁）。近年、その墓誌銘が知

られるようになった祢寔進を、祢植と同一人物と推定する説が発表されている(拝根興「百済と唐関係に関連する二つの問題」(『百済研究』四七、二〇〇八年)。

(15) 六五七年には、義慈王の庶子四一人に佐平の官位を与えて食邑を賜った(『三国史記』義慈王一七年条)。義慈王には、彼ら庶子以外に、王妃の産んだ隆・泰・孝などの多くの王子がいた。

(16) 『日本書紀』巻二六、斉明六年七月乙卯条。上の引用文のうち「或曰」の部分は、本来、別人の言及であったが、道顕がこれを引用して自らの著述である『日本世記』に記したようである。そして、注部分の記事は、道顕の記述と思われる。そうしてみると、上の引用文全体が道顕の『日本世記』に出典を置いているといえる。

(17) 「大唐平百済国碑銘」(韓国古代社会研究所編『訳註 韓国古代金石文』I、駕洛国史蹟開発研究院、一九九二年、四五七頁)。

(18) 『旧唐書』高麗伝。

(19) 『旧唐書』巻一〇七、黒歯常之伝。

(20) 『三国史記』新羅本紀、武烈王七年八月二六日条、『旧唐書』巻一〇七、黒歯常之伝。

(21) 『三国史記』新羅本紀、文武王一一年七月二六日条に記された「答薛仁貴書」に、この事実について書かれている。

(22) 李賢淑「七世紀統一戦争と伝染病」(『歴史と現実』四七、二〇〇三年)。

(23) 『三国史記』新羅本紀、武烈王七年九月三日条。

(24) 『資治通鑑』巻二〇〇、高宗顕慶五年一一月戊戌朔条。『日本書紀』巻二六、斉明六年七月乙卯条所引・伊吉連博徳書。

(25) 『三国史記』新羅本紀、武烈王七年一一月条。

(26) 『三国史記』新羅本紀、武烈王八年二月条。

(27) 『三国史記』新羅本紀、文武王元年九月条。

(28) 沈正輔「百済復興軍の主要拠点に関する研究」(『百済研究』一四、一九八三年)。

(29) 福信の初期根拠地について、劉仁願紀功碑には「招集狂狡、堡拠任存」といい(『訳註 韓国古代金石文』I、前掲、四七九頁)、『日本書紀』巻二七、斉明六年九月条では、西部恩率・福信が「任射岐山」に根拠を置いたとする。どちらもその初期の根拠地が任存城であるとしている。この任存城から、後に周留城に中心地を移した。

(30)『日本書紀』巻二六、斉明六年一〇月条。
(31)『日本書紀』巻二六、斉明六年一二月条。
(32)『三国史記』新羅本紀、武烈王八年二月条。
(33)『三国史記』新羅本紀、武烈王七年九月二八日条。
(34) 朝鮮半島で活動した時期の劉仁軌に関する記録には、いくつか不確実な点がみられる。その点と、彼と劉仁願との関係については、拝根興『七世紀中葉唐与新羅関係研究』(前掲、一五二―一六〇頁)参照。
(35)『資治通鑑』巻二〇〇、唐紀・高宗龍朔元年三月条。
(36)『三国史記』新羅本紀、武烈王八年三月条、四月条。
(37)『三国史記』新羅本紀、文武王一一年条の「答薛仁貴書」に「熊津請兵、日夕相継、新羅多有疫病、不可徴発兵馬、苦請難違、遂発兵衆、往囲周留城、賊知兵小、遂即来打、大損兵馬、失利而帰、南方諸城、一時惣叛、並属福信」とある。
(38)『資治通鑑』巻二〇〇、高宗龍朔二年六月丁巳条に引用された「考異」。沈正輔「百済復興軍の主要拠点に関する研究」(前掲誌)。
(39)『旧唐書』百済伝。
(40)『三国史記』新羅本紀、武烈王七年一一月一日条、巻四七、匹夫伝。
(41)『資治通鑑』巻二〇〇、高宗龍朔元年正月乙卯、戊午条。
(42)『新唐書』巻三、高宗龍朔六年四月庚辰条。ところで、『資治通鑑』巻二〇〇、高宗顕慶五年一二月壬午条では、契苾何力を浿江道行軍大総管に、蘇定方を遼東道行軍大総管に、劉伯永を平壌道行軍大総管に任命して、高句麗を討たせたと伝える。高句麗征伐を命じた日付と、各将軍の行軍職任に違いがある。その後の戦争の様子を叙述した上の人物の列伝の記録などをみると、契苾何力や蘇定方の職任は『新唐書』の記事が正しいようである。そして、対高句麗戦の方針を決定したのは六六〇年末でありうるが、直接的な軍事配置と将軍達の行軍職を任命したのは、六六一年と思われる。
(43)『三国史記』金庾信伝・中。この年の新羅軍の進撃路と日付については、池内宏「百済滅亡後の動乱及び唐・羅・日三国の関係」(『満鮮史研究』上世第二冊、吉川弘文館、一九六〇年)参照。
(44)『冊府元亀』巻九八六、外臣部・征討五。

(45)『旧唐書』巻一〇九、契苾何力伝。
(46)『旧唐書』巻一〇九、契苾何力伝。
(47)『資治通鑑』巻二〇〇、唐紀・高宗龍朔元年九月条。
(48)当時、新羅の置かれた困難な状況は、文武王が唐の将軍・薛仁貴に送った書簡に詳しく記されている。
(49)『日本書紀』巻二七、斉明七年一一月条。
(50)『三国史記』巻六、文武王二年条。
(51)『三国史記』巻六、文武王九年正月条。
(52)李賢淑「七世紀統一戦争と伝染病」(前掲誌)。
(53)『冊府元亀』巻三六六、将帥部・機略六。
(54)盧重国「百済滅亡後復興軍の復興戦争研究」(前掲書、一三五頁)。
(55)『旧唐書』巻八四、劉仁軌伝。
(56)『旧唐書』百済伝。
(57)『日本書紀』巻二七、斉明七年是歳条。
(58)『日本書紀』巻二七、天智元年三月条。
(59)山尾幸久『古代の日朝関係』(塙書房、一九八九年、四一〇—四一六頁)。
(60)池内宏はこの記事の「高麗」は、百済の錯誤であるとみなし、あくまでも倭の百済復興運動軍支援に関する内容とみた(「百済滅亡後の動乱及び唐・羅・日三国の関係」前掲書、一四八頁)。
(61)坂元義種『百済史の研究』(塙書房、一九七八年、一一三—一一五頁)。
(62)「劉仁願紀功碑」(『訳註 韓国古代金石文』Ⅰ、前掲、四七九頁)。『日本書紀』巻二七、斉明六年九月条。
(63)李文基「百済黒歯常之父子墓誌銘の検討」(『韓国学報』六四、一九九一年)、兪元載「百済黒歯氏の黒歯に対する検討」(『百済文化』一八、一九九九年)、盧重国「百済食邑制に対する一考察」(『慶北史学』二三、二〇〇〇年)。
(64)『日本書紀』巻二六、斉明六年九月癸卯条。

(65)『三国史記』百済本紀、義慈王二〇年条「常之与別部将沙吒相如拠険、以応福信」。
(66)『続日本紀』巻二七、天平神護二年六月壬子条にある百済王敬福の死亡記事に、彼の来歴について義慈王の息子である扶余豊の子孫としている。
(67)第Ⅱ部第一章の注(15)を参照。
(68)鄭孝雲「七世紀代の韓日関係の研究(下)——白江口戦への倭軍派遣の動機を中心に」(『考古歴史学志』七、一九九一年)、盧重国「百済食邑制に対する一考察」(前掲誌、一一六―一二〇頁)、金鉉球ほか『日本書紀韓国関係記事研究』三(一志社、二〇〇四年、二〇六―二〇七頁)。
(69)『日本書紀』巻二七、天智即位前紀九月条。
(70)本章注(37)参照。
(71)『日本書紀』巻二七、天智元年一二月条。
(72)池内宏「百済滅亡後の動乱及び唐・羅・日三国の関係」(前掲書)。
(73)『三国史記』新羅本紀、文武王三年二月条。韓国精神文化研究院『訳註 三国史記』三(韓国精神文化研究院、一九九七年、二〇五頁)。
(74)『日本書紀』天智二年二月丙戌条「避城去賊近、故勢不能居、如田来津之所計」。
(75)『旧唐書』百済伝。
(76)鈴木英夫「百済復興運動と倭王権——鬼室福信斬首の背景」(武田幸男編『朝鮮社会の史的展開と東アジア』山川出版社、一九九七年)、金鉉球ほか『日本書紀韓国関係記事研究』三(前掲、二一七―二一九頁)。
(77)盧重国「百済滅亡後復興軍の復興戦争研究」(前掲書、二五二頁)。
(78)『日本書紀』巻二七、天智二年三月条。
(79)『日本書紀』巻二七、天智二年五月条。
(80)『日本書紀』によると、斉明六年(六六〇)一〇月に福信が王子扶余豊の帰還を請うた。そして、斉明七年四月に福信が上表して王子糺解を迎えさせてくれるよう請うている。後者について、釈道顕の『日本世記』は「百済福信献書、祈其君糺解于東朝」とする。このため扶余豊と糺解は同一人物と思われる(池内宏「百済滅亡後の動乱及び唐・羅・日三国の関係」(前掲書))。

(81)『旧唐書』百済伝。
(82)『日本書紀』天智二年六月条。
(83)『旧唐書』百済伝。
(84)白江の位置比定についてのこれまでの学説整理は、次の論著を参照。沈正輔「「白江」の位置について」(『韓国上古史学報』二、一九八九年)、盧重国「百済滅亡後復興軍の復興戦争研究」(前掲書、一九一―一九七頁)、徐程錫「百済白江の位置」(『白山学報』六九、二〇〇四年)。
(85)池内宏「百済滅亡後の動乱及び唐・羅・日三国の関係」(前掲書)、李丙燾『訳註 三国史記』(乙酉文化社、一九七七年、四二八―四二九頁)、沈正輔「百済復興軍の主要拠点に関する研究」(『百済研究』一四、一九八三年)。
(86)『大東地志』巻五、忠清道・洪州沿革条「洪州本百済周留城、唐改支尋州」。
(87)全栄来『白村江から大耶城まで』(新亜出版社、一九九六年、一二〇―一二一、一七二―一七八頁)、盧重国「百済滅亡後復興軍の復興戦争研究」(前掲書、一九六頁)。
(88)金在鵬『全義周留城考証』(燕岐郡、一九八〇年、二四―二五頁)。
(89)『資治通鑑』巻二〇〇、唐高宗龍朔元年三月条。
(90)拝根興『七世紀中葉唐与新羅関係研究』(前掲、一五二―一六〇頁)。
(91)『三国史記』新羅本紀、文武王三年条。
(92)『三国史記』金庾信伝・中。
(93)沈正輔「百済復興軍の主要拠点に関する研究」(前掲誌)。
(94)『三国史記』文武王一一年条「答薛仁貴書」の「熊津請兵、日夕相継、新羅多有疫病、不可徴発兵馬、苦請難違、遂発兵衆、往囲周留城、賊知兵小、遂即来打、大損兵馬、失利而帰、南方諸城、一時惣叛、並属福信」。
(95)『日本書紀』巻二七、天智二年六月条。
(96)森公章『「白村江」以後』(講談社、一九九八年、一四五―一四六頁)。
(97)『三国史記』新羅本紀、文武王一一年七月条「答薛仁貴書」の「此時倭国船兵、来助百済、倭船千艘、停在白沙、百済精騎岸上守船、新羅驍騎為漢前鋒、先破岸陣、周留失胆、遂即降下」。

(98) 『日本書紀』天智二年八月一七日条。

(99) 『旧唐書』劉仁軌伝。本章注(97)の「答薛仁貴書」では、倭船が千隻としているが、これは誇張された表現と思われる。

(100) 『日本書紀』天智二年八月己酉条。

(101) 『旧唐書』劉仁軌伝。

(102) 卞麟錫『白江口戦争と百済・倭関係』(ハンウル、一九九四年、一七一―一七五頁)。

(103) 八木充「百済の役と民衆」(『国史論集』小葉田淳教授退官記念会、一九七〇年)。

(104) 鬼頭清明「白村江の戦いと律令制の成立」(『日本古代国家の形成と東アジア』校倉書房、一九七六年、一五八―一七一頁)。

(105) 八木充「百済の役と民衆」(前掲書)、鬼頭清明「白村江の戦いと律令制の成立」(前掲書)、森公章『「白村江」以後』(前掲、一四九―一五二頁)。

(106) 森公章「朝鮮半島をめぐる唐と倭——白村江開戦前夜」(池田温編『古代を考える 唐と日本』吉川弘文館、一九九二年)。

(107) 韓昇「日本の白村江出兵に対する政治的決定と軍事行動」(高麗大日本学研究センター編『古代韓・日関係の現在的意味と展望』二〇〇四年)。

(108) 金鉉球「東アジア世界と白村江戦闘の再照明」(前掲『古代韓・日関係の現在的意味と展望』)。

(109) 韓昇「日本の白村江出兵に対する政治的決定と軍事行動」(前掲書)。

(110) 海鶻船が白江口の戦いに投入されたことを伝えるものはないが、宋代に編纂された『武経総要』戦略考で白村江の戦いを詳細に扱っており、その可能性を想定しうる。唐の軍船の種類とそれを利用した海戦の状況解釈については、卞麟錫『白江口戦争と百済・倭関係』(前掲、一七六―一八五頁)参照。

(111) 韋蘭春「「白村江の戦」と戦後の唐・日関係」(『國學院大学日本文化研究所紀要』八五、二〇〇〇年)。

(112) 『三国史記』金庾信伝・中。

(113) 『日本書紀』巻二七、天智二年八月戊戌条。

(114) 『三国史記』金庾信伝・中、『日本書紀』天智二年九月丁巳条。

(115)『旧唐書』劉仁軌伝。
(116)『日本書紀』斉明七年五月丁巳条。
(117)『新唐書』東夷伝、儋羅。『唐会要』巻一〇〇、耽羅国。
(118)『三国史記』新羅本紀、文武王二年二月条。ここでいう「属国」という表現は、近代国際法でいう「従属国」「隷属国」という意味ではない。前近代における東アジア歴史圏で「属国」というのは、上下儀礼を行ない一定の貢物を貢ぐ関係をいう。その他、内外のことに対しては耽羅国が自治・自主した。
(119)森公章「耽羅方脯考——八世紀、日本と耽羅の「通交」」(『古代日本の対外認識と通交』吉川弘文館、一九九八年)。
(120)鈴木靖民「百済救援の役後の日唐交渉」(坂本太郎博士古稀記念会編『続日本古代史論集』上巻、吉川弘文館、一九七二年)。森公章「古代耽羅の歴史と日本——七世紀後半を中心として」(一九八六年、前掲書)。
(121)『日本書紀』巻二七、天智四年八月条。
(122)『日本書紀』巻二七、天智一〇年正月是月条。
(123)山尾幸久『日本古代王権形成史論』(岩波書店、一九八三年、一八〇—二〇〇頁)、金恩淑「日本書紀の百済関係記事の基礎的検討」(『百済研究』二一、一九九〇年)。
(124)『旧唐書』巻八四、劉仁軌伝。
(125)会盟を結ぶ過程は、『三国史記』文武王一一年七月条にある「答薛仁貴書」によった。
(126)『三国史記』新羅本紀、文武王四年二月条。「答薛仁貴書」では会盟場所を「熊嶺」とするが、会盟の主宰者である唐の将軍や官吏の名は挙げていない。
(127)この記事に対して拝根興は、ここで会盟主宰者とされる「劉仁願」は、劉仁軌など唐の他の将軍を誤って書いたものであるか、この会盟自体が開催されなかったかも知れないとしている(『七世紀中葉唐与新羅関係研究』前掲、一六一—一六四頁)。
(128)『資治通鑑』巻二〇一、唐高宗麟徳元年一〇月庚辰条。
(129)『三国史記』文武王一一年七月条の「答薛仁貴書」。
(130)『日本書紀』天智三年五月甲子条では「百済鎮将劉仁願遣朝散大夫郭務悰等、進表函与献物」とする。当時、劉仁軌は検校熊津都督であっただけに、劉仁願は劉仁軌の錯誤とみなければならない(黄約瑟「武則天与日本関係初探」『中国唐史学会論文集』三、二五七頁)。ところが、その年二月、熊嶺会盟の時には劉仁願が主宰したと『三国史記』は伝える。この二つの記事に劉仁願がみられるが、どちらも錯誤であったとするのは偶然にすぎる感がある。そのため、劉仁願がその年二月に唐から熊津都督府に派遣されてきたのであろうと想定する見解がある(金鉉球ほか『日本書紀韓国関係記事 研究三』前掲、二三三―二三四頁)。しかし、郭務悰を派遣した「百済鎮将」は、当時の検校熊津都督であった劉仁軌とみるのが理にかなう。

(131) 池内宏「百済滅亡後の動乱及び唐・羅・日三国の関係」(前掲書)、鄭孝雲「七世紀代の韓日関係研究(下)」(『考古歴史学志』七、一九九一年)。

(132) 延敏洙『古代韓日交流史』(ヘアン、二〇〇三年、二二九―二三〇頁)。

(133) 朝散大夫は職任のない散官である(『通典』職官・文散官)。

(134) 李道学「熊津都督府の支配組織と対日政策」(『白山学報』三四、一九八七年)。

(135) 『旧唐書』巻八四、劉仁軌伝。

(136) 『三国史記』巻四二、金庾信伝。

(137) 『三国史記』新羅本紀、文武王一一年七月条の「答薛仁貴書」。

(138) 『長安志図』巻中、昭陵図説「諸蕃君長貞観中擒伏帰和者、琢石肖形状、刻其官名凡十四人、突厥頡利可汗、左衛大将軍阿史那咄苾……新羅楽浪郡王金真徳……」(宋元方志叢刊一『長安志』中華書局、一九九〇年、二一二―二一五頁)。

(139) 『唐会要』巻二〇「上欲闡揚先帝徽烈、乃令匠人、琢石写諸蕃君長十四人、列於昭陵司馬門内」。

(140) 最近、この石像の台石に刻まれた銘文の一部が発見された。これを巡る議論は次の論文を参照。拝根興「試論新羅真徳女王石像残軀及底座銘文的発現」(『新羅史学報』七、二〇〇六年)、朴現圭「唐昭陵と乾陵所在の韓人石像の観察」(『韓国古代史研究』四七、二〇〇七年)。

(141) 『旧唐書』巻六七、李勣伝。

（第Ⅱ部第三章）

（1）盧泰敦『高句麗史研究』（四季節、一九九九年、四七五―四七七頁）。
（2）「泉男生墓誌銘」（韓国古代社会研究所編『訳註 韓国古代金石文』Ⅰ、駕洛国史蹟開発研究院、一九九二年、四九三―四九四頁）。
（3）「泉男産墓誌銘」（『訳註 韓国古代金石文』Ⅰ、前掲、五二九頁）。
（4）『三国史記』烽上王二年条、三年条。
（5）「中原高句麗碑」（『訳註 韓国古代金石文』Ⅰ、前掲、四五―四六頁）。一方、牟頭婁墓誌では、令北扶余守事を歴任した牟頭婁の官位が大使者であるという。しかし、墓誌の冒頭に記された大使者は、牟頭婁が生前にもっとも高く上った官位であり、彼が令北扶余守事を退いた後で昇級した官位を記したものと思われる。牟頭婁墓誌では、牟頭婁の先祖として北扶余地域に鎮守した冉牟らの官位は、すべて大兄と記されている。
（6）『冊府元亀』巻一一七、帝王部・来遠・貞観二五年五月条。
（7）「高慈墓誌銘」（『訳註 韓国古代金石文』Ⅰ、前掲、五一二―五一四頁）。
（8）『新唐書』巻一一〇、契苾何力伝、『資治通鑑』巻二〇〇、高宗龍朔元年九月条。
（9）『翰苑』蕃夷部高麗。
（10）『日本書紀』巻二七、天智三年一〇月条。
（11）「泉男生墓誌銘」（『訳註 韓国古代金石文』Ⅰ、前掲、四九四頁）。
（12）『新唐書』高麗伝。
（13）『新唐書』巻一一〇、泉男生伝。
（14）本章注（11）と同じ。
（15）この三城は、すべて蘇子河流域にあった。蘇子河流域は、国内城から遼東の新城方面に出るときに通過する交通路であった。具体的に、木底城は木奇鎮一帯、南蘇城は渾江と蘇子河が合流する地点の東側にあった鉄背山城、蒼岩城は頭木砬子山城または二道河子の旧老城に比定される。余昊奎「三世紀後半―四世紀前半高句麗の交通路と地方統治組織」（『韓国史研究』九一、一九九五年）参照。
（16）盧泰敦『高句麗史研究』（前掲、二二二―二四二頁）。

(17)『新唐書』泉男生伝。
(18)盧泰敦『高句麗史研究』(前掲、二四八―二五一頁)。
(19)盧泰敦「淵蓋蘇文」(『韓国史市民講座 特集 失敗した政治家達』三一、二〇〇二年。『韓国古代史の理論と争点』集文堂、二〇〇九年に再収録)。
(20)『旧唐書』高麗伝。『資治通鑑』巻二〇一、高宗乾封二年九月辛未条。
(21)大行城は、鴨緑江河口の泊灼城の近くにあった(『旧唐書』巻九四、薛万徹伝)。
(22)盧泰敦『高句麗史研究』(前掲、二三六―二四二頁)参照。
(23)『三国史記』文武王七年七月条。
(24)盧泰敦『高句麗史研究』(前掲、二三二―二四二頁)。
(25)『三国史記』文武王七年九月条。
(26)『旧唐書』巻八三、薛仁貴伝と『資治通鑑』巻二〇一、総章元年二月条では、四〇城余りと、『新唐書』高麗伝では、三〇城余りとなっている。『冊府元亀』巻九八六、外臣部・征討五では、扶余州四〇城余りとする。
(27)『三国史記』文武王一一年七月二六日条の「答薛仁貴書」。
(28)『三国史記』文武王八年六月条。
(29)『三国遺事』巻三、宝蔵奉老・普徳移庵。
(30)この写真は、『白凡会報』二一号、二〇〇八年冬号から引用した。
(31)『三国史記』新羅本紀、文武王八年九月二一日条。『旧唐書』巻五、高宗総章元年九月癸巳条と、『資治通鑑』巻二〇一、唐紀高宗総章元年九月癸巳条。癸巳は一二日になり、『三国史記』と異なるが、とりあえず『三国史記』の記録に従う。
(32)『三国史記』地理志四、目録。
(33)高震の墓誌銘には「公は扶余の貴なる種であり、辰韓の最高の族として代々にわたり王を称した」とあるが、「渤海人」という出自の表示は、山東省渤海高氏を意味するものでないことは明らかである(「高震墓誌銘」『訳註 韓国古代金石文』I、前掲、五四一―五四四頁)。

（34）盧泰敦「渤海国の住民構成と渤海人の族源」（歴史学会編『韓国古代の国家と社会』一潮閣、一九八五年）。

（35）高氏夫人の墓誌銘は、次の論考で紹介された。これらの論考は、高震墓誌銘の「渤海人」は山東地域の渤海高氏を標榜したものと解釈した。馬一虹「唐封大祚栄「渤海郡王」号考――兼及唐朝対渤海与高句麗関係的認識」（『北方文物』二〇〇一―一）、宋基豪「高句麗遺民高氏夫人墓誌銘」（『韓国史論』五三、二〇〇七年）、同「渤海の高句麗継承性補論」（韓日文化交流基金・東北亜歴史財団編『東アジアの中の渤海と日本』景仁文化社、二〇〇八年）。

（36）「泉南産墓誌銘」（『訳註　韓国古代金石文』Ⅰ、前掲、五二八―五三〇頁）。

（37）高句麗遺民に対する叙述内容の詳細な典拠は、次の論文を参照。盧泰敦「高句麗遺民史研究――遼東・唐内地および突厥方面の集団を中心に」（『韓沽劤博士停年退任紀念論叢』知識産業社、一九八一年）。

（38）朝鮮後期の人・韓致奫が高句麗遺民に関する一部の記録を集めて収録しており、はじめて彼らについて注目した（『海東繹史』巻六七、人物考）。

（39）盧泰敦「渤海国の住民構成と渤海人の族源」（前掲書）。

（40）宋基豪『渤海政治史研究』（一潮閣、一九九五年、四一頁）。

（41）五九八年、嬰陽王が隋の遼西地域を攻撃した際、靺鞨兵一万が動員されており、六六六年、唐軍と南蘇城で戦ったときには靺鞨兵数万が動員された。『隋書』高麗伝、『旧唐書』巻一〇七、契苾何力伝。

（42）『旧唐書』巻一九九、黒水靺鞨伝。

（43）『隋書』靺鞨伝。

（44）『新唐書』黒水靺鞨伝。

（45）盧泰敦「渤海建国の背景」（『大丘史学』一九、一九八一年）。

（第Ⅱ部第四章）

（1）本章の内容は、筆者の論文である「羅唐戦争と羅日関係」（歴史学会編『戦争と東北亜の国際秩序』一潮閣、二〇〇六年）に多く依拠している。

（2）倭が国号を日本と定めた正確な時点については、諸説ある。『三国史記』新羅本紀、文武王一〇年（六七〇）一二月条によると、この時に初めて倭から日本に国号が変更され、日が昇る処に近接しておりそのように名を付けたといった（自言近日所出、以為名）。これを事実と受け止めるならば、この年九月に新羅に派遣された日本使・阿曇連頰垂を通じて国号変更が新羅に知らされたようである。ところが、この部分の記事が『新唐書』日本伝の記事と一致し、それを転載したものであるという主張も提起されている（秦政明「『三国史記』倭国更号日本の史料批判」『日本書紀研究』一三、二〇〇〇年）。実際に、上掲の『三国史記』記事は、『新唐書』日本伝の記事を転載したようである。ところで、なぜ『三国史記』撰者が、この記事を文武王一〇年一二月条に記載したのだろうか。表現の字句は『新唐書』のそれを転載しているが、この記事を文武王一〇年一二月条に記したのは、新羅自体の伝承に、その年その月になにか関連する言及があったのであり、これを圧縮して記述する際に、『新唐書』日本伝の記事を援用したのではないか。いずれにせよ、こうした推定も依然として議論する余地があるだけに、六七〇年に国号改正があったと断定することは難しい。ただ、ここでは暫定的に『三国史記』の記録に従い、六七〇年一二月以前の場合は倭とし、それ以降は日本と表記したい。天皇の称号も、使用の始点については諸説あるが、とりあえず天武以降からは天皇の称号で表記して、それ以前は王と記すことにする。

（3）西谷正「朝鮮式山城」（『岩波講座　日本通史』三、岩波書店、一九九四年）、延敏洙「西日本地域の朝鮮式山城とその性格」（『韓国古代史論叢』八、一九九六年）。

（4）六六八年四月、「百済」が倭に来て進調したという（『日本書紀』巻二七、天智七年四月乙卯条）。この「百済」は、反唐的な百済ではなく、唐の支配下にある百済遺民集団であろう。唐は、この「百済」を通じて倭に高句麗情勢を知らせて、倭が高句麗に対する支援を行なわないよう説得したものと推定される（新蔵正道「白村江の戦後の天智朝外交」『史泉』七一、一九八九年）。

（5）松田好弘「天智朝の外交について」（『立命館文学』一・二・三、一九八〇年）、直木孝次郎「近江朝末年における日唐関係の一考察――唐使郭務悰の渡来を中心に」（末永先生米寿記念会編『末永先生米寿記念献呈論文集　坤』奈良明新社、一九八五年）、鄭孝雲「天智朝対外関係に対する一考察――白村江戦後の対外関係を中心に」（『韓国上古史学報』一四、一九九三年）、金恩淑「百済復興運動以降における天智朝の国際関係」（『日本学』一五、一九九六年）、盧泰敦「対唐戦争期（六六九―六七六）新羅の対外関係と軍事活動」（『軍事』三四、一九九七年）。

（6）新蔵正道「白村江の戦後の天智朝外交」（前掲誌）。

（7） 徐栄教「羅唐戦争の開始とその背景」（『歴史学報』一七三、二〇〇二年）、同「羅唐戦争と吐蕃」（『東洋史学研究』七九、二〇〇二年）、劉矩・姜維東『唐征高句麗史』（吉林人民出版社、二〇〇六年。東北亜歴史財団訳『唐の高句麗征伐史』二〇〇七年、三〇九―三一〇頁）。特に後者は、唐が吐蕃との戦争において、大非川の戦いで敗北したことが新羅に知られて、新羅が唐に対する戦争を決定することになったとみる。

（8） この記事について異なる解釈を行なう説もあった。この記事が伝える鴨緑江は、浿水の錯誤であるとか（池内宏「高句麗討滅の役における唐軍の行動」『満鮮史研究』上世第二冊、吉川弘文館、一九六〇年）、この作戦は、新羅軍が唐軍側に立って行なったものという説（金寿泰「統一期新羅の高句麗遺民支配」『李基白先生古稀紀念韓国史学論叢』上、一潮閣、一九九四年）などがそれである。しかし、この記事は、鴨緑江以北であった新・唐間の戦闘について記したものである。盧泰敦「対唐戦争期（六六九―六七六）新羅の対外関係と軍事活動」（前掲誌）参照。

（9） 『三国史記』新羅本紀、文武王九年五月条。

（10） 李賢淑「七世紀統一戦争と伝染病」（『歴史と現実』四七、二〇〇三年）。

（11） 『三国史記』新羅本紀、文武王一〇年正月条。

（12） 『三国史記』文武王一一年条。

（13） 陳寅恪「外族盛衰之連環性及外患与内政之関係」（『唐代政治史述論稿』上海古籍出版社、一九八二年）。黄約瑟も同じ視角の見解を発表している（「武則天与朝鮮半島政局」『黄約瑟隋唐史論集』中華書局、一九九七年）。

（14） 『資治通鑑』巻二〇一、唐紀一七・高宗咸亨元年四月条。

（15） 楊炯が著述した「唐右将軍魏哲神道碑」（『全唐文』巻一九四・中所収）によると、魏哲が「検校安東都護」になり、六六九年三月に都護府の官邸で死んだという。そして、黄約瑟は、魏哲が最初の安東都護であり、彼が突然死ぬと薛仁貴が後任になったと主張した（黄約瑟『薛仁貴』西北大学出版社、一九九五年、一二三頁）。しかし、六六八年に魏哲の最高官品が正四品下明威将軍であったので、安東都護にはなりえない。彼はおそらく安東副都護であったものを、楊炯が誤って安東都護と記したのではないかという推論に説得力がある（拝根興『七世紀中葉唐与新羅関係研究』中国社会科学出版社、二〇〇三年、一九〇―一九二頁）。

（16） 『旧唐書』巻八三、薛仁貴伝。

(17) 徐栄教「羅唐戦争の開始とその背景」(前掲誌)。
(18) 内藤みどり『西突厥史の研究』(早稲田大学出版部、一九八八年、二六二―三〇四頁)。
(19) 徐栄教「羅唐戦争の開始とその背景」(前掲誌)。
(20) 『資治通鑑』巻二〇一、高宗総章二年九月条。
(21) 当時の唐の行軍制度および兵員構成と調達については、次の論文を参照。孫継民『唐代行軍制度研究』文津出版社、一九九五年、八三―一三四頁。
(22) 総章三年(六七〇)一月「列遼東地為州県」(『旧唐書』高宗総章三年一月条)、すなわち州県を設置したという。ところで、これより先、総章二年(六六九)二月に李勣と男生が高句麗地域に州県を設置する案をまとめて奏請すると、高宗は、その案によって府州県を設置したが、具体的な施行作業は、現地にいる遼東道安撫使・劉仁軌に一任せよと命じた(『三国史記』地理志四)。盧泰敦『高句麗史研究』(四季節、一九九九年、二二二―二二七頁)参照。
(23) 『資治通鑑』巻二〇一、唐紀高宗総章二年四月条、『旧唐書』巻五、高宗総章二年五月庚子条。李丙燾「高句麗の一部遺民に対する唐の抽戸政策」(『韓国古代史研究』博英社、一九七六年。邦訳は、学生社、一九八〇年)。
(24) 『三国史記』文武王一一年条の「答薛仁貴書」。この事件に関する記事は、総章元年(六六八)にあったという事実の次に記されている。この記事に続いて、漢山州都督・朴都儒に対する唐の美人計事件を記し、その次に、咸亨元年(六七〇)六月の事件を記している。したがって、この事件は六六八年か六六九年にあったことになる。
(25) 『日本書紀』持統四年一〇月乙丑条。大伴部博麻は、二〇年余り過ぎた後、六九〇年日本に帰還することができた。
(26) 松田好弘「天智朝の外交について」(前掲誌)。
(27) 金恩淑「百済復興運動以後における天智朝の国際関係」(『日本学』一五、一九九六年)。
(28) 『日本書紀』巻二七、天智四年九月壬辰条。
(29) 中臣(藤原)鎌足の曽孫に当たる藤原仲麻呂が書いた『家伝(上)』に、「七年秋九月、新羅進調、大臣即付使金東厳、賜新羅上卿庾信船一隻、或人諫之」とある(「家伝(上)」、竹内理三編『寧楽遺文』下巻、東京堂、一九六二年)。すなわち、金庾信に船一隻を贈ったこと、言い換えれば新羅と和解することに反対する者がいたことを記している。松田好弘「天智朝の外交について」(前掲誌)、延敏洙『古代韓日交流史』（ヘアン、二〇〇三年、一三二頁）。
（30）『三国史記』新羅本紀、文武王八年六月条。
（31）『三国史記』金庾信伝・下。
（32）高延武は、高句麗滅亡時に太大兄として高句麗上層の執権層に属する人物であり、その後、金馬渚の「高句麗国」で安勝を補佐した。六八〇年には、文武王が王室の宗女を安勝の配偶者としたことに対する謝恩使として慶州に派遣されたが、その時の職は、高句麗国の大将軍であった（『三国史記』文武王二〇年五月条）。
（33）盧泰敦「対唐戦争期（六六九―六七六）新羅の対外関係と軍事活動」（前掲誌）。
（34）『新唐書』巻三、高宗咸亨元年四月条、『資治通鑑』巻二〇一、唐紀・高宗咸亨元年四月条。
（35）『資治通鑑』巻二〇二、唐紀・高宗咸亨二年七月条。
（36）『三国史記』文武王一一年七月条。これに先立つ文武王一一年九月条にも同じ内容の記事があるが、これは重複記事であり、唐側の記録と一致する文武王一一年七月条が正しい。
（37）『旧唐書』巻八三、薛仁貴伝。
（38）『旧唐書』巻八三、薛仁貴伝。
（39）行軍総管・薛仁貴が文武王に書簡を送ったのは、六七一年七月二六日であるので（『三国史記』文武王一一年七月条）、彼が朝鮮半島の戦線に投入されたのは、その年の上半期と考えられる。
（40）『三国史記』新羅本紀、文武王一一年六月条。この石城戦闘は、百済地域の支配権をめぐる新羅と唐戦闘の決定的な分かれ目であったという意見もある（徐仁漢『羅唐戦争史』国防軍事研究所、一九九九年、一一三頁）。
（41）『三国史記』新羅本紀、文武王一一年（六七一）六月条に、唐の運糧船を攻め破ったという記録がある。この記事が伝える唐軍の具体的な所属に関する言及は見られないが、薛仁貴軍の所属であったようである。
（42）『三国史記』文武王一二年正月、二月条。
（43）『三国史記』地理志三、扶余郡。
（44）『三国遺事』巻二、文虎王・法敏条で、文武王の庶弟である車得公が旧百済地域を含む地方各地を密かに巡りながら、力役と租税賦課の実態と官吏の腐敗を監察したという。車得公に関する伝承は、文武王九年(六六九)から一一年(六七一)の間にあったことと推定する見解がある(金寿泰「新羅文武王の対服属民政策」『新羅文化』一六、一九九九年)。その具体的な年代はともかく、この伝承は旧百済地域の人心を収拾しようという試みを反映するものとみられる。

(45) 『日本書紀』巻二七、天智八年是歳条。『新唐書』日本伝では、「咸亨元年(六七〇)遣使賀平高麗」としている。一方、『冊府元亀』外臣部、朝貢二では、「咸亨元年三月、倭国王遣使賀平高麗」としており、それに先立つ総章二年(六六九)一一月にも日本使が来たとしている。両者が、一緒に出発したが海難事故により別々に到着した河内直鯨の一行であるのか、それとも別途派遣された使者であるのかは明らかでないが、前者の可能性が高い。

(46) 『日本書紀』巻二七、天智九年九月条。

(47) 松田好弘「天智朝の外交について」(前掲誌)、直木孝次郎「近江朝末年における日唐関係の一考察——唐使郭務悰の渡来を中心に」(前掲書)。

(48) 村上四男「新羅と小高句麗国」(『朝鮮学報』三七・三八、一九六六年)、盧泰敦「対渤海日本国書で云謂する「高麗旧記」について」(『辺太燮博士華甲紀念史学論叢』三英社、一九八五年)。

(49) 『日本書紀』巻二七、天智一〇年一一月壬戌条。

(50) 徐栄教「新羅長槍幢に対する新考察」(『慶州史学』一七、一九九八年)。

(51) 『三国史記』文武王一二年是歳条。

(52) 『三国史記』金庾信伝・下。

(53) 『三国史記』文武王一二年九月条。

(54) 李賢淑「七世紀統一戦争と伝染病」(前掲誌)。

(55) 『新唐書』高麗伝。

(56) 『三国史記』新羅本紀、文武王一三年九月条。

(57) ジョン・ジェミスン「羅唐同盟の瓦解」(『歴史学報』四四、一九六九年)。

(58) 拝根興『七世紀中葉唐与新羅関係研究』(前掲、九六―一〇一頁)。

(59) たとえば、六六〇年百済攻略戦が終結した後、新羅軍の中軸であった金庾信・金仁問・金良図らに軍功として百済の地の一部を食邑として与えようとしたが、金庾信が「我々だけがこれを受け取って利益を得るわけにはいかない」といって受け取らなかったことがあった。また、文武王五年(六六五)、唐が金庾信に奉上正卿平壌郡開国公の爵号と食邑二〇〇〇戸を与えた(『三国史記』金庾信伝中・下)。

(60) 『三国史記』文武王一一年七月条の「答薛仁貴書」。

(61) 『三国史記』文武王一〇年一二月条。

(62) 『三国史記』文武王二年八月条。ところで、金真珠は、文武王一〇年(六七〇)漢城州総管・藪世を謀反の嫌疑で処刑することを担当した。そのことから、彼が六六二年に処刑されたということは、年代の錯誤であるようだ。彼の処刑は六七〇年一二月以降だったと思われる。

(63) 『三国史記』文武王一五年九月条。

(64) 六六〇年、百済との戦争の際に、金欽純は息子盤屈と、品日は息子官昌とともに同じ部隊で参戦し、丕寧子は息子挙真と私奴合節とともに参戦した事実などがそうした例である。また、真平王代に訥催が彼の奴とともに参戦した(『三国史記』巻四七、訥催伝、金令胤伝、官昌伝、丕寧子伝)。

(65) 盧泰敦「羅代の門客」(『韓国史研究』二一・二二、一九七八年。のち『韓国古代史の理論と争点』集文堂、二〇〇九年に再収録)。

(66) 『三国史記』文武王一三年条。

(67) 『三国史記』巻四〇、職官志下・外官。

(68) 黄寿永『韓国金石遺文』(一志社、一九七六年、二四六―二五〇頁)、同『韓国仏像の研究』(三和出版社、一九七三年、一四四―一四五頁)。

(69) 『三国史記』職官志、武官・九誓幢条。

(70) 『旧唐書』巻五、高宗咸亨五年二月壬午条、『資治通鑑』巻二〇二、高宗咸亨五年正月条。

(71) 黄約瑟「武則天与朝鮮半島政局」(『黄約瑟隋唐史論文集』中華書局、一九九七年)。

(72) 劉仁軌を鶏林道大総管とした遠征軍は、六七四年後半においても朝鮮半島で本格的に作戦を行なう態勢を整えられなかったようである。副大総管に任命された衛尉卿・李弼が、宮中で開かれた宴会に参席していて突然死んだのが六七四年九月であったということは、そうしたことを物語る(『資治通鑑』巻二〇二、唐紀・高宗上元元年九月甲寅条)。

(73) 『新唐書』巻一〇八、劉仁軌伝では、劉仁軌が率いた唐軍が、六七四年に七重城を攻略したと記している。しかし、注(72)で述べたように、六七四年にはまだ、唐軍が本格的な攻勢をとらなかったとみなければならない。唐軍の七重城攻撃は、六七五年のことであった(『新唐書』新羅伝)。『新唐書』劉仁軌伝の記録は、六七五年二月にあった劉仁軌の七重城攻撃の事実を錯覚して、六七四年にあったものと記したようである。

(74) 『新唐書』新羅伝、『資治通鑑』巻二〇二、上元二年二月条。

(75) 王小甫「八−九世紀唐朝与新羅関係論」(『唐研究』六、二〇〇〇年)。

(76) 権悳永『古代韓中外交史』(一潮閣、一九九七年、四三頁)。拝根興『七世紀中葉唐与新羅関係研究』(前掲、一〇九−一一一頁)。

(77) 雁鴨池出土「調露二年銘」塼、月城周辺の望星里瓦窯遺跡地出土「儀鳳四年皆土」銘瓦、蔚州郡川前里「上元二年銘」と「上元四年銘」書石などがそうした例である。

(78) 『三国史記』巻四三、金庾信伝・下。

(79) 『旧唐書』薛仁貴伝。

(80) 池内宏「百済滅亡後の動乱及び唐・羅・日三国の関係」(前掲書)。黄約瑟『薛仁貴』(前掲、一五〇−一五五頁)。

(81) 『旧唐書』巻九二、魏元忠伝。

(82) 『全唐文補遺』録文第七冊所収。

(83) 拝根興『七世紀中葉唐与新羅関係研究』(前掲、一八一−一八二頁)。

(84) 李相勲「羅唐戦争期伎伐甫戦闘と薛仁貴」(『大丘史学』九〇、二〇〇八年)。

(85) 『旧唐書』薛仁貴伝、『新唐書』巻一一一、薛仁貴伝。

(86) 韓国精神文化研究院『訳註 三国史記』三(前掲、二三七頁)。

(87) 徐栄教『羅唐戦争史研究』(亜細亜文化社、二〇〇六年、二三二−二三七頁)。

(88) 薛仁貴が六八一年に象州への流配から解かれた後、瓜州長史として任命されたことも、そうした例である(『旧唐書』薛仁貴伝)。

(89) 『新増東国輿地勝覧』巻一一、積城県・祀廟。

(90)『旧唐書』巻五、高宗本紀・上元三年閏三月条。

(91)『旧唐書』巻一九九下、靺鞨伝。

(92)陳寅恪「外族盛衰之連環性及外患与内政之関係」(前掲書)、徐栄教「羅唐戦争と吐蕃」(前掲誌)、拝根興『七世紀中葉唐与新羅関係研究』(前掲、一一二―一一四頁)。

(93)徐栄教「羅唐戦争と吐蕃」(前掲誌)。

(第Ⅱ部第五章)

(1)『資治通鑑』巻二〇二、高宗儀鳳元年二月条。

(2)「泉男生墓誌銘」(韓国古代社会研究所編『訳註 韓国古代金石文』Ⅰ、駕洛国史蹟開発研究院、一九九二年、四九一―五〇八頁)。

(3)『旧唐書』巻八五、張文瓘伝。

(4)高蔵を遼東都督に任命して朝鮮郡王に封じ、遺民と共に帰還させた措置がとられた時期を『資治通鑑』は六七七年二月丁巳とする。この丁巳条の記事には、その後、粟末靺鞨との内通が発覚し、それにより高蔵が流配され、遺民がふたたび強制移住させられるまで、すべてがまとめて言及されている。したがって、高蔵の反唐活動の謀議がなされた具体的な時期は、不明確である。ともかく、六七七年二月に帰還の決定が下されたならば、彼と遺民が実際に遼東に帰還したのは、早くても六七七年末以降である。それだけに、彼の粟末靺鞨との内通と反唐活動の謀議は、六七八年以降でなくてはならない。こうしてみると、唐朝廷の新羅遠征計画は、それより前に立てられたものとみなければならない。おそらく、高蔵は、唐が吐蕃戦争に没頭する状況を利用して反旗を翻そうとしたのであろう。

(5)『新唐書』巻二二〇、高麗伝。

(6)盧泰敦「渤海建国の背景」(『大丘史学』一九、一九八一年)。

(7)『旧唐書』高麗伝、百済伝。これら両郡王は、七二五年泰山の封禅の時にも内蕃の王として参加していることからみて、八世紀前半まで存続したことがわかる(『旧唐書』巻二三、礼儀三・開元一三年一一月壬辰条)。

(8)徐栄教「九誓幢完成の背景に対する新考察——羅唐戦争の余震」(『韓国古代史研究』一八、二〇〇〇年)。

(9)徐栄教『羅唐戦争史研究』(亜細亜文化社、二〇〇六年、三四四―三四七頁)。

(10) 『三国史記』神文王六年条、『旧唐書』巻一九九、新羅伝。
(11) 権悳永『古代韓中関係史』(一潮閣、一九九七年、四四頁)。
(12) 『三国史記』孝昭王八年条、『冊府元亀』巻九七〇、外臣部・朝貢。
(13) 権悳永『古代韓中関係史』(前掲)。
(14) 『三国史記』神文王一二年条。ここでは、唐中宗が使者を送り、太宗廟号問題で詰問したという。『三国遺事』巻一、太宗武烈王条では、唐高宗が使者を送ったという。五四日で廃位された中宗の在位期間を勘案すると、これは高宗が正しく、彼は神文王三年一二月に死んでいる。神文王元年から三年の間に新羅に派遣された唐の使者は、元年にきた冊封使が唯一である。そうであれば、その冊封使によって問題が提起されたとみるのが正しい。権悳永「八、九世紀「君子国」にきた唐国使節」(『新羅文化』二五、二〇〇五年)。
(15) 『三国遺事』巻二、万波息笛条。
(16) 洪潽植「日本出土新羅土器と羅日交渉」(『韓国上古史学報』四六、二〇〇四年)。
(17) 『日本書紀』には、小高句麗の使いを護送してきた新羅送使の帰還記事がみられない。新羅の使者を護送してきた場合、その送使の帰国記事が別にある。この点に注目して、新羅送使が小高句麗国の使者と日本で活動をともにしたことによると理解した見解がある。そうであれば、それだけ新羅の統制が強かったことを意味する(新蔵正道「天武朝の対外関係と小高句麗国」『日本書紀研究』二〇、一九九六年)。
(18) 表2は、新川登亀男「日羅間の調(物産)の意味」(『日本歴史』四八一、一九八八年)、同「日羅間の調」(『日本古代の対外交渉と仏教――アジアの中の政治文化』吉川弘文館、一九九九年)、金昌錫「八世紀新羅日本間の外交関係の推移――七五二年交易の性格検討を中心に」(『歴史学報』一八四、二〇〇四年、一〇―一四頁)により、整理した。
(19) この年一〇月の法興寺奉進物を通じた新川登亀男の推定によった(新川登亀男「日羅間の調」前掲書、一一頁)。
(20) 三池賢一「新羅内廷官制考」(『朝鮮学報』六一、一九七一年)、徐栄教『羅唐戦争史研究』(前掲、三一九―三二五頁)。
(21) 新川登亀男『日本古代の対外交渉と仏教』(前掲、九―三五頁)。
(22) 新川登亀男「日羅間の調(物産)の意味」(前掲誌)。
(23) 七世紀後半、両国の関係や倭国に関する言及としては、文武王が唐の将軍薛仁貴に送った書簡で、六六三年の白村江の戦いにおける倭との交戦状況を簡単に述べている。その他は、文武王一〇年(六七〇)一二月条に倭国が日本に国号を改めたという言及、孝昭王七年(六九八)三月に日本国使が来朝したという記事などがみられるのみである。

(24)『令集解』巻三一、公式令詔書式条。

(25)『続日本紀』巻二、大宝元年正月乙亥条。

(26)『隋書』倭国伝「新羅百済皆以倭為大国多珍物、並敬仰之、恒通往来」。

(27)『日本書紀』巻二七、天智即位年九月条。

(28)『日本書紀』巻二七、天智三年三月条。

(29)『続日本紀』巻三、大宝三年四月乙未条。

(30)筧敏生「百済王姓の成立と日本古代帝国」(『日本史研究』三一七、一九八九年)。

(31)盧泰敦「対渤海日本国書で云謂する「高麗旧記」について」(『辺太燮博士華甲紀念史学論叢』三英社、一九八五年)。

(32)『続日本紀』巻一八、天平宝亀四年六月壬辰条、巻三六、宝亀一一年二月庚戌条。

(33)拝根興『七世紀中葉唐与新羅関係研究』(前掲、一一〇頁)。

(34)金相鉉「万波息笛説話の形成と意義」(『韓国史研究』三四、一九八一年)。

(35)『続日本紀』巻二、大宝二年六月丁丑条。

(36)聖徳王の在位期間(七〇二―七三七年)の三六年間、新羅から唐に四五回の使者を派遣した。権悳永『古代韓中関係史』(前掲、五八―六〇頁の表1―5)参照。

(終わりに)

(1)孫晋泰『朝鮮民族史概説』(一九四八年、一七九―一八〇頁)。

(2)李基白『韓国史新論』(一潮閣、一九六七年、九〇頁)。

(3)『朝鮮通史』(一九五六年、九八頁)。

(4)ここでの「民族」は、nation を意味しない。ethnic group や volk の概念である。nation は近代の産物である。強いて nation と関係を持たせるならば nationality や「ナロードノスチ」に該当する。この「民族」はその歴史的性格からいえば「前近代民族」といえよう。

(5) 盧泰敦「初期古代国家の国家構造と政治運営」(『韓国古代史研究』一七、二〇〇〇年)、同「三国時代の部と部体制」(『韓国古代史論叢』一〇、二〇〇〇年)。

(6) 李仁哲「新羅法幢軍団とその性格」(『韓国史研究』六一・六二、一九八八年)。

(7) 李宇泰『新羅中古期の地方勢力研究』(ソウル大学校博士学位論文、一九九一年、一五六頁)。

(8) 朱甫暾「新羅中古期の郡司と村司」(『韓国古代史研究』一、一九八八年)。

(9) 県の設置時期を七世紀半ばとみる説が一般的であるが、最近、七世紀初めと見る見解が提起された(ホンギスン(홍기승)「六世紀新羅村単位支配体制の変化」『韓国史論』五五、二〇〇九年)。どちらも、戦争の激化により行政組織を拡充した結果とみるのは同様である。

訳者あとがき

本書『삼국통일전쟁사（三国統一戦争史）』は、ソウル大学校奎章閣韓国学研究院韓国学研究叢書の一冊として、二〇〇九年二月にソウル大学校出版部から出版された。また、二〇一〇年度の大韓民国学術院優秀学術図書に選定されている。

著者である盧泰敦（노태돈）・ソウル大学校教授の紹介ならびに本書の研究史上の位置づけ等については「解説」に譲ることとし、ここでは本書の特徴について二、三述べるにとどめたい。

ひとつは、対象とする地域の広さである。本書の叙述の中心となるのは、もちろん、高句麗、百済、新羅の古代朝鮮三国および直接戦争に加わった唐・日本である。しかし、間接的に多くの国や種族の関わったことが、何度も強調されている。具体的には、唐と対抗するために高句麗が中央アジアのサマルカンドにまで外交使節を派遣していたことや、唐と新羅との戦いにおいては、吐蕃の動向が深く関わっていたことなどである。こうした視点からの研究がこれまでなされていなかった訳ではないが、統一戦争の全体像の中で積極的に位置づけたことは、本書独自の成果といえよう。

また、新羅による統一がもつ意味のひとつとして、こうした中央アジアの国や種族との接触を朝鮮半島の王朝がもちえなくなったことを指摘するのも本書の特徴である。すなわち、高句麗が滅亡してからは、遊牧民や中央アジアの国家と交流をもつことが不可能となり、中国以外の文明と接する契機を失ってしまった。そのために、その後は中国文明一辺倒にならざるをえなくなったというのである。朝鮮史において中国文明のもつ意味は大きいが、それは不変のものではなく、歴史的に形成されたものであることを改めて認識させられる。

さらにまた、白村江の戦いの評価について、あたかも東アジアの国際情勢を決定づける大決戦であったかのように考えるのは、誇張した捉え方であるとの指摘も重要であろう。白村江での日本の敗戦が、日本史の展開や日朝関係史の大きな画期になったことは確かである。しかし、百済復興戦争のなかでみると、唐や新羅にとっては本拠地である周留城での戦いこそが主戦場であったことを忘れてはならないと強調している。日本において白村江に関する研究は盛んであるが、今後、こうした新羅の側からの視点は、参照されねばならないだろう。

翻訳にあたっては、全体を一通り翻訳し終えた後、翻訳監修の羅幸柱先生から数回にわたりチェックしていただき、数値などの単純なミスから日本語表現に至るまで詳細にご指摘いただいた。改めて感謝申し上げたい。もちろん、翻訳についての最終的な責任は訳者にあることはいうまでもない。

二〇一二年三月

橋本　繁

解説

李成市

本書の著者である盧泰敦氏は、国際的にも知られる韓国を代表する古代史研究者である。紀元前に成立した古朝鮮や高句麗、新羅、渤海などの諸国家が展開した朝鮮半島から中国東北にまたがる地域の約千年にわたる古代史研究を専攻している。また韓国古代史学界の重鎮であり、長く在職するソウル大学で指導した研究者はいまや中堅として活躍している。文字どおり研究・教育の両面で韓国の古代史学界を牽引する第一人者である。主著に『韓国史を通してみた我々と世界についての認識』(プルピッ、一九九八年)、『高句麗史研究』(四季節出版社、一九九九年)などがあり、韓国内の古代史研究者を組織して刊行された『講座 韓国古代史』(全一〇巻、駕洛国史蹟開発研究院、二〇〇三年)の代表編集委員を務める一方、対外的にも第二期日韓歴史共同研究委員会の委員を務めるなど、多方面で指導的な立場にある。

本書『古代朝鮮 三国統一戦争史』は、七世紀から八世紀にかけて、百済、高句麗、新羅の三国が抗争をくりひろげた末に、新羅が唐の勢力を排除し、朝鮮半島に統一王権を樹立する過程を「三国統一戦争」という主題としてまとめ上げた歴史書である。本書で強調されているように、新羅の「三国統一」とは、唐との同盟によって百済・高句麗の滅亡をもって達せられたのではなく、その後もなお百済王族・扶余隆を押し立てて半島支配をもくろむ唐と、高句麗王族の安勝を高句麗王に擁立して唐に対抗した新羅との抗争が続き、さらには両国の戦争終結後の「余震」の時期をも含めた約六〇年におよぶプロセスを指している。本書はこうした「三国統一戦争」を五つの時期に区分してダイナミックに叙述した壮大な叙事詩でもある。

日本の読者には、この過程は日本史上の出来事としての「白村江の戦い」にも関わって馴染みの深い主題である。しかし本書を一読すれば、そのような捉え方は、近代日本の体験を通した日本人固有の見方であり、この過程を全く異なる視点から捉える現代の韓国人の立場がありえること、さらには、その立場から語ることの持つ困難さをも改めて思い知るに違いない。

ひとくちに韓国人の立場から「三国統一」の過程を論じるといっても、著者が強調するように、その歴史的位置づけは諸見解があって帰一するところがない。しかも日本の植民地支配から解放されて一九四八年に大韓民国と朝鮮民主主義人民共和国の二つの国が南北に成立して以来、両国の学界では、民族史・自国史の捉え方は各々に議論されて、この時代の歴史像も各々の史観に基づいて大きく異なる。さらに韓国内にも相容れない考え方が併存している。

筆者が二〇〇〇年に経験したことであるが、南北の研究者を日本に招聘し、三カ国の研究者による古代史シンポジウムの打ち合わせを兼ねた会食の席上、北の学術代表団は「後期新羅」でなく「統一新羅」という用語を使う学術会議の開催は認められないと述べ、翌日の開催が危ぶまれたことがある。主催者代表の即座の判断によって、そのような議論があったことを記録に残すという提案がなされ、会議は滞りなく開催された。朝鮮半島における最初の統一国家を新羅とするのか、一〇世紀初めの高麗とするのかはいまだに決着はついていない。

また、二〇〇二年に中国で着手された「東北工程」によって、高句麗の歴史は、朝鮮史ではなく、中国史の範疇で論じられるべきであることが主張され国際的にも大きな話題となったことは記憶に新しい。

それゆえ、本書が取り上げる歴史過程を論じる際に、基本的な用語すらも論者によって様々な考え方が含意されることになり、歴史的な事実や、その解釈を共有しえない困難な状況の存することが本書の冒頭で吐露されている。こうした容易でない課題を抱える主題を、著者は韓国内の研究成果はもちろんのこと、日本や中国の研究成果も縦横に活用して、多くの支流を抱擁する大河のような雄編に仕上げている。また見逃すことができないのは、本書がたんなる一般向けの歴史書ではない所以は、著者が常に心がけている実証的な研究がそれらの土台にあって、歴史書としての信頼感をかもしだしている点である。二〇〇九年に韓国で刊行されるや多くの支持をえているのもゆえなしとしない。

本書の最大の特徴は、「三国統一戦争」を朝鮮半島の古代国家形成史、民族形成史として捉えるだけでなく、ユーラシア東部の諸民族まで巻き込んだ大変動として捉え、さらにそれらの抗争、滅亡、統合と新秩序形成の過程として、最新の研究成果を織り込みながら動態的に論じている点にある。

また、百済、高句麗の奮戦に関わる叙述には、淡々とした語り口の中にも、その時代に対する深い哀惜と悔恨の想いが籠められていることに気がつかされる。著者は朝鮮戦争の直前に生を享け、戦後の混乱、復興のなかで成長し、そのような生を引き受けながら歴史研究に携わってきた。そうした自己の体験なくして本書はありえなかったであろう。

もともと本書は、韓国の読者に向けて書かれているため、日本の読者には馴染みの薄い歴史用語が頻出するので、この場をかりて少しく解説しておきたい。

本書中には新羅の時代区分を意味する「中古」「中代」を用いて時代相が論じられている。「中古」とは六世紀初頭に即位した法興王(五一四―五四〇)から真徳王(六四七―六五四)までの一四〇年間にわたって三国が熾烈に抗争した間の六人の王の時代を指す。この時代の諸王の系譜の特徴は、女王二人を含めて王位の継承が女系を含む四親等内の王族内でなされている点である。「中代」とは太宗武烈王（六五四―六六一）から恵恭王（七六五―七八〇）に至る時代であって、三国統一の立役者である武烈・文武王の父子から始まる男系男子の王統による八人が王位を継承した。この時代は、古代日本では天武系の王統の時代に対応しており、いわゆる古代律令制国家の成立期という時代相もまたほぼ対応する。新羅最盛期を指す「中代」と、それに次いで、王族内の女系をも含む他の系譜から王が輩出し王統がめまぐるしく変わりながら滅亡に至る二〇人の王の時代を指す「下代」と併せて、「中古」「中代」「下代」は新羅史を論じる際に慣用的に使われる。

さらに言及すべきは、三国の抗争が激化する中で、各々の国制の中央集権化にともない権力闘争の鍵を握ることになる三国の最高職位についてである。本書で三国統一戦争の序幕に位置づけられ、高句麗の権力を掌握した淵蓋蘇文の職位として登場する「大対盧」や、新羅の善徳女王廃立を唱えてクーデターを起こした毗曇の「上大等（上臣）」、百済の義慈王が権力集中の際に排斥した砂宅智積の「大佐平」の三つの職位は、国王を補弼する最高職位であることで共通している。またこれらの職位は、三国統一戦争の熾烈化に伴い、特定の人物（淵蓋蘇文・義慈王・金春秋）に権力が集中して行く過程で空洞化したことでも共通している。ほぼ同時代の古代日本において権力を専横し、乙巳の変（大化改新）で打ち破られた蘇我氏に世襲された大臣（オオマエツキミ）は、三国の大対盧、上大等、大佐平と同様の役割と機能があったものと考えられており、大対盧、上大等、大臣は、それらが語源的にも相通じることが論証されている。これらの職位に注目することは、三国の抗争が激化する中で、倭を含めて諸国の権力集中化の様相をみきわめることになり、さらには三国の抗争に深く関わった倭国の国情を、三国と対照しながら読み解く参考ともなろう。

また、新羅の人物名に冠されている伊湌（一等）、波珍湌（四等）、大阿湌（五等）、沙湌（八等）、級湌（九等）などは、人名の一部であるかのように受け取られるかもしれないが、それらは六世紀初頭に成立し、新羅滅亡に至るまで王朝で機能した新羅固有の一七等からなる官位の名称である。ただし原則的には個人的な身分制でありながらも、五等以上の官位は、王族(真骨)が独占するなど、族制的な身分制である骨品制の拘束をうけた。

高句麗についても、太大兄(二等)、位頭大兄(五等)、大兄(七等)などの一三等からなる官位の名称が権力構造の変化に関する叙述に現れる。高句麗官位制については、倭国を含めた古代東アジア諸国の官位制の先駆的な形成をとげ、四世紀初頭には体系的な個人的身分秩序として成立し、百済、新羅、倭国の官位制に影響を及ぼしたことがこれまでの研究によって明らかにされている。

三国統一戦争が倭国を巻き込みながら複雑に推移することを本書は明快に論じているが、上述した最高官職や官位制の類似性は、それらの諸国が切り結んだ濃密な関係の産物でもある。他にも解説を要する用語はあるかもしれないが、それらは日本で刊行された古代朝鮮史の関係書で見当がつくものばかりである。

本書の翻訳者である橋本繁氏は、新羅史を中心とした朝鮮古代史を専攻する気鋭の研究者である。盧泰敦氏の主著(『高句麗史研究』)が刊行された直後に、早稲田大学大学院のゼミナールで筆者と共に精読しており、著者の研究を深く理解する立場にある。これまで多くの韓国古代史研究の翻訳の任にあたり両国学界の架け橋を務めている。なお訳語は原書に忠実に従っているが、日本における慣例にしたがって、韓国において民族や国土の総称として用いられている「韓国」を「朝鮮」としている。

最後に私事にわたるが、筆者は一九八〇年代末に国際学会などで著者と知遇をえて以来、現在に至るまで先学として様々な学恩をうけてきた。一九九八年にソウル大学韓国文化研究所の客員研究員として滞在中には、受け入れ教授として毎週のように研究上の議論に応じて下さった。印象深い思い出は、ソウル大学での一年間の研究生活を終えるにあたり研究室を訪ねると、しばしの別れを前にして次のような話をして下さったことである。現在、研究上の最も悩み深い問題とは、大きな隔たりを生じてしまった南北間の古代史認識の溝を将来どのように埋めていけばよいのか、その解決の方法についてであると穏やかな表情で語られた。そして、そのような課題には手がかりが全くないわけではなく、北の学界で多様な議論が展開された六〇年代の学術動向を踏まえることが前提になるのではないかと話された。本書を再読し、著者の変わらぬ志を想起せずにはいられなかった。

そのような意味で、本書は申采浩以来の朝鮮近代歴史学の系譜を強く意識しながら、韓国の学界のみならず、北朝鮮学界の動向に留意しつつ、諸見解を著者の雄大な構想の下にまとめあげたものというべきかもしれない。もともと本書は、韓国の読者に向けて、三国統一戦争直後の朝鮮半島に生きた同時代人(新羅人)に始まり、歴代王朝の史家が展開した史論や、近代以降、現代に至る研究者の歴史評価を交えながら、六〇年に及ぶ時代を著者独自の視点から論じているが、その叙述は、あたかも休戦状態にある朝鮮戦争の完全な終結への祈願を読者に語りかけるかのようである。歴史とは未来を志向する現在と過去との対話であると言われるが、本書で展開されている三国統一戦争という過去は、日本の読者にとって、自ずと現在の韓国に生きる人々(他者)との対話となるであろう。韓国において多くの読者をえた本書が、日本においても多くの読者をえて、隣人の切実な歴史意識にふれることを願ってやまない。

■岩波オンデマンドブックス■

古代朝鮮 三国統一戦争史　盧泰敦 著

2012年4月24日　第1刷発行
2012年7月25日　第2刷発行
2017年5月10日　オンデマンド版発行

訳者　橋《はし》本《もと》 繁《しげる》

発行者　岡本 厚

発行所　株式会社 岩波書店
〒101-8002 東京都千代田区一ツ橋 2-5-5
電話案内 03-5210-4000
http://www.iwanami.co.jp/

印刷／製本・法令印刷

ISBN 978-4-00-730600-6　Printed in Japan